河北省社会科学基金项目

| 光明社科文库 |

中国海洋产业集聚
对区域绿色经济增长影响研究

王燕 等◎著

光明日报出版社

图书在版编目（CIP）数据

中国海洋产业集聚对区域绿色经济增长影响研究 /
王燕等著 . -- 北京：光明日报出版社，2023.5
ISBN 978 - 7 - 5194 - 7248 - 1

Ⅰ.①中… Ⅱ.①王… Ⅲ.①海洋经济—聚集经济—
影响—绿色经济—区域经济发展—研究—中国 Ⅳ.
①F127

中国国家版本馆 CIP 数据核字（2023）第 089225 号

中国海洋产业集聚对区域绿色经济增长影响研究
ZHONGGUO HAIYANG CHANYE JIJU DUI QUYU LÜSE JINGJI
ZENGZHANG YINGXIANG YANJIU

著　　者：王燕　等

责任编辑：李壬杰　　　　　　　责任校对：李　倩　李　兵
封面设计：中联华文　　　　　　责任印制：曹　净

出版发行：光明日报出版社
地　　址：北京市西城区永安路 106 号，100050
电　　话：010-63169890（咨询），010-63131930（邮购）
传　　真：010-63131930
网　　址：http://book.gmw.cn
E - mail：gmrbcbs@gmw.cn
法律顾问：北京市兰台律师事务所龚柳方律师

印　　刷：三河市华东印刷有限公司
装　　订：三河市华东印刷有限公司
本书如有破损、缺页、装订错误，请与本社联系调换，电话：010-63131930

开　　本：170mm×240mm
字　　数：229 千字　　　　　　印　　张：14
版　　次：2023 年 10 月第 1 版　印　　次：2023 年 10 月第 1 次印刷
书　　号：ISBN 978 - 7 - 5194 - 7248 - 1
定　　价：89.00 元

前　言

　　产业集聚是经济活动中最为突出的空间特征。无论是发达国家还是发展中国家，陆域产业还是海洋产业，传统产业还是高新技术产业，均普遍存在空间集聚现象。产业集聚涉及多门学科，经济地理学、区域经济学、管理学等均对产业集聚现象开展了深入研究。理论和实践研究表明，产业集聚是提升产业竞争力的有效途径，对促进区域绿色经济增长有着十分重要的影响。随着陆域资源的紧缺，海洋资源开发及海洋产业发展逐渐成为世界各国发展经济的新契机。各国都加大对海洋产业的投入，而中国"海洋强国"战略的提出也凸显出大力发展海洋经济的决心。随着沿海区域海洋产业的快速发展，海洋产业也像其他产业一样呈现出明显的集聚现象。传统产业集聚与经济增长的关系是否适用于海洋产业集聚，以及海洋产业集聚对资源环境有何影响一直是经济学、管理学、环境学等学术界共同关心的问题，这也是本书的重要研究内容。同时，由于不同区域的经济发展不可能独立于相邻其他区域，而且会受到周边邻近区域经济发展水平的影响，因此，本书在传统计量方法的基础上，从地理空间视角入手，进一步探究海洋产业集聚对区域绿色经济增长是否存在空间溢出效应，从而更准确地反映实际的社会经济发展情况。

　　针对研究主题，本书按照以下顺序安排：第一章和第二章首先厘清、界定与本书有关的主要概念和基础理论；第三章从中国海洋产业发展的具体情况出发，同时考虑数据的完整性和有效性，从时序特征和空间特征分别对海洋产业集聚水平进行核算；第四章以 SEEA-2012 作为理论指导，结合中国区域绿色经济发展实际情况，构建了符合中国特色的绿色经济核算模型框架，对中国区域绿色经济进行核算；第五章的研究内容则是在第三章和第四章核算得到的数据基础上，构建基本计量模型和面板门限回归模型，实证分析中国海洋产业集聚对沿海区域绿色经济增长的影响；第六章的研究内容是以第五章的实证研究为基础，将第五章的研究结论进一步扩展到空间上，使之更符合经济社会发展实际情况，因此构建空间面板杜宾模型实证分析中国海洋产业集聚的空间溢出效应对邻近区域绿色经济增长影响；第七章的研究内容以第五章和第六章的实证分析数据（中国海洋产业集聚对沿海及邻近区域绿色经济增长确实存在影响，也就是说海洋产业集聚是影响沿海及邻近区域绿色经济增长的一个非常重要原因）为基础，理论分析影响海洋产业集聚的一般因素，并在此基础之上采用灰色关联分析方法进一步探究影响中国海洋产业集聚的主要因素，并给出提升中国海洋产业集聚最佳外部效应的对策建议。主要内容具体包括：

第一，中国海洋产业集聚度核算。核算海洋产业集聚度的方法有很多，比如：熵指数、空间基尼系数、赫芬达尔-赫希曼指数（H 指数）、空间集聚指数（EG 指数）等，这些方法各有优缺点，对数据收集要求难易不同，结合中国海洋产业集聚发展现状，考虑数据获取的完整性、连续性和有效性，确保测算方法具有可操作性，本书选取产业集中系数测度中国海洋产业集聚的时序特征，选取改进区位熵测度中国海洋产业集聚的空间特征，从时序和空间两个方面共同反映中国海洋产业集聚特征。由于每种核算产业集聚度的方法都有一定的优缺点，故又将产业集中系数和改进区位熵进行加权平均得到产业集聚综合指数，这要比单一使用某一种方法能够更好、更全面地反映中国沿海 11 省份海洋产业集聚特征。

第二，中国区域绿色经济核算。根据既往文献资料研究，基于资源环境视角，在传统国民核算体系基础上，以 SEEA-2012 核算模型框架作为理论指导，结合中国 31 省份绿色经济发展的实际情况，同时在此基础上构建符合中国特色的绿色 GDP 核算模型框架，包括自然资源耗减价值量核算、环境污染治理损失价值量核算和环境污染退化损失价值量核算三个方面。其中自然资源耗减价值量核算又包括水资源、能源资源、耕地资源、森林资源和渔业资源耗减价值量核算；环境污染治理损失价值量核算包括实际治理损失价值量核算和虚拟治理损失价值量核算；环境污染退化损失价值量核算包括固定资产加速折旧损失价值量核算、人体健康损失价值量核算和自然灾害损失价值量核算。根据每种具体核算类型确定了合理的核算方法。本书估算中国31省份在2007—2016年的绿色GDP和各账户数值,以揭示中国总体绿色经济发展情况以及各省份绿色经济发展状况差异,并通过人均绿色GDP及绿色GDP指数等相关指标进一步揭示中国绿色经济发展的时空格局演变,为中国经济绿色可持续发展提供实证参考依据。

第三,中国海洋产业集聚对沿海区域绿色经济增长影响分析。通过第三章对中国海洋产业集聚水平的核算,以及第四章对沿海区域绿色经济核算基础上,构建基本计量模型考察海洋产业集聚对沿海区域绿色经济增长的影响,在面板数据平稳基础上采用可行广义最小二乘法对基本计量模型进行实证分析。考虑中国沿海各省份经济发展水平不同,为了进一步考察在各省份经济发展水平不均衡的情况下,海洋产业集聚对区域绿色经济增长的影响是否有所不同,因此以人均GDP作为衡量经济发展水平的门限变量构建了面板门限回归模型,从而验证基本计量模型回归结果,更清楚地分析海洋产业集聚对沿海区域绿色经济增长的影响。最后为了检验回归结果的稳健性,克服由于遗漏变量而可能导致的内生性问题,在基本计量模型中逐步加入可能影响绿色经济增长的其他控制变量,在面板数据平稳基础上仍采用可行广义最小二乘法分别进行估计,观察回归系数和显著性变化,从而验证在控制其他潜在影响绿色经济增长因素后基本计量模型估计结果的稳健性。

第四,中国海洋产业集聚的空间溢出效应对邻近区域绿色经济增长影响分析。在现实经济社会中,每个区域的经济发展不可能独立于相邻其他区域,会受到周边邻近区域经济发展水平的影响,邻近区域之间必然存在相互影响。本书进一步从地理空间视角入手,利用空间计量模型将第五章的实证研究结论扩展到空间上,从而探究中国海洋产业集聚对区域绿色经济增长的影响是否存在空间溢出效应。基于2007—2016年中国31省份的面板数据,利用全局空间自相关检验和局部空间自相关检验,在绿色经济的空间溢出效应非常明显情况下构建空间面板杜宾模型。在所有变量平稳基础上,进行Hausman检验,最终确定使用随机效应的空间面板杜宾模型进行实证分析,以此探究中国海洋产业集聚对邻近区域绿色经济增长是否具有显著的空间溢出效应。

目　录
CONTENTS

第一章

绪　论

第一节　研究背景及研究意义

一、研究背景

海洋是地球蓝色的"血液"，覆盖了地球表面近71%的面积，是地球上最广阔的自然生态区域，蕴藏着巨大的海洋资源。随着世界人口的增加，生态环境不断恶化，土地资源、能源的不断减少以及需求的急剧增加，人类越来越把发展希望寄托于蓝色的海洋，世界各国也纷纷开始加大对海洋产业的投入，出台面向21世纪的海洋产业发展战略。

中国是海洋大国，海洋巨大的潜能为中国经济可持续发展提供了广阔的空间和资源支持。中国拥有长达18000多公里的大陆海岸线，管辖海域面积约300万平方公里，相当于中国陆地面积的1/3，海洋滩涂面积为217.04万公顷，拥有丰富多样的海洋生物、能源、矿产、旅游等自然资源，为海洋产业发展提供了良好基础。自改革开放以来，中国海洋开发建设工作突飞猛进，国家出台了一系列积极有效的方针政策，例如，在"十二五"规划中"推进海洋经济发展"，"十三五"规划中"拓展蓝色经济空间"以及"十四五"规划中"拓展海洋经济发展空间，建设现代海洋产业体系"，都表明发展海洋经济具有非常重要的国家战略意义。在党和政府的高度重视下，根据《2019年中国海洋经济统计公报》，全国海洋经济继续保持快速增长，2019年全国海洋生产总值高达 89415 亿元，比上年增长 6.2%，海洋生产总值占国内生产总值的比重为 9.0%，占沿海地区生产总值的比重为 17.1%，其中，海洋第一产业增加值 3729 亿元，第二产业增加值 31987 亿元，第三产业增加值 53700 亿元，分别占海洋生产总值比重的 4.2%、35.8% 和 60.0%。2020 年，受复杂国际环境的影响，2020 年全国海洋产业生产总值为 80010 亿元，比 2019 年略有所下降，但是，除了滨海旅游业和海洋盐业受疫情影响冲击较大，其他海洋产业均实现正增长。由此可以看出海洋经济不仅仅是国内生产总值的重要组成部分，更在于它对沿海地区经济发展具有重要支撑和带动作用，因而中国十分重视海洋产业的发展。随着海洋产业的快速发展，产业规模重大突破，海洋产业集聚作为一种高效空间组织形式，是海洋经济发展必然结果，具有双重效应。一方面，通过产业集聚的规模效应、集聚效应、辐射效应等对各关联产业进行空间组织布局，极大缓解了日益凸显的资源供需矛盾、环境恶化现状，减轻经济高速增长对资源环境带来的压力，为区域经济长期、绿色可持续发展提供了新的供给要素；另一方面，集聚过程必然带来人口集聚、相关产业集聚，从而增大对水、土地等资源的需求，对环境造成破坏。因此，在推动海洋产业集聚形成的过程中，必须要在海洋产业集聚规模与资源环境承载力相协调基础上发展区域经济，区域绿色经济可持续发展目标才能实现。因此，本书以中国沿海 11 个省市（以下简称省份）海洋产业为研究对象，从海洋产业集聚的时空演化角度入手，剖析海洋产业集聚对区域绿色经济增长的影响机理以及探讨海洋产业集聚的空间溢出效应，对中国海洋产业与绿色经济发展有着一定的作用。

二、研究意义

本书以产业经济学、绿色经济学、区域经济学、海洋经济学等理论作为支撑，以中国沿海 11 个省份作为研究对象，把海洋产业集聚作为切入点，通过对中国沿海 11 个省份海洋产业集聚测度，进而分析海洋产业集聚对沿海区域绿色经济增长的影响，揭示二者之间的内在作用机理，同时探究海洋产业集聚的空间溢出效应对邻近区域绿色经济增长的影响以及海洋产业集聚的形成机制，为中国海洋产业集聚和区域经济绿色发展指引新的方向，同时为有关部门制定相关政策提供依据。因此本书具有较强的理论意义与现实意义。

（一）理论意义

1. 拓展了绿色经济可持续发展的内涵、特征、影响因素及其评价体系的相关研究。本书从生态经济理论、循环经济理论、低碳经济理论等出发，在研究中国绿色经济可持续发展的基础上，对区域绿色经济内涵、特征进行重新界定，通过文献梳理并结合中国实际情况分析影响绿色经济发展的主要影响因素。本书还以综合环境与经济核算体系（System of Integrated Environmental and Economic Accounting，简称 SEEA）总体模型框架为指导，同时借鉴中国国家统计局等联合研究发布的核算框架、核算方法作为本书绿色经济核算模型和计量方法的研究范式，核算中国 31 省（市、自治区）（以下简称省份）绿色 GDP，反映中国绿色经济发展水平，这对完善绿色 GDP 的核算模型与核算方法有推动意义，也为中国 31 省份绿色经济发展提供理论参考。

2. 改进了海洋产业集聚的测度方法，完善海洋产业集聚理论研究。在已有的测度方法上，根据数据获取的完整性、有效性、创新性，提出了改进的区位熵，利用改进区位熵测算集聚的空间特征，利用产业集中系数测算时序特征，从而能够更真实地反映中国海洋产业集聚水平在时序和空间上的特征。本书还利用改进的区位熵和产业集中系数进行加权计算得到产业集聚综合指数来整体反映中国海洋产业集聚度情况，并且根据不同测度方法得到的实证结果，进一步深入分析海洋产业集聚的影响因素和作用机理，完善海洋产业集聚理论研究成果。

3. 丰富和深化了海洋产业集聚对区域绿色经济增长影响的研究体系和研究方法。产业集聚不仅具有其一定的客观规律性，还对区域绿色经济发展有着重要的影响，本书通过总结国内外学者对海洋产业集聚方面的研究，将区域经济学、空间地理学、经济地理学、环境经济学、计量经济学等多学科进行交叉和渗透，利用可行广义最小二乘法和面板门限回归模型实证分析中国沿海省份海洋产业集聚对本区域绿色经济增长的影响，运用空间自相关检验和空间面板杜宾模型实证分析中国海洋产业集聚的空间溢出效应对邻近区域绿色经济增长的影响。

（二）现实意义

1. 有利于推进海洋产业优化升级，助推海洋产业集聚水平的提高。海洋产业集聚必然产生规模效应、集聚效应等外部效应，势必导致技术的创新、知识的外溢、人才的聚集，有利于产业、行业的创新，使产业集聚成为创新的主体，推动中国海洋产业快速发展和结构优化升级。因此，本书在借鉴前人研究基础之上，采用灰色关联分析法探究影响中国海洋产业集聚的主要影响因素，使中国海洋产业集聚发挥最佳的外部效应。

2. 有利于推进中国经济绿色发展，提升海洋产业集聚的生态效应。本书在生态文明和保护资源环境背景下，通过收集数据资料做实证分析，研究海洋产业集聚效应对区域绿色经济增长的作用机理，为推进中国经济绿色发展提出发挥中国海洋产业集聚生态效应的具体策略。

3. 有利于推进海洋产业、经济、资源环境协调发展。本书对加快中国海洋产业集聚的构建，促进发展方式的转变，提升海洋经济的辐射能力，推动海陆统筹发展，建设海洋生态文明，不断探索海洋产业的开发利用与资源环境协调发展的新道路，不断提高资源的使用效率，促进海洋产业、经济、资源环境的协调发展。

第二节　国内外研究现状及评述

根据本书选题的研究范畴，国内外研究文献综述主要围绕三个问题进行展开：一是产业集聚相关研究；二是区域绿色经济相关研究；三是产业集聚对区域经济、资源环境影响作用关系的研究。

一、国外研究现状

（一）产业集聚相关研究

产业集聚的研究最早出现在西方发达国家，国外学者从不同视角展开了一系列的研究，认识和理解因经济快速发展而形成的产业空间布局现象。针对本书的研究内容，国外文献主要从两方面进行梳理，具体包括产业集聚形成机理、产业集聚度测量。

1. 产业集聚形成机理

有关产业集聚形成机理的相关经典理论主要包含五方面。一是以马歇尔为代表的古典产业区理论。马歇尔（Marshall，1890）最早关注并系统研究产业集聚现象的经济学家，他在著作《经济学原理》阐述工业集聚的特定地区成为"产业区"，产业区内能够集聚最根本的原因在于可以获得"外部规模经济"，即劳动力市场共享、中间产品投入和技术溢出效应[1]。二是以韦伯、廖什和胡佛为代表的工业区位理论。韦伯（Weber，1909）在《工业区位论》一书中首次提出"工业区位理论"。工业区位论是工业企业空间位置选择的理论，为了生产上成本最低而形成集聚的现象。他认为工业区位的形成主要受三方面的影响：运费区位因子、工资区位因子、集聚区位因子[2]。廖什（Losch，1940）发表《经济的空间秩序》中认为产业集聚和空间区位选择主要是以追求利润最大化而需考虑权衡生产成本和运输成本[3]。胡佛（Hoover，1948）出版《经济活动的区位》一书中认为产业集聚存在一个最佳的规模，较少企业在一定区位上集聚，不能产生集聚所带来的最佳效应；反过来如果在某一区位上集聚的企业过多，也会导致集聚效应下降[4]。三是以佩鲁（Perroux）为代表的增长极理论。增长极理论是在 20 世纪 50 年代由法国经济学家佩鲁最早提出来的，他认为产业集聚原因主要是技术进步和创新[5]。四是以克鲁格曼为代表的新经济地理理论。克鲁格曼（Krugman，1991）发表《递增收益与经济地理》一文中，他构建了"核心—外围"模型（CP 模型），分析产业集聚形成的原因以及"报酬递增规律"对产业集聚的影响[6]。五是以波特为代表的竞争力理论。波特（Porter，1990）在《国家竞争优势》通过对美国、英国、德国、日本等国家产业集聚现象进行研究，从企业竞争战略和竞争优势角度对集聚现象进行分析，构建"钻石"模型对产业集聚进行分析[7]。近些年来，国外不少学者对产业集聚形成机理进行更为广泛的研究，例如，Andersson（2008）、Iammarino（2008）等从全球视角研究产业集聚与新技术之间的关系[8,9]；Kuncoro（2009）认为产业集聚与外商投资有着非常密切的关系[10]；Commendatore（2014）认为区域一体化、国际自由化是产业集聚的动力[11]；Akkemik（2014）探究出口对土耳其产业集聚的影响[12]；

Imaizumi（2016）探究自然灾害对产业集聚的影响[13]；de Almeida（2018）认为劳动力的集中是产业集聚的重要因素[14]；Ramachandran（2020）通过研究外商资本与产业集聚发展之间的关系，认为外商投资对产业集聚发展有着显著的促进作用[15]；Tavares（2021）通过综述产业集聚与创新能力之间的关系，深入分析创新能力对产业集聚的影响[16]；Shakib（2021）通过构建教育与产业集群的动态模型，实证分析员工教育对产业集群发展的作用[17]。

2. 产业集聚度测量

自马歇尔首次提出产业空间集聚原因以来，经济学家和管理学家对产业集聚进行深入的探索，他们对产业集聚从不同视角进行研究，其中就包括对产业集聚度测量方法、测量指标进行深入探讨。从以往国外学者关于产业集聚测度所用评价方法来看，根据测度对象具体特征和研究目的不同以及资料数据的可获得性，主要分为两大类：一是偏定性的测度方法。如波特的钻石模型评估方法，这种定性测度方法目前较少使用；二是偏定量的测度方法。例如，Feser（1998）用空间基尼系数来探寻跨区域边界企业活动的集聚，而不只是简单地量度单一区域企业的集聚[18]；Rosenthal 和 Strange（2001）采用EG 指数对美国制造业空间集聚进行计算并分析[19]；Braunerhjelm 和 Johansson（2003）对瑞士服务业与制造业运用 EG 指数来分析其空间集聚状况[20]；Gornostaeva（2003）采用区位熵测度了文化产业的集聚水平[21]；Aiginger 和 Pfaffermayr（2004）利用 HHI 方法对成立前后的欧洲 99 个制造业地理集中上的趋势进行测度[22]；Crawley（2011）利用 EG 指数测算小型开放型的制造业集聚和专业化水平变化[23]；Lazzeretti（2012）认为由于区位熵计算简便，数据易于获得，因此采用该方法对文化产业的集聚水平进行了测算[24]。

（二）绿色经济相关研究

西方绿色运动起源于对工业革命以来和现代化进程中所出现的种种环境、经济和社会问题的反思[25]。1989 年英国经济学家大卫·皮尔斯（David Pierce）出版的《绿色经济蓝皮书》中最早提出"绿色经济"一词，他认为经济增长必须以自然环境和人类自身可以承受为基础，倡导建立一种"可承受的经济"，也就是为了实现工业化和城镇化所采用绿色经济模式，这是一种与黑色经济模式相对应的经济发展模式，需将损害环境和耗竭资源的活动代价纳入国民经济核算平衡表中[26]。随后该书中有关绿色经济的观点逐渐得到广泛认同，国外理论界、学术界掀起对绿色经济研究热潮，各国政府、社会组织也将其作为热点问题，国外对绿色经济探索大致可以分为两个阶段。

第一阶段，从皮尔斯 1989 年提出的"绿色经济"一词开始一直到后金融危机之前。在这一阶段，国外学者主要将生态环境因素纳入经济发展中作为研究对象，是一种"生态—经济"二维研究模式。例如，迈克·雅各布（Michael Jacobs，1992）从环境经济学的角度出发，分析环境经济方面的政策对发展经济与保护环境双重目标的重要影响，并对环境保护和修复的策略进行思考[27]。皮尔斯（Pierce，1996）认为绿色经济主要是研究环境保护与经济可持续发展的问题，应将经济指标和生态环境、环境政策相结合[28]。莱斯特·R. 布朗（Brown，2001）提出经济系统是生态系统的一个子系统的观点，将绿色经济理论研究提升到新的高度[29]。联合国环境规划署（UNEP）（2008）将绿色经济的内涵定义为"在重视人与自然关系前提下，能为人类创造体面高薪工作的经济形式"[30]。在 2010 年，联合国环境规划署又推出了《绿色经济：发展中国家的成果案例》报告，详述了包括中国、巴西和印度等在内的 8 个发展中国家的可再生能源、可持续城市规划以及农村生态设施等绿色政策成功运行经验[31]，为世界各国开展具体绿色经济实践提供经验借鉴。这一阶段绿色经济研究倾向将绿色经济解释为经济绿色化过程，将经济增长和生态环境保护相结合。

第二阶段，从后金融危机时代至今。进入 21 世纪以后，在经济加速发展的同时，不仅环境问题更加凸显，而且还带来一系列社会问题，因此国外学者将绿色经济二维研究模式扩展为"社会—经济—生态"三维研究模式。例如，Danaher（2010）认为在环境可持续原则、社会公平原则和全球经济一体化原则下发展绿色经济[32]。联合国开发计划署（UNDP）（2010）认为应从社会角度将社会公平纳入绿色经济的内涵之中[33]。联合国环境规划署发表《迈向绿色经济》（2011）报告，认为绿色经济的发展模式，一方面要改进人类福祉与社会公平，另一方面要减少对环境及生态多样性的损害。同时该报告还认为绿色经济应该具备低碳、资源高效利用以及社会包容三种特征[34]。Kenis（2015）认为，绿色经济将带来新的经济增长点，有利于促进经济与社

7

会的全面发展[35]。Adams（2018）认为绿色经济的发展是一种可持续性的发展，是环境与发展挑战的核心。绿色经济发展提供了一个明确的和可持续发展理论与实践相统一的一致性分析[36]。Adloff（2019）认为经济的增长是实现绿色经济发展的先决条件，绿色发展是可持续发展的必经之路，绿色经济发展提倡社会现代化、生态现代化、经济现代化[37]。Lavrinenko（2019）指出，虽然一些学者认为解决地球环境问题需要降低经济活动，但绿色经济发展中经济与环境不能被视为相互矛盾的目标，在经济和社会发展中应该平衡[38]。Guo（2020）利用绿色技术评估绿色经济增长，对绿色经济增长目标指数排名中的 20 个国家进行分析。研究结果表明，阿拉伯联合酋长国、哈萨克斯坦等国家，棕色产业密集；美国、韩国和俄罗斯产业发展导致大量的二氧化碳排放；瑞士、俄罗斯在水和卫生设施的可持续管理方面得分很高[39]。Merino-Saum（2020）认为绿色经济的概念在学术界和政策制定领域获得了非常多的关注和研究。绿色经济概念应该包括三个维度，经济维度、环境维度和社会维度[40]。Sulich（2020）认为绿色经济是一种影响人类福祉和社会平等的增长，同时又减少环境威胁和自然资源的使用[41]。Yıldırım（2020）认为绿色经济发展目标是在经济、社会和环境因素之间建立一种平衡，使人类与自然环境之间具有连续性[42]。D'amato（2021）认为绿色经济、循环经济、生物经济是宏观可持续发展的热门理论。只有解决经济、社会、生态目标，才能促进可持续发展的不同途径转换。循环经济、生物经济和绿色经济的理论发展，为之后的可持续转型提供了重要指导方针，有必要全面深入分析[43]。Mikhno（2021）认为绿色经济发展是社会进一步发展的基础，并以发达国家和发展中国家为例分析经济因素、环境因素对人类生活质量的影响[44]。

（三）产业集聚对区域经济、资源环境的影响

国外学者关于产业集聚对区域经济和资源环境整体作用的研究比较少，而是分别对区域经济增长作用以及对资源环境的影响关系进行了较为丰富的研究。例如，Briithart（2009）等采用截面数据最小二乘估计法与动态面板数据广义矩估计法，实证分析产业集聚对经济的影响。研究发现，产业集聚对经济增长作用符合"Williamsom hypothesis"[45]。Andersson（2011）利用瑞典制造业 1997—2004 年间的产业数据，运用静态和动态模型分析了企业集聚与

生产率之间的关系。结果表明，产业集聚效应能够有效提高企业的生产率[46]。Chabukdhara（2013）对印度 Ghaziabad 产业集聚区进行实证分析，结果表明距离 Ghaziabad 产业集聚区越近，土壤重金属污染越严重[47]。Mitra（2014）通过实证研究表明，印度的产业集聚正向外部效应主要是通过增加教育年限、转变健康的方式提升经济收入水平[48]。Arin（2014）利用土耳其中小企业数据，实证分析了产业集聚会加剧市场竞争，造成资源价格上涨，对生产效率产生负向影响[49]。Bowen[50]（2009）、Karkalakos[51]（2010）、Fagbohunka[52]（2012）、Fagbohunka[53]（2015）、Ahmad[54]（2021）认为产业集聚与环境退化之间存在影响关系，并对两者之间关系进行探究。Otsuka[55]（2010）、Najkar[56]（2019）、Ramachandran[57]（2020）等研究产业集聚对生产率的影响。Combes[58]（2014）、Hanlon[59]（2014）、Wang[60]（2016）通过实证研究，证明产业集聚会形成溢出效应，对经济产生促进作用。

二、国内研究现状

（一）产业集聚相关研究

国内关于产业集聚理论的研究晚于实践，与同期国外研究相比仍存在差距，无论是从理论还是研究方法上基本上还是对该领域发展前沿的动态跟踪，缺乏创新性。国内大多数学者在产业集聚研究上，基于国外最新理论围绕着国内具有典型产业集聚区域的实践进行阐述和实证性研究，研究方向主要围绕产业集聚形成机理、产业集聚度量两方面进行。

1. 产业集聚形成机理

国内学者对产业集聚形成机理的研究成果较为丰富，不仅分析了产业集聚形成的一般成因，也有不少学者对某一区域、某一行业产业集聚形成机理做了具体论述。例如，刘军等（2015）以 2001—2012 年省际面板数据分析中国制造业集聚的影响因素，认为市场规模和人力资本水平促进了产业集聚，工资成本和运输成本阻碍了产业集聚[61]。李立（2016）认为物流产业集聚是中国各地物流业发展的新选择，在物流产业集聚的过程中，产业因素、交通因素、商贸因素、软硬件基础设施因素、政府因素以及劳动力成本因素是不可忽视的重要原因[62]。范晓莉等（2017）采用面板数据模型对中国 29 个省份的战略性新兴产业集聚发展影响因素以及区域差异特征进行分析。结果表明，信息基础设施服务水平的提升、规模经济的扩大、人力资本水平的提高、经济发展水平加快、资本存量的减少以及城市化率提高都对战略性新兴产业集聚发展呈现较为显著的促进作用[63]。陈柯等（2020）对中国制造业产业集聚发展过程中的影响因素进行实证分析，结果表明，出口需求拉动、知识溢出效应和规模经济对于制造业集聚水平存在明显的正向影响[64]。白福臣等（2021）在分析海洋生物医药产业集聚发展现状及影响因素基础上，构建了海洋生物医药产业集聚理论模型，以广东省为研究对象，提出了海洋生物医药产业集聚需以丰富的海洋生物资源为基础，以高新技术为依托，以国家政策制度为推动力，以优越地理位置为重要条件[65]。高敏等（2021）运用区域可达性模型和灰色预测模型对京津冀13城市的开通高铁前后物流产业集聚的变化率进行分析研究，结果发现，高铁的开通促进了城市物流产业的集聚[66]。阳长征（2021）基于2005—2018年中国区域面板数据，采用VAR模型和SSM模型，实证研究产业集聚与信息扩散和技术创新绩效之间的关系。研究表明，信息扩散对产业集聚增长有明显的促进作用，技术创新绩效对产业集聚的影响呈现"倒U形"曲线关系[67]。张跃等（2021）认为工业集聚已成为现阶段促进中国经济发展的重要因素，针对中国市域2000—2017年面板数据对工业集聚的影响因素进行分析，结果表明，比较优势战略、经济政策因素以及新经济地理因素均显著地影响市域工业集聚形成和发展[68]。

2. 产业集聚测度

产业集聚是各国经济快速发展过程中的必然产物，通过在某个特定区域集聚形成经济中心从而带来特殊效应，例如，共生效应、协同效应、区位效应、集聚效应以及结构效应等诸多优势。这是产业演化过程中的一种地缘现象，因此对于产业集聚的研究具有重要的学术价值，但是产业集聚程度受生态资源禀赋、经济发展水平、社会文化习俗等多种因素影响，不同区域、不同产业的集聚度有很大差异。国内学者有针对性选择不同区域、不同产业的产业集聚进行测度，通过测度水平从某一侧面反映产业的竞争力水平和区域经济实力。例如，雷宏振等（2012）采用行业集中度指数和赫芬达尔指数共同对2005—2009年中国文化产业集聚度进行测算，从区域和行业两个角度分析中国文化产业集聚程度和特征[69]。关爱萍等（2015）基于修正的 E-G 指数测算中国制造业中的 20 个行业 1993—2012 年的集聚度，分析了制造业各行业集聚地分布变化以及演进态势，并从不同方面研究区域产业转移的特点[70]。朱海艳（2016）采用赫芬达尔指数和区位熵相结合的方法对旅游产业进行集聚度的测量，以及分析在时间上集聚度变化态势和空间上集聚差异[71]。王岩（2017）利用区位熵和标准差椭圆等空间统计方法对京津冀地区产业集聚的空间格局给予测度，研究发现京津冀地区存在着典型的"中心—外围"格局[72]。刘彦军（2015）、赵珍（2018）等利用区位熵分别对全国沿海省份海洋产业集聚度进行测算。研究表明，天津、上海、海南和福建四省市海洋产业集聚度水平最高、发展态势最好[73,74]。叶莉等（2019）采用产业集中度、区位熵、赫芬达尔指数、地理集中指数四种测度方法，对天津市2014—2017 年金融产业集聚水平进行测算和分析[75]。封伟毅等（2020）采用空间基尼系数和区位熵对 2007—2017 年高技术产业集聚度进行了测算和比较[76]。周鹏飞等（2021）采用区位熵和熵值法对 2012—2018 年中国 30 个省份制造业的集聚水平进行测度。结果表明，现阶段中国制造业产业集聚水平具有明显区域异质性[77]。魏和清等（2021）通过区位熵、地理加固回归模型以及全局空间自相关和局部空间自相关等研究方法，实证分析了 2015—2017年中国 31 省份文化产业集聚的空间特征和影响因素。结果表明，中国文化产业集聚态势呈现东高西低的阶梯状分布特点，并且文化资源、政府政策、经济发展水平和交通便利性均对文化产业集聚有着重要的影响[78]。剧小贤（2021）采用了区位熵和行业集中度对河南省 2010—2019 年生猪产业集聚度进行了测算。结果表明，河南省生猪产业集聚水平低于全国平均水平，专业化程度不高[79]。吴敬茹等（2021）以京津冀城市群的先进制造产业为研究对象，采用标准差椭圆法对 2017—2021 年数据进行测度，实证研究结果表明，京津冀城市群的先进制造产业分布并不均衡[80]。

（二）绿色经济相关研究

国内对绿色经济研究较国外稍晚，自 20 世纪 80 年代绿色经济首次被提出之后，国内学术界也展开对其深入探讨，形成了丰富的研究成果，通过对这些研究成果梳理，整体看来，国内学者对绿色经济内涵、影响因素、评价指标等研究主要从四个角度进行展开：

1. 基于可持续发展的视角阐述绿色经济

此种观点认为经济的可持续发展性是绿色经济本质，并将绿色经济与经济可持续发展的内涵等同起来，强调经济发展必须建立在生态环境保护基础之上。例如，刘思华（2004）认为绿色经济是环境保护和社会全面进步的物质基础，是可持续发展的实现形态和形象体现，同时是以生态经济为基础，以知识经济为主导的可持续发展的代名词[81]。陈伟平（2015）认为后金融危机时代，经济发展受制于不容乐观的生态环境，各国积极寻找新的经济增长点，绿色经济作为经济增长的新途径之一，以统筹经济、社会、环境协调发展为目标，以实现经济发展生态化、循环化、低碳化为主要内容，是体现人与自然和谐共生的一种新型经济发展模式[82]。魏媛等（2016）指出经济可持续发展离不开良好的生态环境，生态环境建设也需要经济发展作为支撑，二者之间相互促进、相互制约。并且在实证研究基础上，对区域经济发展和生态环境保护进行耦合分析[83]。黄兰钦（2016）认为经济的粗放发展带来了资源减少、环境恶化、能源消耗等一系列问题，直接影响人民健康和经济社会发展的可持续性。因此，协调经济发展与生态环境的关系，促进人与自然和谐共生十分重要，必须转变经济增长方式，提出了绿色经济发展模式[84]。温晓明（2017）认为建设生态文明，重视绿色经济发展，不仅是实现可持续发展的前提，同时也是进行社会主义现代化建设的保障[85]。邹博清（2018）通过研究生态与经济的互动关系，划分自然生态系统中生态与经济关系的 5 个层次，在此基础上对经济发展中的环境问题进行全面分析，构建了绿色经济发展路径体系[86]。孙文涛（2021）认为我国经济发展由过去高速发展转向高质量发展，为了推动我国经济实现可持续健康发展，必须高度重视生态文明建设，在相互协调基础上推动经济高质量发展[87]。

2. 基于绿色产业的视角阐释绿色经济

以绿色产业的配套发展作为绿色经济发展的基础，通过绿色产业整体发展促进经济高效可持续发展，建立完善绿色产业来实现保护生态环境、提升经济效益的目标。例如，余春祥（2003）认为绿色产业是绿色经济发展的具体体现，通过绿色产业的发展有力推动了生产、流通、交换、消费四大领域转换[88]。夏光（2010）认为绿色经济一方面要对原有经济系统进行生态化改造，另一方面要发展对环境影响小或有利于改善环境的产业[89]。高玉枝（2012）认为绿色经济要以绿色产业为新的增长点，促进经济活动的全面绿色化、生态化，从而实现环境友好型经济，提升绿色经济效益[90]。王凤（2016）认为发展绿色经济和绿色产业具有一致性，发展的核心都是提高人民生活质量，协调经济、环境和生态之间关系，促进产业结构的调整，在生产的过程中实现利益最大化[91]。裴庆冰等（2018）在梳理分析了国内外绿色经济形成和发展的动态过程后，指出要以绿色产业为绿色经济发展的基础，提出了引导和壮大绿色产业快速发展实现路径，为全社会绿色经济发展提供重要支撑[92]。孙晓燕等（2018）针对中国发展绿色经济的迫切需要，指出需要大力发展绿色产业，加快产业升级，把高污染、高耗能、高排放的三高产业向三低产业转变，从而实现经济发展的同时防止环境污染、保护生态环境[93]。梁一灿等（2020）认为绿色产业发展以及体系的健全对绿色经济发展具有重要的支撑作用。但通过对天津绿色产业现状分析，认为天津绿色产业体系仍然不够健全，高科技产业、环保产业以及先进制造业等高能源效益产业比重相对较低，一些高碳产业仍然是支撑经济发展的主导产业，所以天津绿色经济发展亟须改变产业内部结构[94]。裴培（2020）阐述了绿色产业发展的重要价值，认为在绿色产业推动下，社会经济发展将呈现更为和谐的发展特征。并结合时代探讨绿色产业发展路径，认为应从"树立绿色发展理念，制定绿色产业规划""突出经济常态特点，调整产业发展结构""立足绿色产业管理，完善绿色税收政策""坚持循环发展路径，实现绿色产业创新"这四方面进行绿色产业深入发展[95]。

3. 基于技术创新视角阐述绿色经济

这种观点认为绿色经济发展离不开科技创新，因为科学技术是第一生产力，科技发展对于绿色经济发展具有巨大的推动作用。例如，李向前等（2001）认为，绿色经济要充分运用现代科学技术，加大投入生物资源创新工厂，大力开发具有优势的绿色资源，巩固绿色产业发展，通过技术创新来加强环境保护，促进人与自然和谐发展[96]。赵斌（2006）认为绿色经济是以高科技产业为手段，一方面通过科技力量使人们在社会生产、流通、分配、消费过程中不损害环境以及人的健康，使高科技绿色产品极大地占有市场，成为经济生活中的主导部分；另一方面要在资源环境的承载能力范围内，把技术进步限定在有利于人类以及人和大自然相互关系的轨道上，保障技术，造福人类[97]。周珂等（2011）认为绿色经济将众多有益于环境的绿色技术应用到生产经营中，提高绿色生产力，实现经济的长期稳定发展[98]。王丽英等（2016）认为科技进步是促进绿色经济发展，构建资源节约型环境友好型社会的重要举措[99]。孟望生等（2020）以中国 30 个省份 2003—2017 年的面板数据为研究样本，采用绿色全要素效率指数和能源环境效率指数对所构建的模型进行测度。结果显示，技术进步可以提高资源产业的附加值以及资源利用效率，从而通过技术创新进步可以促进区域绿色经济的增长，并且还具体提出了如何转变引进型技术进步的措施[100]。张梦霞（2021）以中国中部六省作为研究对象，通过运用熵值法实证分析绿色经济水平和科技创新能力之间的关系。结果表明，科技创新通过促进生产绿色化、生态绿色化和生活绿色化，从而显著地促进绿色经济的增长[101]。

4. 基于资本形态和配置视角阐述绿色经济

此观点认为资本形态可以分为生态资本、物质资本、社会资本、人力资本，绿色经济要想得到更好的发展必须合理配置资本。例如，张兵生（2005）认为绿色经济应该以生态资本为前提和基础，人力资本为主导和关键，物质资本为支撑和杠杆，社会资本为保障和助力，在良性互动和相互协调过程中转变人类生产生活方式，并提出以整体提高人类生活质量为目的的可持续经济形态[102]。诸大建（2012）指出绿色经济是通过投资生态资本来促进经济增长，通过投资人力资本来减少生态资本消耗，从而实现经济可持续发展[103]。赵领娣等（2013）通过运用面板 Tobit 模型检验能源禀赋和人力资本对绿色经济绩效的影响方向和程度，结果发现能源禀赋与绿色经济绩效呈现微弱负相关，而人力资本对于绿色经济绩效呈现显著的正向效应[104]。李小芬（2015）认为生态资本是一种重要的资本形式，要实现经济社会的绿色发展，必须重视生态资源节约利用和生态环境建设[105]。鲍军（2016）认为在绿色经济发展过程中，人力资本作为最重要的资本形式应该给予高度重视，增大人力资本投入，完善人才培训体系，为中国绿色经济发展做好人才储备工作[106]。杨磊玉（2017）认为通过对生态资本投资达到生态资本的可持续利用，这是绿色经济发展的能量源泉，并由此给出了完善生态资本运行策略的简单构想[107]。万建香等（2018）认为应将社会资本引入绿色经济发展过程中，通过构建固定效应模型，分析社会资本对减低污染、节约资源和提高绿色经济发展的影响[108]。王晓燊（2020）认为河南省外商直接投资伴随着经商环境不断优化，投资力度也不断加大，但在促进经济发展的同时也对资源环境产生负向影响。因此，通过构建动态面板模型，采用 GMM 估计方法进行实证分析。结果表明，外商直接投资对河南省绿色经济发展有促进作用，并给出如何利用外商直接投资发展绿色经济的政策建议[109]。沙依甫加玛丽·肉孜等（2021）基于2003—2017 年中国 262 个城市的面板数据，采用 DEA-SBM 模型测算了绿色经济效率数据，进而运用 PSDM 实证分析人力资本集聚对绿色经济效率的影响。结果显示，人力资本集聚对本地区绿色经济效率有显著的促进作用[110]。

（三）产业集聚对区域经济、资源环境的影响

产业集聚作为一种独特的产业组织形式，对区域经济、资源环境影响主要是通过产业集聚效应来实现的，中国学者对此进行了大量实证研究。例如，段会娟（2012）以 2000—2008 年 30 个省份的面板数据为样本，采用计量经济学模型方法验证产业集聚效应对区域经济发展的影响，结果表明，产业集聚对经济增长具有积极作用，但不同技术含量的行业集聚效应不同，对区域经济增长作用也不尽相同[111]。李剑等（2016）基于 2004—2013 年中国内地31 个省份数据作为样本，构建空间计量模型分析物流产业集聚对区域经济增长的影响，分析表明物流产业集聚能够有效促进区域经济增长速度和增长效率[112]。夏涛等（2017）认为开展海洋产业集聚的生态环境效应研究，对于推进中国沿海地区社会经济可持续发展具有重要意义[113]。严姗姗（2017）对福建省海洋产业集聚与区域资源环境进行耦合评价研究，表明两者耦合关系处于中等协调水平[114]。王磊等（2018）采用 GLS 对中国省域再生资源产业集聚与区域环境污染之间关系进行分析，结果表明两者之间总体上呈现"非标准倒 U 型"关系[115]。唐建荣等（2018）以中国 31 个省份 2012—2015 年面板数据为样本，采用空间杜宾模型对中国制造业集聚与区域经济增长的内在逻辑和空间溢出效应进行分析。结果表明，中国制造业集聚不仅会对本省域的

经济增长起到促进作用，同时也会对相邻省域经济发展带来一定的正向溢出效益[116]。季书涵等（2019）通过实证研究分析产业集聚、资源错配和污染排放之间的关系[117]。刘媛媛等（2021）通过构建计量模型以新疆区域作为研究对象，分析资源型产业集聚发展对碳排放的影响，结果表明两者出现"倒 N 形""正 N 形""正 U 形"三种形状的曲线关系[118]。寇冬雪（2021）将产业集聚分为四种集聚模式，即专业化集聚、多样化集聚、相关多样化集聚和无关多样化集聚，并基于中国 285 个地级市 2003—2017 年的面板数据，采用 SYS-GMM 模型实证分析产业集聚与环境污染的关系。结果表明，专业化集聚、多样化集聚以及相关多样化集聚均有助于改善环境污染，而无关多样化集聚会加剧环境污染[119]。杨羽霏（2021）基于 2005—2018 年长江三角区 42 个地级市的制造业集聚和服务业集聚对经济增长率影响为研究对象进行实证分析。结果发现，产集聚通过规模效应将有利于经济增长，但扩大了长三角地区间经济发展的差距[120]。

三、国内外研究评述

通过对以上国内外研究现状的梳理，可以看出当前关于产业集聚对区域绿色经济增长关系研究主要从产业集聚形成机理、产业集聚度测量、绿色经济内涵以及产业集聚对经济、资源环境作用关系等方面进行研究，但总体看，研究的欠缺之处有以下四点：

（一）缺乏有针对性测度海洋产业集聚的系统研究

关于产业集聚测度方面，不少学者做出了丰富的研究成果，但对其梳理发现两方面的不足：其一，对于产业集聚测度大多学者通过不同的测度方法进行研究，但是这些不同的测度方法每种都有优缺点，如果单一使用某一种测度方法给出的研究结果不仅说服力较差而且研究结果不具有系统性。本书在已有测度方法基础上，创新性地提出改进的区位熵，通过采用改进的区位熵和产业集中系数进行加权平均从总体上测算中国海洋产业集聚度情况，并且利用改进区位熵测算集聚的空间特征，利用产业集中系数测算时序特征，从而能够反映出集聚水平在时序和空间上的特征，达到预期效果。这种总体和局部相结合的方法比传统单一使用某种测度方法更加合理、可靠；其二，对于以往海洋产业集聚测度研究，大多数学者针对海洋经济发达省市或者三大经济圈进行海洋产业集聚测度，鲜有学者对全国沿海 11 省份海洋产业集聚进行有针对性的测量并从横向静态比较和纵向动态比较进行研究分析，故本书立足全国沿海 11 省份采用统一的测度方法进行海洋产业集聚度的研究。

（二）缺乏从 SEEA 视角探究中国区域绿色经济内涵和评价指标

国内外文献中对绿色经济内涵的界定因为研究视角的不同而呈现多样化。因此，针对中国绿色经济发展特点，本书以国际上较为常用的 SEEA-2012 为研究视角，结合中国绿色经济发展的特点，探究符合中国绿色经济发展的内涵，并构建与内涵相适应的评价指标体系，将经济和资源环境信息进行整合，从海陆统筹角度考察资源消耗、环境损害与经济发展，从而能够客观地、真实地反映资源环境在经济社会发展过程中的贡献，为经济可持续发展提供科学依据。

（三）缺少考察产业集聚对区域绿色经济增长影响的研究

通过对文献的梳理可以看出，国内外学者对构建的研究模型、研究方法以及选取的评价指标大多是从产业集聚与区域经济角度或者产业集聚与区域资源环境角度进行分析，缺少将资源环境纳入经济发展中，从绿色视角去考察产业集聚对区域绿色经济增长所产生的影响以及定量分析影响程度的大小。

（四）缺乏将空间因素纳入分析海洋产业集聚对区域绿色经济增长的溢出效应研究

以往对海洋产业集聚相关理论研究中，学者们主要是从海洋产业的成因、产业集聚的测度方法、海洋产业集聚效应与区域经济、资源环境之间的关系进行理论和实证的分析，形成了丰富的成果，但是鲜有学者从海洋产业集聚具有溢出效应视角去考察对内陆区域绿色经济增长的影响。沿海省份海洋产业集聚对内陆区域的影响主要通过技术、知识、创新等溢出效应以及与相关产业协同效应带动内陆区域绿色经济发展。因此，本书将以全国 31 省份为研究对象，不仅考察中国海洋产业集聚对沿海区域绿色经济增长的影响，而且还进一步探究海洋产业集聚的空间溢出效应对内陆区域绿色经济增长的影响。

第三节 研究内容和方法

一、研究内容

根据研究目的，本书首先从海洋产业集聚和区域绿色经济两大系统内涵和本质出发，结合中国海洋产业及区域绿色经济发展的具体情况，从时序特征和空间特征分别对海洋产业集聚进行测度，并根据 SEEA-2012 构建了区域绿色经济核算模型，对中国海洋产业集聚情况和区域绿色经济发展情况进行了综合评价；其次采用可行广义最小二乘法和面板门限回归模型分析中国海洋产业集聚对本区域绿色经济增长的影响，采用空间面板杜宾模型实证分析中国海洋产业集聚对邻近区域绿色经济增长的空间溢出效应；最后给出提升中国海洋产业集聚最佳外部效应的对策建议。主要内容包括：

第一，在界定和阐述与本书相关的主要概念和理论基础上，创新性地构建了中国海洋产业集聚对区域绿色经济增长影响的研究体系，深入地分析了海洋产业集聚对区域绿色经济增长影响的作用机理。

第二，核算了中国海洋产业集聚水平以及中国区域绿色经济增长情况。首先，以中国沿海 11 省份为研究对象，采用产业集中系数和改进区位熵综合核算海洋产业集聚水平，与采用单一核算方法相比，能更细致地反映出中国海洋产业的时空特征。其次，以 SEEA-2012 核算模型框架为理论指导，结合中国绿色经济发展实际情况，创新性地构建了符合中国特色的绿色经济核算模型框架。根据每种具体核算类型确定核算方法，用真实货币形式反映中国区域绿色经济增长情况，并进一步揭示中国区域绿色经济增长的动态演变和空间格局。

第三，揭示了中国海洋产业集聚对区域绿色经济增长的影响。首先，根据威廉姆森假说构建基本计量模型进行实证分析，结果表明海洋产业集聚与沿海区域绿色经济增长之间呈现"倒 U 形"关系。其次，构建面板门限回归模型，在考虑沿海各省份经济发展水平不均衡的情况下，深入研究海洋产业集聚与沿海区域绿色经济增长之间的关系。最后，考虑空间上相互邻近的区域存在广泛而密切的联系，构建空间面板计量模型将海洋产业集聚与绿色经济增长之间的关系扩展到空间上，结果表明，中国海洋产业集聚对邻近区域的绿色经济增长产生显著的正向溢出效应。

第四，根据实证结果给出优化中国海洋产业集聚的对策建议。在产业集聚形成内在规律基础上，从理论上深入分析海洋产业集聚的一般影响因素。进而构建灰色关联模型实证分析影响中国海洋产业集聚的主要因素，并给出优化中国海洋产业集聚外部效应的对策建议。本书的技术路线如图1-1所示。

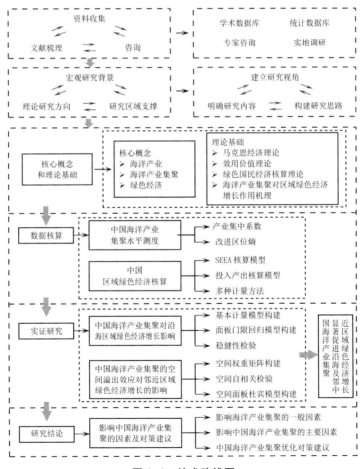

图1-1　技术路线图

二、研究方法

本书为了探讨中国海洋产业集聚对区域绿色经济增长影响及空间溢出效应，在梳理国内外研究现状的基础上，采用了定性与定量研究方法以及运用SPSS、Stata、ArcGis 等软件处理数据，具体研究方法包括：

第一，文献演绎法

本书拟运用文献演绎的方法重点研究以下内容：①国内外关于产业集聚的形成机理，产业集聚产生的外部效应和产业集聚测度方法。②国内外关于海洋产业相关理论研究，主要包括海洋产业界定和分类，海洋产业集聚的集聚效应和拥阻效应分析，以及影响海洋产业集聚水平的主要因素。③国内外对于绿色经济的研究，主要包括绿色经济内涵的界定，以及对区域绿色经济评价指标体系和评价方法的研究。④国内外有关海洋产业集聚对区域经济增长、资源环境影响的作用机理。

第二，面板门限模型

在基本计量模型回归基础上，考察中国沿海 11 省份经济发展水平存在差异的情况下，以人均 GDP 作为划分样本的门限变量，验证中国海洋产业集聚对区域绿色经济增长的门限特征，对受门限变量影响的解释变量进行门限检验和估计。根据面板门限检验和估计结果，确定门限数量和门限估计值，进而构建面板门限回归模型，分析中国海洋产业集聚对区域绿色经济的门限效应影响，以检验在中国沿海 11 省份经济发展不均衡情况下，基本计量模型回归系数的估计值是否稳定。

第三，空间计量方法

空间计量方法是空间计量经济学的一种重要研究方法，利用空间计量方法中的莫兰指数检验中国 31 省份绿色经济是否存在空间相关性，为构建空间计量模型提供支撑；利用 Moran's 散点图和 LISA 集聚分布图分析中国 31 省份绿色经济在地理空间上的分布特征予以直观形象描述；采用空间面板杜宾模型，能够充分考虑空间因素，实证检验中国海洋产业集聚的空间溢出效应对邻近区域绿色经济增长的影响。

第四，灰色关联度分析法

选取恰当指标反映海洋产业集聚水平作为参考数列，选取影响海洋产业集聚因素的一系列指标作为比较数列，然后比较其几何形状相似程度来判断其联系紧密性，以此反映海洋产业集聚和其影响因素的关联程度，从而确定海洋产业集聚水平的主要影响因素。

第五，其他统计方法

为了反映中国绿色经济发展水平，需要对自然资源耗减价值量、环境污染治理损失价值量和环境污染退化损失价值量三方面进行核算。针对不同类型资源耗减和环境损失经济价值量核算，需用不同的计量方法，例如，采用人力资本法计量人体健康损失价值量，经验法计量水资源耗减价值量，净现值法计量能源耗减价值量，影子工程法计量耕地耗减价值量，恢复费用法计量环境污染虚拟治理损失价值量，维持费用法计量固定资产加速折旧损失价值量等。

第二章

核心概念和相关理论基础

本章是针对本书主题开展的核心概念和相关理论基础研究。本章研究目的是为第三章分析中国海洋产业发展现状与集聚水平情况，第四章核算中国区域绿色经济增长情况，以及为第五章和第六章分析中国海洋产业集聚对区域绿色经济增长影响及空间溢出效应研究奠定理论基础。

第一节　海洋产业集聚与绿色经济概念的界定

一、海洋产业的概念及分类

产业是指具有某种同类或相似属性的经济活动的集合或系统。劳动分工的出现和发展导致了产业的出现和发展，在海陆统筹发展观的指导下，海洋产业发展得到不断完善。在海洋产业研究过程中，许多学者经过长期的理论研究和实践考察，从不同角度定义了海洋产业以及对海洋产业进行分类。例如，张耀光（1991）较早给出了海洋产业的定义，认为海洋产业是指人类在海洋、滨海地带开发利用海洋资源和空间以发展海洋经济的事业[121]。孙斌等（2000）认为海洋产业是指开发、利用和保护海洋资源而形成的各种物质生产和服务部门的综合[122]。2006年12月，国家市场监督管理总局和国家标准化管理委员会发布的《海洋及相关产业分类》（GB/T20794-2006）将海洋产业定义为：开发、利用和保护海洋所进行的生产和服务活动。杜晓岩（2008）认为海洋产业是指在海洋及其空间进行的各种经济性开发活动和直接利用海洋资源进行生产加工以及海洋开发、利用和保护海洋所进行的生产和服务活动[123]。综上所述，不同的学者给出的有关海洋产业概念的界定不尽相同，但是从他们的表述中可以看出，海洋产业其实就是涉海性的人类经济活动，主要表现在五方面：（1）直接从海洋中获取产品的生产和服务；（2）直接从海洋中获取的产品一次加工生产和服务；（3）直接应用于海洋发展和海洋开发活动的产品生产和服务；（4）利用海水或海洋空间作为生产过程的基本要素所进行的生产和服务；（5）与海洋密切相关的科学研究、教育、社会服务和管理。属于上述五方面之一的经济活动，无论其所在地是否为沿海地区，均可视为海洋产业[124]。

根据研究目的不同、划分标准不同对海洋产业分类也不同，常见的划分标准和分类有以下几种：（1）按照海洋产业发展时间顺序不同，可以分为传统海洋产业、新兴海洋产业、未来海洋产业。①传统海洋产业对现代高新技术依赖程度较低，主要是指海洋捕捞业、海洋交通运输业、海洋盐业、海洋船舶业、滨海旅游业；②新兴海洋产业主要是指由于科技进步发现了新的海洋资源或者扩展了海洋资源利用范围而成长的产业，主要包括海洋生物医药业、海洋化工业、海洋工程建筑业、海洋油气业等；③未来海洋产业是指目前正处于研究和初步发展阶段，未来可能成为主要依赖高新技术的海洋产业，比如深海采矿、海洋能利用等[125]。（2）按照《海洋及相关产业分类》（GB/T20794-2006）将海洋产业划分为二类三个层次：①第一类是海洋产业，是开发、利用和保护海洋所进行的生产和服务活动。又可以分为主要海洋产业和海洋科研教育管理服务业；②第二类是海洋相关产业，是指以各种投入产出为联系纽带，与主要海洋产业构成技术经济联系的上下游产业，包括海洋农林业、海洋设备制造业、涉海产品及材料制造业、涉海建筑与安装业、海洋批发零售业、涉海服务业等。（3）根据海洋产业在区域经济社会发展中的地位和作用将海洋产业划分为先行性产业、主导性产业、支柱性产业、服务性产业以及发展性产业等。（4）按照部门分类法，依照产业自身的特点形成的产业部门进行分类，可以分为海洋渔业、海洋盐化工业、滨海旅游业、海洋交通运输业等16个产业部门[126]。（5）依照三次产业分类法，按照中华人民共和国国家标准《国民经济行业分类》（GB/T4754-2002）和中华人民共和国

23

海洋行业标准《海洋经济统计分类与代码》（HY/T052-1999）的规定，可以把海洋产业分为第一产业，第二产业和第三产业。①第一产业是指生产活动直接利用海洋生物资源为特征的产业，主要包括海洋捕捞业和海水养殖业等；②第二产业是指生产活动以海洋资源的加工和再加工为特征的产业，主要包括海洋工业和海洋建筑业等；③第三产业是指生产活动以提供非物质财富为特征的产业，主要包括海洋公共服务业、海洋科研教育业、海洋运输业、海洋保险业等。由于《中国海洋统计年鉴》及其他相关年鉴均采用三次产业分类法编制中国沿海地区海洋产业的数据资料，鉴于数据的连续性和完整性，本书在下文中计算海洋产业集聚度将以此种分类方法进行计算。具体见图2-1所示。

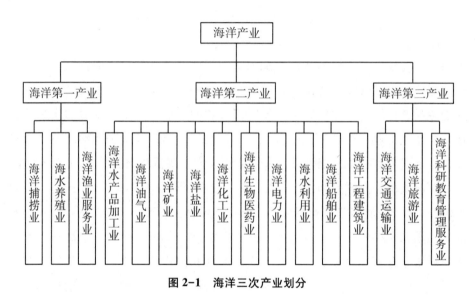

图2-1　海洋三次产业划分

二、海洋产业集聚的概念

在产业集聚内在的形成机制的作用下，产业集聚是产业结构优化升级的必然结果，这是一种更高层次的产业组织形式。自19世纪90年代马歇尔首次提出产业集聚的概念以后，众多不同学科的学者在完善和丰富产业集聚理论上进行了积极的探索和努力。但是，由于学科之间研究领域、研究目的不同，目前产业集聚仍缺乏统一的概念。例如，经济学、产业经济学一般多采用"产业集聚"概念；经济地理学多采用"产业区""区域集群""新产业区"等概念；管理学多采用"产业集群""产业簇群""产业群簇"等概念。尽管各学科所采用的概念名称不同，但都是指同一类型产业或者不同类型的相关联的产业为了获得更多的利润或者优势条件，而将经济活动从不同地理空间向某一特定区域集聚而产生的规模经济的过程。从经济学上说，产业集聚是因为各种生产要素在某一区域内聚集而产生的规模经济的过程；从地理意义上来说，产业集聚则是经济活动在地理位置上的集中。如果将其内涵延伸至海洋产业，可将海洋产业集聚定义为：海洋产业经济活动主体为了获得行业发展更多的优势和利润，而将经济活动和生产要素在地理空间上不断集聚，以此相互支持、共同发展所产生的规模经济过程。海洋产业集聚不仅具备一般产业集聚的特点，如劳动力、资本、知识、技术等生产要素向集聚区内集中，集聚区内的海洋产业及相关产业可以共享这些生产要素，从而发挥海洋产业规模经济和规模效应，提高整个区域内企业的综合竞争优势，并带动区域绿色经济增长，而且海洋产业还具有特殊性，如资源依赖性强、技术要求高、陆海统筹等特点，所以海洋资源的分布情况对海洋产业影响较大，海洋产业多以集聚在海洋资源丰富的沿海区域，海洋资源开发和利用需要以高新技术为保障。因此，海洋产业集聚形成较严重的依赖资源、人才、知识和高新技术。随着海洋开发的深入，海陆关系越来越密切，海洋产业和陆域产业互动性进一步增强，海洋产业集聚所产生的效应不仅能带动陆域产业增长，海洋产业的发展也离不开陆域产业为其提供技术、人力、财力以及后方基地等的支持保障。

三、绿色经济的概念

"绿色经济"一词最早由英国经济学家皮尔斯提出，他主张经济发展与社会、生态环境有着休戚与共的关系，应该建立一种可承受的经济发展模式，既不应因经济盲目增长而造成社会动荡和生态危机，也不因资源耗竭、环境污染而使经济无法持续发展[127]。随后许多学者对绿色经济的定义进行了积极的探讨，大致可以归纳为四种类型：一是基于可持续发展视角。例如，刘国光（2006）认为绿色经济可从狭义和广义两个角度去理解，狭义绿色经济主要是经济发展要建立在对可再生和可更新生态资源的利用基础之上，而广义绿色经济是指自然资源与经济可持续协调发展[128]。二是基于绿色产业视角。例如，史玲玲等（2021）认为绿色经济是对传统经济发展模式的根本否定，发展绿色经济就需要对传统产业进行节能减排、调整产业结构，大力发展绿色产业[129]。三是基于技术创新视角。例如，刘伊曼（2019）认为技术创新是影响地区经济绿色发展的重要因素，通过技术创新和科技进步引领，支撑绿色经济发展[130]。四是基于资本形态和配置视角。例如，严立冬等（2013）认为绿色经济发展离不开生态资本的投入，不同的生态资本投资方式对于促进绿色经济增长有着不同的影响[131]。本书认为可将这四种类型进行归纳，第一类是从宏观角度理解经济与资源环境的相互协调发展，其余三类是从微观角度具体阐述经济与资源环境达到协调发展所采用的途径方法。这四种类型反映的内在本质是一致的，均强调了"绿色"和"经济"两方面，所以本书从绿色经济的核心本质出发，将其定义为：既能产生良好的经济效益，又能产生良好的资源环境效益，是一种以经济资源环境协调发展为核心的可持续发展的经济模式。

第二节　相关理论基础

一、马克思经济理论

马克思的理论对经济的贡献主要包括劳动价值论和社会总资本再生产理论两个部分。商品是马克思经济理论研究的逻辑起点，在马克思的劳动价值理论中深入地分析了商品的二重性价值，认为商品的有用性是成为商品的使用价值，使用价值作为物质的承担者是交换价值的前提，从交换价值中抽象发展起来的价值形式正是商品的价值。作为劳动产品的商品本质上就是去除各种具体形式的无差别的人类劳动，体现了商品的价值。商品本质上是劳动产品的属性，这就决定了生产商品的劳动也具有二重性，即具体劳动和抽象劳动。使用价值作为经济财富的物质外衣，是具体劳动的表现结果，商品价值是无差别人类劳动的单纯凝结，衡量商品生产中使用的劳动时间，是抽象劳动的表现结果。劳动的二重性作为解释价值理论的"枢纽"，揭示了剩余价值的真正来源。剩余价值是指被资产阶级无偿占有的劳动者创造的新价值中的利润。社会必要劳动时间决定了商品价值大小，商品价值是由三部分组成，即购买生产资料的不变资本（c）、补偿劳动的可变资本（v）和劳动者所创造的剩余价值（m）。

马克思通过对简单再生产和扩大再生产分析得出，资本主义社会依靠市场经济运行手段，资本运动不会一直无止境地平衡下去，会爆发周期性的经济危机，因此，马克思的社会再生产理论也同样适用于社会主义市场经济运行规律分析。马克思首先从社会单个资本的循环和周转进行分析，社会化大生产存在广泛的社会分工和无数的单个资本，进而深入分析了社会总资本再生产理论。无论单个资本还是总资本，其循环周转都是为了增加价值。具体可以从这两种资本形式的运动公式中直观看出：

单个资本运动公式[132]：

$$G-W\begin{cases} P_m \\ A \end{cases}\cdots P\cdots W'-G' \tag{2-1}$$

社会总资本运动公式[132]：

$$W'-G'\begin{bmatrix} G-W\begin{cases} P_m \\ A \end{cases}\cdots P \\ g-W \end{bmatrix} \tag{2-2}$$

式中，G 代表货币；W 代表商品，企业购买的商品是各种生产要素和生产用品，其中最主要的是劳动力和生产资料；P 代表生产；W' 是经过生产制作的新产品，其中包括了剩余价值 m；G' 表示 W' 卖出以后变成的货币；字母间的连线"-"表示流通及买卖；"…"表示流通及买卖中断，生产要素在企业内部运动。

社会总资本作为单个资本的总和，从这两个公式中就可以看出，社会总资本运动不仅包括单个资本流通，还包括任何非资本的商品流通，例如，商品作为消费资料的流通。因为生产消费资料的资本也是通过商品流通实现价值的转化，并带来价值增值。社会资本运动的特殊性在于其包含了一般商品流通和剩余价值流通，两者在社会总产品的循环运动中相统一[133]。

马克思根据物质在生产活动中的不同用途分为生产资料和消费资料，其生产生产资料部门为Ⅰ类部门，生产消费资料部门为Ⅱ类部门。同时，马克思还创造性地阐述了社会总资本的两种再生产模式。

首先是简单再生产。

简单再生产是以不变的生产规模为前提，下一期生产没有追加资本投入。简单再生产包括三种交换关系，如图2-2所示。

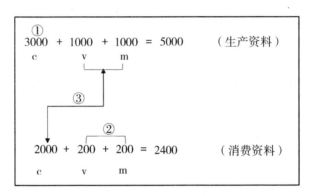

图2-2 简单再生产交换关系

通过马克思的简单再生产图2-2所示，有三种交换关系。①Ⅰ类部门中，不变资本c为3000是生产所需的全部生产资料，可以通过Ⅰ类部门内部企业之间的交换来实现补充；②Ⅱ类部门中，该部门的劳动者工资v是200和资本家的剩余价值v是200所表现出来的各种消费资料，也可以由Ⅱ类部门各企业的交换来实现补偿；③Ⅰ类部门中劳动者的工资和资本家的剩余价值表现为所需的消费资料无法在本部门内部得到补偿，需要与Ⅱ类部门进行交换。同时Ⅱ类部门中不变的资本c为2000也只能用于补偿消耗的生产资料，也无法在本部门进行补偿，需要与Ⅰ类部门相互交换获得。

通过上述简单再生产分析可以得到三个实现条件。第一，$v_I + m_I = c_{II}$，说明生产资料生产部门与消费资料生产部门之间的相互交换关系；第二，$c_I + v_I + m_I = c_{II} + c_I$，说明Ⅰ类部门的全部产品价值应该满足Ⅰ类和Ⅱ类部门对于生产资料的需要，这说明生产资料的供应与市场需求之间的联系；第三，$c_{II} + v_{II} + m_{II} = (v_I + m_I) + (v_{II} + m_{II})$，Ⅱ类部门的全部产品的价值应该等于Ⅰ类和Ⅱ类部门对于消费资料的需要，这说明消费资料的供应与市场对其需求之间的联系。因此通过Ⅰ类和Ⅱ类部门内部和之间的交换活动实现了社会总产品的价值和实物补偿，这种交换关系通过社会各个部门的比例关系所体现。

其次是扩大再生产。

马克思认为市场经济活动的主要形式是总资本的扩大再生产，是由无数个简单再生产组成。资本主义扩大再生产需要资本的累积，也就是资本家的剩余价值中一部分作为个人消费，另一部分用于下一生产周期的追加投入。追加投入的资本将用于购买扩大再生产所需的不变资本 Δc 和相应的可变资本 Δv。因此，扩大再生产具有不同的前提条件。

第一，$v_1 + m_1 > c_{II}$，说明要有充足的可供追加的生产资料来满足Ⅰ类和Ⅱ类部门扩大再生产的需求；第二，$(c_{II} + m_{II} - m_{II}/x) > (v_1 + m_1/x)$，说明要有充足的可供追加的消费资料。其中（m/x）表示资本家用于个人消费的部分，（m-m/x）表示资本积累的那部分，故（m-m/x）=（$\Delta c + \Delta v$）。此时，资本的运动图如图2-3所示。

```
4000    +    1000    +    1000    =    6000        c/v=4/1    Ⅰ类部门
  c'           v            m

1500    +    750     +     750    =    3000        c/v=2/1    Ⅱ类部门
  c           v             m

剩余价值率=50%
```

图2-3 扩大再生产资本运动

总资本扩大再生产的积累是从Ⅰ类部门开始，在积累率为50%时，Ⅰ类部门资本家的资本积累 m 为500，追加的不变资本为 Δc400，可变资本 Δv 为100，剩下的500m/x作为资本家的个人消费。此时第Ⅰ类部门的不变资本 c 就成为4400，用于Ⅰ类部门扩大再生产所需的生产资料价值，可变资本 c 和剩余价值 m 相应地就变为1100v+500m/x。同时，Ⅱ类部门也需要进行积累，取其 m 为150用于资本积累，Δc 为100用于追加不变资本，Δv 为50用于追加可变资本，此时Ⅱ类部门中 c 为1600，v 为800，m 为600m/x。因此由图

2-3变为图2-4。

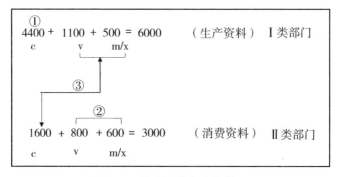

图 2-4　扩大再生产交换关系

经过一系列的累积和交换，社会总资本的扩大再生产就实现了价值补偿和实物补偿。具体来看可以得出三大平衡关系：① $(v_I+\Delta v_I+m_I/x)=(c_{II}+\Delta c_{II})$，说明 I 类和 II 类部门累积以后重新达到平衡关系；② $(v_I+v_I+m_I)=(c_I+\Delta_I)+(c_{II}+\Delta c_{II})$，说明扩大再生产条件下 I 类部门的产出满足 I 类和 II 类部门扩大生产对于生产资料的需求；③ $(v_{II}+\Delta v_{II}+m_{II})=(v_I+\Delta v_I+m_I/x)+(v_{II}+\Delta v_{II}+m_{II}/x)$，说明扩大再生产条件下 II 类部门的产出满足 I 类和 II 类部门扩大再生产对于消费资料的需求。

马克思的劳动价值论和社会总资本再生产理论是物质产品平衡表（MPS）理论框架和国民经济核算体系（SNA）理论框架的基石。中国国民经济核算主要经历两个发展阶段。第一个阶段是新中国成立初期到改革开放初期，由于当时是高度集中的计划经济体制，中国采用了与之相适应的苏联东欧国家的物质产品平衡表理论框架体系。第二个阶段是改革开放以后，中国经济结构和经济体制都发生了重大变化，由原来的以计划经济体制为主导过渡到以市场经济体制为主导，物质产品平衡表理论核算体系已经无法全面反映中国国民经济发展的全貌，也不能方便对外交流时国际之间的比较，由此中国逐步采用了市场经济国家广泛使用的国民经济核算体系理论框架。马克思这两个主要的经济理论在构建物质产品平衡表理论框架模型中发挥了重要作用，亦对中国现行的国民经济核算体系理论框架起到了奠基石的作用。

二、效用价值理论

效用价值理论是基于消费者视角出发，消费者购买商品的动机是为了满足自身的需要，最早在 17 世纪是由英国经济学家尼古拉·巴本在《贸易概论》中提出，一切商品的价值来源于它们的效用，能满足消费者的物质或精神欲望的东西。效用价值理论可以分为一般效用价值理论和边际效用价值理论。

（一）一般效用价值理论

所谓效用，是指商品能够满足人的欲望的能力，或者说消费者在进行消费后所感受到的满足程度。效用价值理论认为商品的价值取决于商品的效用。换句话说，一件商品是否有价值，取决于这件商品是否对消费者有用，商品对消费者有用性的大小决定了商品价值的高低。如果商品对消费者没有用，即使它包含了大量的劳动成本，也依然没有价值。因此，效用是消费者对商品的一种主观评价，效用价值理论认为商品的价值是具有主观性的，揭示了人与物之间的广泛联系。按照一般效用价值理论，自然资源、生态环境无疑对人类都是有用的，所以资源环境均是有价值的。但是一般效用价值理论无法解释"钻石与水"的问题，一些商品，比如水资源，用途很大但其价值很低甚至没有价值，然而一些看似没有什么实际用途的产品，例如钻石，却有很昂贵价值。

（二）边际效用价值理论

边际效应价值理论是在一般效用价值理论基础上发展起来的一种现代西方价值理论。在 18 世纪后期，意大利经济学家加利亚尼和法国经济学家孔狄亚克等引入稀缺性的概念，他们认为，商品的价值不仅取决于商品的效用，同时还取决于商品的稀缺程度。消费者对商品的效用主观评价与商品的稀缺性密不可分，当商品满足消费者需求的效用越大、稀缺性越高时，商品的价值越高。相反，当商品满足消费者需求的效用即使很大，但是该商品不具备稀缺性时，商品的价值会很低甚至没有价值。所以，商品的交换价值是由商品的效用决定的，商品的价值高低是由商品稀缺程度大小决定的。边际效用价值理论认为商品的价值不是由商品总效用决定的，而是由其边际效用所决定的。所谓边际效用，是指在一定时间内消费者增加一个单位的商品所带来的新增效用。边际效用是由供需双方之间的关系决定，边际效用与需求程度呈正比，与供给程度呈反比[134]。也就是说随着某种商品数量的增加，该商品的边际效用反而逐渐减弱，这就是边际效用递减规律。这就很好地解释了"钻石和水"的问题，像空气和水这样的有用物品之所以没有价值是因为它们不具备稀缺性，边际效用很小；尽管钻石基本上没有什么实际用途，但数量很少具备稀缺性，反而边际效用很大，具有很高的价值。由此，边际效用价值理论弥补了一般效用价值理论的不足，很好地阐释了"价值悖论"。同时，边际效用价值论与传统的古典经济学价值论不同，其蕴含的主观思想可以在逻辑上给封闭的经济体系提供精神灵气，使其不会成为一个纯粹的物质机制，对现代经济学的发展具有很强的解释力[135]。

（三）效用价值理论在绿色经济中的应用

经济学的研究应该关注资源环境的稀缺性，从而实现经济收益最大化。因此，绿色经济核算模型框架体系不仅应该着眼经济的发展，同时还应该关注稀缺的资源环境对经济发展的最终影响。

资源环境具有有用性。资源环境是人类生存发展的不可或缺的基本物质条件，直接或间接参与经济活动，是经济发展的基础要素。一方面资源环境为生产生活提供了最初的原材料，另一方面，资源环境容纳功能为生产生活过程中所排放的废气物进行吸收、降解，从而保持地球生态平衡，满足人类生活的舒适性。

资源环境同时具有稀缺性。资源环境的储藏量是经历了地球数亿年以上的漫长地质活动才形成的，虽然地球是一个资源环境丰富的星球，但很多资源环境是不可再生的，人类文明的生活和发展离不开资源环境，随着人类科学技术的快速发展，对资源环境的需求也越来越大，因此，相较人类对资源环境递增庞大的需求而言，资源环境具有稀缺性更加明显。

资源环境的有用性和稀缺性决定了有必要将其纳入国民经济核算研究之中，也就是说，资源环境的有用性和稀缺性为绿色经济核算模型框架结构研究，以及为海洋产业集聚对绿色经济增长影响研究提供可靠的理论依据。

三、绿色国民经济核算理论

国民经济核算体系是指按照一套既定的概念方法，运用一套相互有机联系在一起的账户和平衡表，系统地、连续地描述一定时期内国民经济发展的整体状况，为宏观经济管理和分析提供坚实的数据基础。其中，国内生产总值（传统 GDP）是国民经济核算体系中最为核心的指标，它是指一国或地区常住单位在一定时期内生产的社会最终产品或劳务的市场价值总和，是社会总产品价值扣除中间产品价值之后的余额，也就是当期新创造的财富价值总量。传统 GDP 是二十世纪最伟大的发明之一，常常用来衡量一个国家或地区经济发展水平，分析经济政策调整产业结构依据，以及考核地方政府的执政绩效。但随着经济的快速发展，生产力大幅度提高，资源环境作为经济快速发展必不可少的物质基础遭到前所未有的破坏，传统 GDP 核算不能真实反映一个国家或地区的发展与进步，不能准确地描述当前经济发展数量与质量之间的关系，存在着不可忽视的诸多缺陷。从环境角度看，传统 GDP 认为自然资源是取之不尽，用之不竭的，环境污染承载力是无限制的，所以不但没有将资源环境损害成本从 GDP 中扣除，反而将治理环境污染实际所投入的成本纳入 GDP 核算之中，从而造成 GDP 的虚高；从经济角度看，传统 GDP 只核算了有市场价格的产品和服务，但有些像医疗支出等有市场价格的社会成本，不应算作是对经济的贡献却被纳入核算之中，而对于如义务劳动、家庭妇女的劳动等无法用市场价格衡量却对社会有贡献的服务就被从传统 GDP 中忽略掉，从而不能反映经济发展的全貌；从社会角度看，传统 GDP 不能反映贫富差距、社会不公平等造成的社会福利损失，却包含了如犯罪、失业等造成的社会无序和阻碍社会发展的支出，从而传统 GDP 核算不能完全反映社会真实生活质量和幸福程度。基于保护环境和可持续利用资源，协调经济与资源、环境和社会之间相互作用的关系，自 20 世纪绿色 GDP 首次被提出以后，各国政府、组织及专家学者们进行艰辛的理论与实践探索。

通过对绿色经济相关文献梳理，发现绿色经济内涵和影响因素有很宽泛的内容，不同时期的不同学者从多种角度进行了探究，因此对于绿色经济核算模型框架、核算方法也不尽相同。为了能够与中国现行国民经济核算体系相衔接，本书只介绍以绿色 GDP 为核心的绿色国民经济核算模型体系，以 SEEA 为指导的绿色国民经济核算模型体系是将各种资源环境统计纳入中国现行的国民经济核算体系之中。所以，绿色国民经济核算原理是以现行国民经济核算原理为基础。作为现行国民经济核算体系中最重要的投入产出核算理论，也应是构建绿色国民经济核算模型体系的最核心的基础理论。

（一）投入产出核算理论

作为国民经济核算体系核心指标 GDP，是社会最终产品的总流量在生产、分配和使用三个不同阶段，分别以价值形态、收入形态和产品形态三个不同形态表现出来的总量指标[134]。

从生产角度看，GDP 是一个国家或地区通过各产业部门在一定时期内所生产的全部最终产品的价值，是生产创造的增加值总和；从收入角度看，GDP 是一个国家或地区通过各产业部门在一定时期内生产创造的收入之和。所创造的收入会被不同生产参与者获得，包括劳动者报酬、政府管理所得的生产税净额、资本所得的营业盈余以及固定资本消耗；从支出角度看，GDP 是从最终产品的使用去向反映最终产品的规模，根据最终产品使用去向，最终支出体现在三方面：最终消费支出、资本形成支出与出口到国外的支出。

由于 GDP 是最终产品的总流量经过三个不同阶段，从而决定了有三种不同的核算方法，即生产法、收入法和支出法。

①生产法。也叫作增加值法，指从各产业部门总产出中扣除中间投入后得到的产出。是从生产角度衡量各产业部门在一定时期内创造的新价值的一种计量方法。生产法反映了产业部门对国民经济的贡献以及在国民经济中的地位。

生产法：绿色 GDP = 总产出 - 中间投入的经济资产

②收入法。也叫作分配法，是从增加值被各个生产参与者获得，由此通过将不同要素收入项目加总来计算增加值，这是收入法增加值核算的思路，是反映最终成果的一种计量方法。

收入法：绿色 GDP = 劳动报酬 + 生产税净额 + 固定资本消耗 + 营业盈余

③支出法。也叫作最终使用法，是在使用环节中对 GDP 的统计，是从最终需求角度计算 GDP 的一种计量方法。

支出法：绿色GDP＝最终消费＋资本形成总额＋货物和服务出口－货物和服务进口

其中，最终消费支出核算包括居民个人消费支出核算和公共消费支出核算，资本形成核算包括生产资产的资本核算、固定资本核算和存货变化的核算。

GDP作为国民经济核算最为核心的部分，也是国民经济核算体系总体框架模型的基础。GDP核算账户总表如表2-1所示。

表2-1　GDP核算账户总表

生产			使用		
生产法			支出法		
	总产出		最终消费		
	中间投入（－）			居民消费	
收入法				政府消费	
	劳动者报酬		资本形成总额		
	生产税净额			固定资本形成总额	
		生产税		存货增加	
		生产补贴（－）	净出口		
	固定资本消耗			出口	
	营业盈余			进口（－）	
			统计误差		

在表2-1中，体现了GDP核算的三种方法。从理论上说，核算表中生产方GDP应该与使用方GDP相等，因为这三种核算方法是从不同角度来反映同一经济活动的成果，但是，由于不同核算方法依据不同的资料基础，核算需要运用不同方法从多方面收集资料，所以这三种方法所核算的GDP结果常常存在一定的误差，也就是统计误差。

投入产出分析是将投入和产出同时放在一起进行的经济数量分析，所谓投入，是指社会生产过程中对各种生产要素的使用和消耗。所谓产出，是指社会生产的产品被分配使用的流向和去向，它解释了产品是被谁使用和消耗的问题。通过投入产出表能够细致详尽地反映经济系统要素之间相互依存、相互制约的关系，并完整反映产品的制造与使用情况。投入产出表具体形式如表2-2所示。

表2-2　投入产出表

产出／投入		中间产品使用				最终产品使用					总产出
		部门1	部门2	…	部门n	小计	最终消费	资本形成总额	出口(+)	进口(−)	小计	
中间投入	部门1	I					II					
	部门2											
	…											
	部门n											
	小计											
最初投入	劳动者报酬	III					IV					
	固定资产折旧											
	生产税净额											
	营业盈余											
	小计											
总投入												

　　投入产出表是一张记录经济系统各部门的投入来源和产出去向平衡表。该表主栏是投入栏，表的宾栏是产出栏，投入产出表分为四个象限。第I象限又称为中间产品象限，位于表的左上方，记录中间流量数据，反映各部门间的投入产出关系，也是投入产出的核心部门。第II象限又称为最终产品象限，位于表的右上方，记录各部门最终使用数据，反映各部门产品提供给全社会最终产品使用的规模和结构。第III象限又称为增加值象限，位于表的左下方，记录各部门最初投入数据，反映最初投入也就是增加值的构成，它是社会产品的初次分配象限。第IV象限又称为再分配象限，位于表的右下方，

反映增加值经过分配再分配，形成各部门的最终收入，进一步记录最终收入用于何处，由于此象限内容复杂，数据不易收集整理，投入产出表在记录数据时只记录前三象限的数据[134]。

（二）绿色投入产出核算理论

以被各国广泛采用的联合国推出的 SEEA-2012 理论为指导，结合中国实际情况，构建了绿色国民经济核算体系框架，从而弥补了传统衡量经济发展模型的缺陷。其中绿色 GDP 是绿色国民经济核算体系框架的最核心指标。通过引入资源、环境因素以后，对传统 GDP 进行补充和修正，变化后的核算方法仍然有以下三种：生产法、收入法和支出法。

1. 生产法。指从各产业部门总产出中扣除中间投入后得到的产出。与传统 GDP 相比绿色 GDP 核算时，中间投入不仅包括所消耗的经济资产，还包括所消耗的自然资产。

生产法：绿色 GDP =总产出-中间投入的经济资产-资源耗减环境降级

2. 收入法。指在原有的核算基础上加上经资源环境成本扣减的营业盈余。

收入法：绿色 GDP =劳动报酬+生产税净额+固定资本消耗+经资源环境成本扣减的营业盈余

3. 支出法。传统的 GDP 由三大部分组成，即消费、积累、净出口，绿色 GDP 就是在原有的核算基础上加上自然资源耗减的产值。

支出法：绿色 GDP =最终消费+资本形成总额+净出口+资产耗减环境降级（负值）

通过这三种核算绿色 GDP 的方法，在绿色 GDP 投入产出表中，可以得出三组平衡关系：

总投入=总产出

总投入=中间投入+资源耗减环境降级+绿色 GDP

总产出=中间使用+绿色最终使用

绿色投入产出表编制方法具体可以分为两种形式。一种形式是"一步法"。编制方法是将资源耗减环境降级数据直接编入第 I 象限，并不改变原有的投入产出表结构，从而直接核算绿色 GDP，但这种编制核算出来的绿色 GDP 不能体现出传统 GDP 的数据，故较少使用。另外一种形式是"二步法"。

编制方法是在原有的投入产出表基础上，加入反映资源环境状况的第Ⅲ和第Ⅳ象限，从而保留了传统 GDP 数据，此时原有的投入产出表由四个象限变为五个象限。"二步法"便于数据研究分析，所以被广泛应用于核算绿色 GDP。具体来看，"二步法"编制的绿色投入产出表的基本框架如表 2-3 所示。

表 2-3　绿色投入产出表

产出 / 投入		绿色中间产品使用				绿色最终产品使用						总产出
		部门1	部门2	…	部门n	小计	最终消费	资本形成总额	出口(+)	进口(−)	调整项	资源环境支出	小计
绿色中间投入	部门1												
	部门2												
	…			I					II				
	部门n												
	小计												
资源耗减环境降级	部门1												
	部门2												
	…			III					IV				
	部门n												
	小计												
绿色最初投入	劳动者报酬												
	固定资产折旧												
	生产税净额			V									
	营业盈余												
	小计												
总投入													

38

其中，第 I 象限，是由 n 行 n 列元素 x_{ij}^1 构成的矩阵，表示 i 部门产品用于 j 部门生产的价值量，与原有投入产出表反映内容一样，都是反映各部门间的投入产出关系。第 II 象限表示各部门的产品有多少价值量为最终使用，在原有投入产出表基础上加入了资源环境支出和调整项。第 III 象限由 n 行 n 列元素 x_{ij}^2 构成的矩阵，表示各部门在生产过程中造成资源消耗和环境降级。第 IV 象限表示第 III 象限中的资源消耗和环境降级与最终使用中资源环境支出之间形成的对应关系。第 V 象限表示各部门生产过程中所占用的绿色最初投入，其中劳动者报酬、固定资产折旧、生产税净额和营业盈余这四项之和为各部门的绿色增加值。

四、海洋产业集聚对区域绿色经济增长作用机理

海洋产业集聚必然吸引生产要素聚集，有利于优化配置海洋资源，形成规模经济；有利于发展海洋高新技术产业，实现海洋产业结构优化升级；有利于临海临港产业发展，以此带动陆域产业集聚和发展，通过海陆统筹共同发展对集聚区域绿色经济增长产生影响。同时，根据以克鲁格曼为代表提出的产业集聚"中心—外围"的区域经济增长模型，认为产业集聚不仅可以促进中心区域（集聚区域）的经济增长，还会通过产业集聚的溢出效应，对外围区域（邻近区域）的经济增长也有显著影响[6]。由于海洋产业具有关联度大，海陆产业融合性强、辐射范围广的特点，符合"中心—外围"模型假说，不仅对沿海区域绿色经济增长产生影响，邻近周边区域的绿色经济也会受到影响。具体影响路径见图 2-5 所示。

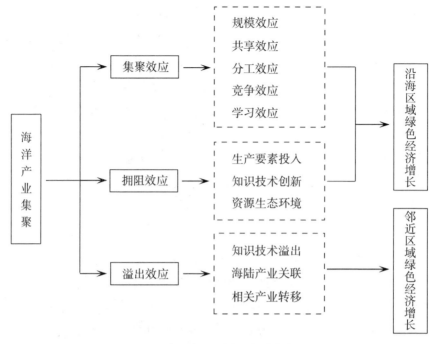

图 2-5 海洋产业集聚效应影响路径图

(一) 对沿海区域绿色经济增长的作用理论

根据以胡佛为代表提出的产业集聚存在一个最佳规模,过多或过少的企业在特定区位上集聚,不能产生集聚的最佳效应[4]。海洋产业也不例外,随着海洋产业快速发展,必然导致大量海洋产业在沿海区域内集聚,从而影响沿海区域的绿色经济发展。海洋产业对沿海集聚区域的绿色经济增长会产生两种不同的作用。一方面,海洋产业集聚所产生的集聚正向外部效应可以促进集聚区域内的绿色经济增长;另一方面海洋产业集聚所引发的拥阻负向外部效应对集聚区域内的绿色经济增长产生阻碍。基于此,借鉴前人相关研究成果,本书将从集聚效应和拥阻效应两方面进一步分析中国海洋产业集聚对沿海区域绿色经济增长的作用机理。

1. 海洋产业集聚的集聚效应

海洋产业在沿海区域内集中,主要通过产生的规模效应、共享效应、分工效应、竞争效应、学习效应等产业集聚效应来实现生产要素共享,扩大产品市场规模,降低海洋产业的生产成本,提高沿海区域的知识技术水平和创新能力，提升资源使用利用率，以及改善沿海区域的环境污染，从而促进沿海区域的绿色经济增长。

（1）规模效应

海洋产业集聚的规模效应可以从供需两端降低海洋生产企业的生产成本，促进沿海集聚区的绿色经济增长。从供给端方面，海洋产业集聚会吸引资本、信息、人才、劳动力等生产要素向集聚区内涌入，从而降低生产要素价格，使海洋生产企业获得较低生产成本，在交易中获得更多的利润；从需求端方面，海洋产业集聚所形成的品牌效应有利于扩大涉海产品的市场范围，增加涉海产品需求，从而进一步提升海洋产业集聚程度，促进海洋产业规模化生产，产生规模经济，降低涉海产品的单位生产成本。

（2）共享效应

在海洋产业集聚区域内，企业间交流密切，从而促进土地、资本、资源、劳动力等传统意义上的投入要素整合流通，通过资源共享使企业之间形成合力，发挥更大的集聚效应，促进海洋产业和区域绿色经济的发展。同时，集聚区域内的海洋企业通过共享现代化的交通基础设施和配套的生产服务设施等有形资源，使海洋企业生产成本大幅度降低。此外，集聚区域内的企业还可以共享知识、技术、品牌、形象等无形资源，从而使海洋产业永葆创新和竞争活力。所以说资源共享效应是集聚区域内的企业最基本的协作方式，从而提升海洋产业核心竞争力和竞争优势，最终促进沿海区域绿色经济增长。

（3）分工效应

海洋产业集聚与专业化分工之间是密不可分、互融共促的关系。一方面专业化分工是产业集聚产生的前提，社会分工和专业化的发展促进了海洋产业在特定区域内的集中，形成集聚经济；另一方面海洋产业集聚可以进一步深化社会的专业化分工，两者之间互为因果、相互促进，共同朝向更高层次水平发展，进而促进沿海区域绿色经济增长。海洋产业集聚的分工效应对沿海区域绿色经济增长的促进作用表现为两方面：一方面是集聚的分工效应会产生劳动力的分工协作、紧密配合，进而形成"蜂窝效应"[136]，从而提升海洋产业和沿海区域的创新能力；另一方面，海洋产业集聚通过分工效应进一步剥离生产和服务的各个环节，使海洋产业各个领域更加细化，从而提高海洋产业生产效率和市场竞争力。

（4）竞争效应

大量的企业在特定的集聚区域内集中必然会产生更大的竞争压力，从而形成竞争效应，进而提升企业的创新能力，促进集聚区域的绿色经济增长。那么，海洋产业集聚也不例外，其竞争效应对沿海区域绿色经济增长的促进作用主要表现在以下三方面：第一，作为知识技术密集型行业，海洋产业集聚所产生的竞争效应会推动企业与政府、科研院所和高校合作，推动产、学、研的融合，形成更大范围内的创新网络，提升沿海区域的创新能力。第二，提供大量同类产品的海洋生产企业聚集在一起势必会产生"挤压效应"，企业为了生存和发展会不断地创新产品、提高生产效率、提升服务水平，以获得更多的客户资源，占领更大的市场。第三，海洋产业集聚不仅对本行业产生"挤压效应"，使得海洋产业在不断完善自身发展的同时，还会促进与海洋产业有着相互联系的上下游企业提高服务水平、改善产品质量，形成协同创新机制，共同推动区域绿色经济增长。

（5）学习效应

企业的竞争优势和区域绿色经济发展关键在于以技术创新为基础的核心竞争力，技术创新又在很大程度上取决于知识技术水平。企业仅依靠自身的知识技术水平很容易陷入故步自封的困局之中，而集聚区域内的企业很容易通过知识、文化、技术、信息等的交流与合作，获取溢出知识，提高技术创新能力，从而使得企业生产效率和技术水平大幅度提高。所以信息技术的外溢是海洋产业集聚学习效应的重要表现形式之一。此外，海洋产业集聚的学习效应还表现在人才层面，通过产业集聚可以促进海洋高新技术人才在集聚区域内的交流与学习，这将提升海洋生产企业的创新能力与核心竞争力。

2. 海洋产业集聚的拥阻效应

海洋产业集聚不仅可以产生集聚正向外部效应，还可以产生拥阻负向外部效应。许多学者从理论和实证上分析认为海洋产业集聚在初期阶段，负向拥堵效应并不明显，主要表现为海洋产业发挥集聚效应，这种效应是正向外部效应，对集聚区域内的绿色经济增长起到促进作用。但是，当集聚水平发展到一定程度以后，负向拥阻外部效应开始显现，并随着集聚水平的不断提高，变成海洋产业集聚主导效应后，对集聚区域内的绿色经济增长产生阻碍作用。海洋产业过度集聚的拥阻效应表现为恶化生产要素投入、削弱技术创新能力和破坏资源生态环境，从而成为沿海区域绿色经济增长的桎梏。

（1）生产要素投入

生产理论表明，生产要素的投入存在最佳比例，过多或过少的投入要素都会导致偏离最佳投入生产要素比例，从而产生非经济性[137]。海洋产业过度集聚的拥阻效应表现为在吸引了大量资本、劳动力等生产要素投入后，会造成生产、需求和投入要素不匹配，出现规模不经济现象，进而影响集聚区域的绿色经济发展。并且，随着海洋产业的过度集聚造成产业内企业数量过多，造成生产要素价格上涨，尤其如土地、人才这样相对稀缺的生产要素价格大幅度上涨，从而使得海洋产业生产成本、研发成本等增加，生产效率降低，对海洋产业发展和整个沿海区域绿色经济发展起到消极作用。

（2）知识技术创新

海洋产业集聚形成规模以后，外部与海洋产业相关的产业就会被吸引进入集聚区域，海洋产业集聚不断加强，知识、技术、信息流动加快，集聚区域内创新模仿成本不断下降。当一个新的技术创新产品得到市场认可以后，模仿低成本和低风险促使企业规避高成本和高风险的自主研发投入。因此，企业会通过模仿获取有用的知识技术，而减少对科研投入规避自主研发的不确定性，最终导致海洋产业集聚区域内出现模仿驱逐创新的"柠檬现象"，从而削弱集聚区域内的技术创新。

（3）资源生态环境

资源生态环境破坏是产业集聚的负向外部效应产物之一，是阻碍区域绿色经济增长的主要因素。特定区域内的市场容量和环境承载能力是有限的，当海洋产业在某个区域内集聚程度超过该区域的承载范围时，交通堵塞、人口阻塞、土地阻塞、环境污染等一系列问题就会凸显出来，从而导致资源环境的拥挤效应，造成环境污染和资源浪费，破坏集聚区域生态平衡，不利于集聚区域绿色经济可持续增长。

（二）对邻近区域绿色经济增长的作用理论

海洋产业集聚和区域绿色经济增长都具有明显的空间溢出效应，也就是邻近区域绿色经济的增长会受到沿海区域的海洋产业集聚和绿色经济增长的影响。因此，海洋产业集聚不仅会对沿海区域绿色经济增长产生影响，而且还会通过集聚溢出效应对邻近区域的绿色经济增长产生作用。本书将从知识技术溢出、海陆产业关联和相关产业转移三方面对海洋产业集聚影响邻近区域绿色经济增长的作用机理进行分析。

1. 知识技术溢出

海洋产业集聚可以增强集聚区内知识技术水平和创新能力，知识技术具有外部性，因此可以通过知识溢出和技术扩散提高邻近区域的知识技术水平，从而促进邻近区域的绿色经济增长。具体影响路径有以下两点：一方面，通过海洋产业集聚促进集聚区的技术创新，由于邻近区域与集聚区域在地理距离上较近，利用交通基础设施便利优势能够进一步加强关联产业之间的交流合作，从而使得新技术、新知识、新的管理理念通过溢出效应在邻近区域内扩散，增强邻近区域的技术创新能力，推动邻近区域绿色经济增长。另一方面，作为技术创新主体的技术创新人才在区域内数量的多少可以说在很大程度上决定了海洋产业创新能力，伴随着企业间合作日益频繁，人才流动溢出也将与日俱增。因此，人才流动溢出也是知识技术外溢的重要表现形式，这将为有效地带动邻近区域绿色经济增长发挥至关重要的作用。

2. 海陆产业关联

海洋产业集聚可以加强海陆产业的前后相关联程度。企业产出的产品除一部分作为最终消费品以外，另一部分则作为中间投入品投入前后相关联的企业中参与下一阶段生产。与一般产业相同，海洋产业也存在产业链上相互关联的企业，这些企业中一部分是对海洋资源依赖性不强，可以为海洋产业提供中间产品和服务的陆域企业。为了能够降低生产成本、贸易成本，获得最大的利润，通常会选择与海洋产业集聚区地理距离接近的外围区域作为生产地点，这样可以有效避免因集聚区域内那些供给弹性较低的生产要素如土地、资源等价格过高而影响利润空间。随着海洋产业集聚度增强、海洋经济发展，也会促进与之相关联的陆域产业在外围区域内集聚，从而通过海陆产业的联动机制最终促进邻近外围区域绿色经济发展。

3. 相关产业转移

随着大量海洋产业在沿海区域内集聚，产业集聚的负向拥挤效应就会不断加强，由此产生的生产成本上升和规模报酬递减将会导致部分海洋相关产业从集聚区域搬至相邻区域，从而减低生产成本。因此，与集聚区邻近的区域就成了产业空间转移的主要区域。海洋产业转移伴随着资本、劳动力、知识、信息等的生产要素必然从集聚区域流向邻近区域，直接推动邻近区域经济的增长。此外，海洋产业本身具有知识技术密集型产业特点，所以邻近区域承接了转移的海洋产业之后，不仅对邻近区域的环境污染小，而且有利于提高环境污染治理水平，对改善邻近区域的发展环境有着重要影响。

第三节 本章小结

本章是针对本书主题海洋产业集聚对区域绿色经济增长影响及空间外溢效应的理论进行的阐述。首先厘清界定与本书主题有关的核心概念，包括海洋产业、产业集聚和绿色经济。其次，阐述本书相关的理论基础，包括马克思经济理论、效用价值理论、绿色投入产出核算理论以及海洋产业集聚对区域绿色经济增长的作用理论。此章节为后文核算中国区域绿色经济增长情况，以及构建面板基本计量模型和空间计量模型，进而分析海洋产业集聚对区域绿色经济增长影响的关系奠定了理论基础。

第三章

中国海洋产业发展现状与集聚水平测度

海洋产业的发展对于中国区域绿色经济发展具有重要支撑和促进作用，因此中国非常重视海洋产业的发展。随着海洋产业快速发展，海洋产业集聚作为一种高效空间组织形式，是海洋经济发展的必然结果。本章首先从全局定性分析中国海洋产业发展现状，然后采用两种测度方法定量分析中国海洋产业集聚水平的时序特征和空间特征。本章的研究目的主要是为第五章和第六章实证分析中国海洋产业集聚对区域绿色经济增长影响及空间溢出效应研究提供数据支撑。

第一节　中国海洋产业发展现状

海洋产业的快速发展对于中国国内生产总值的持续稳定增长具有非常重要的作用，所以从整体上把握海洋产业的发展情况，可以更加深入探究和分析中国海洋产业集聚的产业特征和空间特征以及海洋产业的集聚效应。

一、中国海洋产业总体发展情况

根据《中国海洋统计年鉴》相关数据的统计，本书选取近十年数据进行研究发现，从 2007 年至 2016 年，中国海洋生产总值（GOP）由 2007 年的25073.0亿元增长到 2016 年的 69693.7 亿元，增长幅度为277.96%。其中海洋第一产业生产总值由 1377.5 亿元增加到 3570.9 亿元，增长幅度为259.23%；海洋第二产业生产总值由 11361.8 亿元增加到 27666.6 亿元，增长幅度为

243.51%；海洋第三产业生产总值由 12333.8 亿元增加到 38456.2 亿元，增长幅度高达 311.80%。

由此可见，在这十年间，中国海洋生产总值及其海洋三次产业生产总值都具有明显的增长趋势，海洋三次产业所占比重大体上是：第三产业大于第二产业大于第一产业。沿着时间轴来看，海洋第一产业基本保持发展稳定态势；海洋第二产业先上升，在 2010 年达到最高，占比为 47.85%，然后开始下降，在 2016 年出现最低点，占比为 39.70%；海洋第三产业基本呈现稳步上升趋势，在 2016 年达到最高点，占比为 55.18%。

这些数据表明，中国海洋经济已经形成了相对完整的产业体系，传统海洋经济受到资源限制，趋于饱和稳定状态，以资源环境为消耗代价的第二产业逐步向重服务、轻污染的第三产业发展，这也充分表明由于受到资源环境等自然条件的约束中国海洋产业结构正在不断优化升级。

与此同时，在这十年中，中国海洋生产总值占国内生产总值比重保持在 9%~10% 之间，这意味着中国海洋经济仍有巨大的发展潜力。经略海洋、深耕蓝色国土是中国突破资源环境约束，实现经济绿色可持续发展的内在要求。

具体数据见表 3-1 和图 3-1。

表 3-1　2007—2016 年中国海洋生产总值及构成

年份	海洋生产总值（亿元）	其中			海洋三次产业所占比重（%）			海洋生产总值占国内生产总值比重（%）
		第一产业	第二产业	第三产业	第一产业	第二产业	第三产业	
2007	25073.0	1377.5	11361.8	12333.7	5.49	45.32	49.19	9.74
2008	29662.3	1608.1	14026.4	14027.8	5.42	47.29	47.29	9.87
2009	32277.6	1857.7	14980.3	15439.5	5.76	46.41	47.83	9.47
2010	39572.7	2008.0	18935.0	18629.7	5.07	47.85	47.08	9.86
2011	45496.0	2381.9	21685.6	21428.5	5.24	47.66	47.10	9.62
2012	50045.2	2670.6	23469.8	23904.8	5.34	46.90	47.76	9.64
2013	54313.2	2918.0	24909.0	26486.2	5.37	45.86	48.77	9.55

续表

年份	海洋生产总值（亿元）	其中			海洋三次产业所占比重（%）			海洋生产总值占国内生产总值比重（%）
		第一产业	第二产业	第三产业	第一产业	第二产业	第三产业	
2014	60699.1	3109.5	26660.0	30929.6	5.12	43.92	50.96	9.43
2015	65534.4	3327.7	27671.9	34534.8	5.08	42.22	52.70	9.51
2016	69693.7	3570.9	27666.6	38456.2	5.12	39.70	55.18	9.37

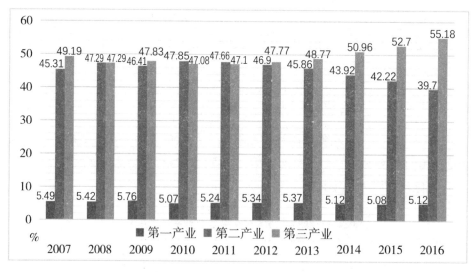

图 3-1 中国海洋 2007—2016 年三次产业所占比重

根据《海洋及相关产业分类》（GB/T2094-2006）划分标准，中国海洋经济主要产业增加值见表 3-2 和图 3-2 所示。

表 3-2 2007—2016 年中国主要海洋产业增加值

年份主要海洋产业	2007	2008	2009	2010	2011	2012	2013	2014	2015	2016
海洋渔业	1910.0	2216.3	2440.8	2851.6	3202.9	3560.5	3872.3	4126.6	4317.4	4615.4
海洋油气业	691.6	874.1	614.1	1302.2	1719.7	1718.7	1648.3	1530.4	981.9	868.8
海洋矿业	7.2	9.3	41.6	45.2	53.3	45.1	49.1	59.6	63.9	67.3
海洋盐业	47.5	58.9	43.6	65.5	76.8	60.1	55.5	68.3	41.0	38.9

续表

年份 主要海洋产业	2007	2008	2009	2010	2011	2012	2013	2014	2015	2016
海洋船舶工业	234.7	542.4	986.5	1215.6	1352.0	1291.3	1182.8	1395.5	1445.7	1492.4
海洋化工业	43.7	58.3	465.3	613.8	695.9	843.0	907.6	920.0	964.2	961.8
海洋生物医药业	5.1	7.9	52.1	83.8	150.8	184.7	224.3	258.1	295.7	341.3
海洋工程建筑业	4.2	7.9	672.3	874.2	1086.8	1353.8	1680.0	1735.0	2073.5	1731.3
海洋电力业	550.0	761.7	20.8	38.1	59.2	77.3	86.7	107.7	120.1	128.5
海水利用业	392.5	411.2	7.8	8.9	10.4	11.1	12.4	12.7	13.7	13.7
海洋交通运输业	3353.1	3858.1	3146.6	3785.8	4217.5	4752.6	5110.8	5336.9	5641.1	5699.8
滨海旅游业	3225.8	3437.6	4352.3	5303.1	6239.9	6931.8	7851.4	9752.8	10880.6	12432.8

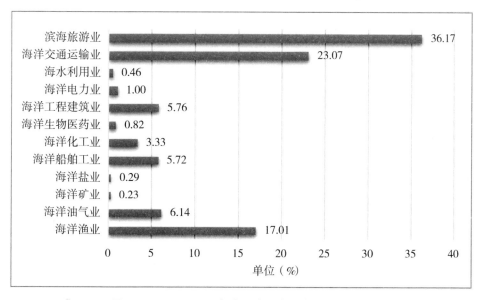

图 3-2 2007—2016 年中国主要海洋产业占比均值

通过横向分析可以看出，滨海旅游业、海洋交通运输业、海洋渔业构成中国海洋经济三大支柱产业。这三大支柱产业占中国主要海洋产业增加值比重的 70% 以上，在 2016 年占比高达 80%，十年间三者占比均值分别为 36.17%、23.07%、17.01%。海水利用业、海洋矿业、海洋盐业和海洋生物医药业十年间占比均值都不到 1%，是中国海洋经济发展最薄弱产业，由此可说明中国海洋产业多元化发展的特征不够明显，主要以资源依赖型和劳动密集型的传统海洋产业为主，而技术密集型和资金密集型的高新海洋产业有待于进一步发展。从纵向对中国主要海洋产业增加值构成进行标准化处理，绘制中国主要海洋产业增加值构成比增幅趋势图，如图3-3所示。

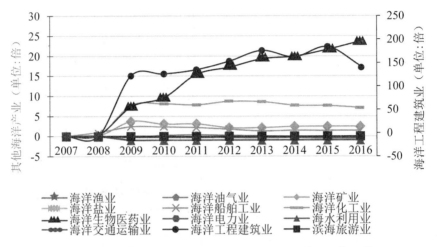

图 3-3　2007—2016 年中国主要海洋产业增加值构成比增幅趋势图

从图 3-3 中可以看出，中国海洋工程建筑业增长速度最快，2016 年增加值构成比是 2007 年增加值构成比的 151.94 倍，用棕色纵坐标轴表示；其次是海洋生物医药业，2016 年增加值构成比是 2007 年增加值构成比的 24.67 倍。

海洋工程建筑业和海洋生物医药业都是属于依靠技术发展的海洋战略新兴产业，虽然在总海洋经济中所占份额仍然较小，但是发展十分迅速，是深耕蓝色国土，依靠科技挖掘海洋经济的巨大潜力产业。而海洋渔业、海洋交通运输业和滨海旅游业，虽然是中国海洋经济主导产业，但其发展主要依靠自然资源的禀赋，由于受到资源环境承载力限制，已经进入了一个增长瓶颈期，从时间趋势上看十年中这三大产业增加值的增长速度基本保持稳定或略有下降。

二、沿海各省海洋产业发展情况

改革开放以来，中国海洋经济得到迅速发展，规模不断扩大，在国家规划与政策扶持下，发展条件日益完善，沿海地区海洋生产总值占沿海地区生产总值连续十年在16%左右，其增长速度高于沿海地区生产总值增速。2013年公布的《中国海洋经济发展报告》显示，沿海11省份已经形成了"五区＋八中"的海洋经济区域格局。

其中，"五区"指的是珠三角海洋经济区、环渤海海洋经济区、长三角海洋经济区、海峡两岸海洋经济区、环北部湾海洋经济区，其产值占据了中国海洋经济的绝大部分。

"八中"是指八大海洋产业集聚中心，即大连、天津、青岛、上海、舟山、宁波、厦门、广州。大连在海水利用业、高端海洋信息服务业方面具有优势；天津在海水淡化、装备制造、海洋化工、海洋信息技术等方面发展较快；山东青岛在海洋药物研发和产业化、船舶制造、港口物流、现代渔业、海洋新能源开发、海洋化工等多方面优势突出；上海、舟山、宁波在海洋装备制造业上已形成各具特色的集聚区；厦门在海洋药物和生物制品研发及产业化方面初步集聚；广州在海洋新能源开发、大洋资源开发和现代海洋服务业等领域具有较大优势。津、鲁、苏、浙、粤沿海已形成了相当规模的海洋新能源产业，杭州和大连成为中国"一南一北"海水利用产业强市集聚区，舟山则是中国重要的船舶修造基地和全国最大的远洋渔业中心[138,139]。

2007—2016年，沿海各省份年均海洋生产总值从图3-4中可以发现，沿海各省份区域对国家海洋经济做出的贡献有很大差异。海洋生产总值依次排名前三的省市区域是广东省、山东省和上海市。首先，这三个区域都有着得天独厚的海洋自然资源条件。广东省坐落在祖国大陆的最南边，西有环北部湾经济区，东有台湾岛、厦门经济区金三角，南临南海，大陆海岸线长达3368.1公里，占中国的1/5，拥有海岛1431个，岛岸线长达2414.4公里，占中国的1/6，并且蕴含着丰富的矿产、海盐等工业资源，开发潜力巨大。广东还拥有非常丰富的港口资源条件，对外经济交往十分活跃。山东省位于中国东部沿海地区，是环渤海经济带和沿黄河经济协作带的核心区域，大陆海岸线长达3121公里，居中国第三，滩涂面积3223公里，居中国第二位，沿海及岛屿附近生物资源种类繁多，油气储量丰富。上海市位于中国大陆海岸线中部，长江入海口和东海交汇处，临港地处长江经济带和海上丝绸之路经济带交汇处，是中国自由贸易试验区的直接腹地，北邻浦东国际航空港，南接洋山国际枢纽港，是目前世界上少有的集海运、空运、铁路、公路、内河、轨道交通六种综合交通优势的区域。其次，三省市的各自主导海洋产业发展态势良好。广东省形成了海滨旅游业、海洋交通运输业、海洋化工业、海洋油气业、海洋工程建筑业、海洋渔业六大主导性产业，全面发展海洋工程装备、海洋生物、海上风电等海洋产业，努力推进南海油气开采；山东省海洋产业产值近年来均居中国沿海地区前列，海洋产业种类丰富，海洋渔业、海洋油气业、海洋盐业均较发达，在支柱产业发展的同时积极推进海洋旅游业、海洋服务业、海洋生物医药业等战略新兴产业发展；上海凭借着自身良好的经济、人才基础，为海洋产业发展提供了雄厚基础，海洋产业布局已基本形成"两核三带多点"，即临港海洋产业发展核、长兴海洋产业发展核、杭州湾北岸产业带、长江口南岸产业带、崇明生态旅游带，北外滩、陆家嘴航运服务业等多点。海洋交通运输业、海洋工程装备业、高端船舶制造业、海洋旅游业等现代服务业和先进制造业核心优势明显，海洋新能源产业、海洋生物医药产业、海洋信息和科技服务业等新兴产业持续培养壮大。除此之外，这三省市科研创新能力雄厚，区域基础配套设施完备，具有较强的经济竞争能力和发展活力，海陆联动一体化机制为海洋产业发展提供了深厚基础，海洋产业结构优化升级，海洋新兴产业发展前景广阔。

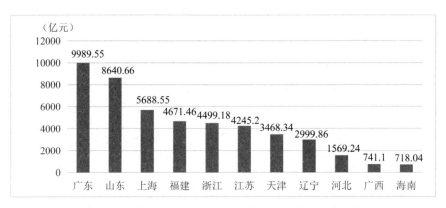

图3-4　2007—2016年中国沿海省份年均海洋生产总值

三、主要海洋产业发展现状

根据 2016 年《中国海洋统计公报》数据，分析主要海洋产业总产值及比重，对比空间上的不同，以生产结果综合反映地区间的主要海洋产业发展现状。根据上文分析可知中国主要海洋产业有海洋渔业、海洋交通运输业、滨海旅游业。

（1）海洋渔业

海洋渔业包括海水养殖、海洋捕捞、海洋渔业服务业和海洋水产品加工等活动，随着现代化渔业生产加工工序完善，海洋渔业发展整体保持平稳，近海捕捞和海水养殖产量保持稳定，已成为海洋经济中的传统型主导产业。2016 年年底，中国海洋捕捞产量 1328.27 万吨，海水养殖产量 1963.13 万吨，远洋渔业产量 198.75 万吨。海洋渔业全年实现增加值 4615.4 亿元，同比增长6.9%。截至 2016 年，中国有 128 个渔港，浙江、福建和山东三者最多。中国拥有 216.67 万多公顷海水养殖面积。其中，辽宁省是中国海水养殖面积最大的区域，达 76.93 万公顷；山东海水养殖面积仅次于辽宁，达到 56.15 万公顷；江苏、福建和河北海水养殖面积也在 10 万~20 万公顷间；天津海水养殖面积仅有 0.32 万公顷；上海已经完全不再从事经济效益较低的传统海洋养殖业。见图 3-5 所示。

浙江省海洋渔业资源丰富，其中舟山渔场是中国最大的渔场，海洋生物种类复杂多样，是中国海洋水产品的主产区，在中国有着举足轻重的地位。2016 年浙江省海洋捕捞量为 347.06 万吨，远高于中国平均水平。山东和福建排名次之，海洋捕捞量分别为 229.22 万吨和 203.86 万吨。天津和上海海洋捕捞量最少，分别为 4.52 万吨和 1.69 万吨。见图 3-6 所示。

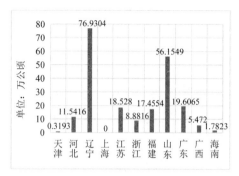 

图 3-5　2016 年中国沿海省份海水养殖面积　图 3-6　2016 年中国沿海省份海洋捕捞量

（2）海洋交通运输业

海洋交通运输业是国家整个运输大动脉的重要组成部分，是指以船舶为主要工具从事海洋运输以及为海洋运输提供服务的活动，它具有连续性强、运载量大、费用低等优点。海洋交通运输业是中国海洋经济的支柱产业之一，整体发展呈震荡上升趋势。2016 年，实现增加值 5699.8 亿元，比上年增长了 1.04%。沿海港口生产总体保持增长态势，港口旅客吞吐量 8203 万人，货物吞吐量为 84.55 亿吨，同比增长 0.49% 和 3.78%，其中广东和山东港口吞吐量尤为突出。航运方面，海洋旅客运输量 1.11 亿人，同比下降 0.47%，海洋货物运输量 28.11 亿吨，同比增长 5.01%，其中广东、浙江、上海海洋货物运输能力最强，见图 3-7 和图 3-8。

中国海洋交通运输业发展近年来受到国际政治经济形势、贸易环境等外部因素影响，同时又受到国内港口布局、港口腹地、国家及地方政府政策、区域经济等多种内部因素影响，增长速度逐渐放缓，但随着"一带一路"倡议的实施，海洋交通运输业迎来全新发展契机，完善港口疏运系统推进港城一体化建设，努力开辟新的远洋国际航线，加强海上通道建设等一系列举措，是促进中国海洋交通运输业发展的重要途径。

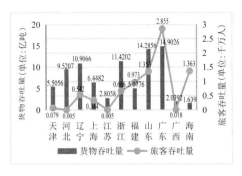

图 3-7 2016 年沿海港口客货吞吐量

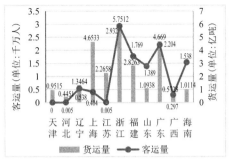

图 3-8 2016 年沿海地区海洋客货运输量

（3）滨海旅游业

改革开放以来，伴随着人民生活水平的日益提高，滨海旅游业也不断发展壮大。滨海旅游业不仅是旅游业的重要组成部分，也是海洋经济的支柱产业。2007—2016 年，中国滨海旅游业始终保持良好的态势，产业规模持续扩大，由 2007 年的 3225.8 亿元增长到 2016 年的 12432.8 亿元，增长幅度为 285.42%，滨海旅游业增加值占海洋生产总值比重超过 10%，已成为带动海洋经济发展的重要增长点。

从图 3-9 和图 3-10 中可以看出中国沿海地区滨海旅游业旅客人数存在明显的差异，发展极不均衡，2016 年上海，浙江的杭州，山东的青岛，广东的广州、深圳接待国内外游客人数较多，滨海旅游业发展形势最好，究其原因：一是这些地区有着得天独厚的自然风景资源。二是像上海、广州、深圳这些地区又是国际化大都市，有着完备的基础配套设施和较高的国际知名度。

近几年，随着旅游业的快速发展，滨海旅游业以滨海资源稀缺性和滨海旅游独特的休闲、养生功能吸引游客，通过主题开发、产业链整合、本土特色文化引入实现滨海旅游业升级改造。但由于滨海度假区开发规模过大，开发强度过高，旺季游客过多而面临着沿海地区生态恶化的现象，这也是大力发展滨海旅游业的同时亟待解决的问题。

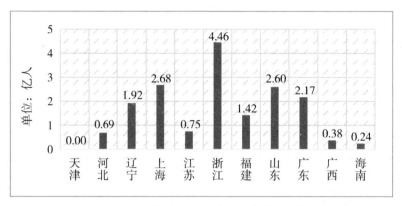

图 3-9　2016 年中国沿海省份国内旅客人数

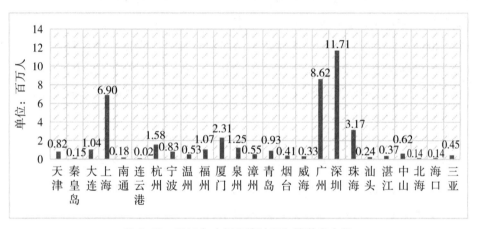

图 3-10　2016 年中国沿海地区入境游客人数

第二节　海洋产业集聚度评价方法

随着产业集聚理论的发展与研究的深入，如何正确测度产业集聚水平国内外学者都做了积极的探讨，产业集聚的测度方法得到不断的发展与完善。迄今为止测度产业集聚的方法有多种，但因其研究的侧重点和研究视角有所差别，各有优缺点，需要根据研究的实际情况具体做出选择。目前针对海洋产业集聚水平测度，本书将常用的几种测度方法进行简单梳理总结，简要描述各产业集聚测度方法的指标构建原理，为下文测度中国海洋产业的时序及空间特征奠定基础。

（1）行业集中度（Concentration ration of industry）

行业集中度是指某一行业规模最大的 n 个企业生产总值（或者销售额、职工人数等相关指标）占据整个行业的比重，它衡量了行业内主要企业在市场上的垄断程度，形象地反映了整个行业集中程度[140]。行业集中度计算公式如下：

$$CR_n = \sum_{i=1}^{n} X_i / \sum_{i=1}^{N} X_i \tag{3-1}$$

式中，X_i 代表 X 行业中的第 i 家企业的生产总值（或者销售额、职工人数等相关指标），n 代表行业中规模最大的企业数，N 代表行业中全部企业数。

该指标优点是行业集中度测算方法简单；缺点是因选取的企业数目不同，测度结果不同。

（2）赫芬达尔-赫希曼指数（Herfindahl-Hirschman Index）

赫芬达尔-赫希曼指数，即 HHI 指数，理论基础来源于"结构—行为—绩效（SCP 分析范式）"理论，是指某一行业所有市场主体所占份额的平方和[140]。计算公式如下：

$$HHI = \sum_{i=1}^{N} S_i^2 = (X_i/X)^2$$
$$(i=1, 2, 3 \cdots N) \tag{3-2}$$

式中，X_i 代表第 i 家企业的规模（产值、就业人数、营业额等），X 代表行业市场总规模，S_i 代表第 i 家企业的市场占有率，N 代表该行业内部的所有企业数目。HHI 的取值范围在 ［0，1］ 之间，HHI 指数越小，行业集聚程度越小，反之则越大。

该指标优点是不仅考虑了企业总数，还考虑了企业规模，更能准确反映行业的行业集中度；缺点是要求更为全面详细的数据，且存在失真情况。

（3）空间基尼系数（Spstial Gini Cofficient）

空间基尼系数是在罗伦兹曲线和基尼系数基础上发展得来的。罗伦兹曲线是由罗伦兹（Lorenz）提出的一种揭示社会分配均衡程度的曲线。他在研究居民收入分配时，发现可将居民收入累计百分比与居民家庭户数累计百分比关联起来，可以解释收入分配的均衡性。罗伦兹曲线虽然以图示方式直观形象地反映了收入分配的均衡程度，但不能精确测量出结果。因此，意大利经济学家基尼（Gini）在罗伦兹曲线基础上提出了基尼系数，这是一个计算收入分配公平程度的统计指标[141]。

克鲁格曼等（Krugman）在研究美国制造业的地理空间分布状况时，在罗伦兹曲线和基尼系数基础上构造出衡量产业在空间分布均衡程度的空间基尼系数[142]。空间基尼系数计算公式如下：

$$G = \sum (s_i - x_i)^2 \tag{3-3}$$

式中，s_i 是指 i 地区某产业相关指标（就业人数、生产总值等）占全国该产业总相关指标（就业人数、生产总值等）的比重，x_i 是该地区相关指标占全国总相关指标的比重。当 G 数值越大，代表集聚程度越强，$G=0$ 时，表明产业在空间上分布均匀。

该指标优点是通过图示更加形象直观；缺点是忽略了企业规模及地区差异，空间基尼系数取值大于零并不意味着实际上就一定有集聚现状存在，也就是说，空间基尼系数只能适用于中小企业的产业集聚情况。

（4）空间集聚指数（Concentration Index of Space）

为了解决空间基尼系数不适用于垄断行业的情况，艾莉森（Ellison）和格莱瑟（Glaeser）提出了空间集聚指数也称为 EG 指数，把企业规模和地区差异考虑进去来研究影响企业区位选择的因素以及产业集聚趋势，以及测量制造业集聚程度所构建的数据指标[143]。空间集聚指数计算公式如下：

$$EG = \frac{G - (1 - \sum x_i^2) H}{(1 - \sum x_i^2)(1 - H)} = \frac{\sum (s_i - x_i)^2 - (1 - \sum_{i=1}^{M} x_i^2) \sum_{j=1}^{N} z_j^2}{(1 - \sum x_i^2)(1 - \sum_{j=1}^{N} z_j^2)} \tag{3-4}$$

式中，s_i 是指第 i 地区某一特定产业的就业量在 M 个地区总就业量中所占的比重，x_i 是指第 i 地区所有就业在 M 个地区总就业中所占的比重，z_j 是第 j 家企业在市场中所占的份额，G 指空间基尼系数，M 指地区个数，N 指企业个数。$EG < 0$，企业空间分布均匀；$EG \in (0, 0.02)$，企业有一定集聚，但集聚度不高；$EG \in [0.02, 0.05]$，企业集聚度明显；$EG > 0.05$，企业高度集聚。

该指标优点是空间集聚指数考虑了地区和企业规模的差异，在一定程度上弥补了空间基尼系数的不足，更加真实地测度了企业集聚度；缺点是 EG 指数对数据要求过高，因而不容易获取完整的数据。

（5）区域集聚指数（Concentration Index of Region）

区域集聚指数是测度产业集聚的重要指标，它是由中国学者周嵬、王铮在测算 1995—2000 年中国东、中、西部三大区域专业化水平时，对牛津地理学词典中的区域专业化水平公式进行改进而得来，这一指标能够客观地描述产业集聚规模以及在空间分布状态是否均匀[144]。区域集聚指数计算公式如下：

$$S_n = \left\{ \sum_{i=1}^{n} (p_i/P_i)^2 \right\}^{1/2} \tag{3-5}$$

式中，S_n 是指区域产业集聚水平，p_i 是指某一产业生产总值（就业人数、企业数量等），而 P_i 是指全国同一产业生产总值（就业人数、企业数量等）。S_n 取值越大，说明产业集聚度越高。

关于区域产业集聚度测量，区域集聚指数可操作性强，数据获取较为容易。

（6）熵指数（Entropy Index）

熵指数是借用物理学中度量系统有序程度的熵而提出来用于测度产业集聚程度，与 HHI 指数正好相反，若企业市场份额大，则赋予一个小的权重，反之，企业市场份额小，赋予一个大的权重。那么，熵指数越大，产业集聚水平则越低；熵指数越小，产业集聚水平越高。熵指数取值范围在 [0, 1] 之间。熵指数计算公式如下：

$$E = \sum_{j=1}^{N} \left[\ln (1/S_j) \right] \cdot S_j \tag{3-6}$$

式中，S_j 代表 j 企业的市场份额，$\ln(1/S_j)$ 代表赋予企业的权重，N 代表产业中的企业数量。熵指数测度也存在一定局限性，比如，在众多同等大小企业竞争情况下，E 不是等于 1，而是等于 $\ln N$。鉴于熵指数的这种缺陷，Marfels 在此基础上又做了改进，采用 E 的反对数的倒数（e^{-E}）来衡量产业集聚水平，改进熵指数也称为规范熵[145]。规范熵计算公式如下：

$$e^{-E} = \prod_{j=1}^{N} S_j^{S_j} \tag{3-7}$$

当 e^{-E} 增大，表明产业集聚水平增高，如果众多规模大小相同的企业竞争，则 $e^{-E} = 1/N$，当 $N \to \infty$ 时，$e^{-E} = 0$，表明市场处于完全竞争状态下；当 $e^{-E} = 1$ 时，表明市场处于完全垄断状态下。

（7）产业集中系数（Concentration Index of Industry）

产业集中系数是用来衡量某地区某一具体产业集聚程度的指标。它是某一地区的某一产业按照人口平均的产量、产值等相对指标与全国或全区域该经济部门相对应指标的比值。一定程度上可以表示某地区的某一产业在全国或全区域按人均相对指标衡量所处的地位[146]。产业集中系数计算公式如下：

$$CC_{ij} = \frac{Q_{ij}}{P_i} / \frac{Q}{P} \tag{3-8}$$

式中，CC_{ij} 为 i 地区 j 产业的集中系数，Q_{ij} 为 i 地区 j 产业的产量（产值等），P_i 为 i 地区的人口数，Q 为全国或全区域该产业的产量（产值等），P 为全国或全区域的人口总数。

当产业集中系数小于 1，表明该地区该产业不具备集聚优势；当产业集中系数在 1 附近，表明该地区该产业已经形成集聚优势；当产业集中系数大于 1，表明具有较强的集聚优势。并且当该系数越大，表明该地区该产业按人均相对指标衡量具有越高的相对集中度，同时也表明该产业专门化程度越高。

（8）区位熵（Entropy Index）

区位熵，也称为专业化指数，最早是由哈盖特（Haggett）提出并分析产业与生产要素在地理空间上的分布状况。是指某一地区某种产业的相关指标（职工人数、销售额等）占该地区总的相关指标（职工人数、销售额等）的比重与全国该产业相关指标占全国总的相关指标比重之比，反映产业在区域空间分布情况，判断一个产业是否构成了地区专业化部门[147]。区位熵计算公式如下：

$$LQ = \frac{\dfrac{d_{ij}}{\sum_{j=1}^{n} d_{ij}}}{\dfrac{D_j}{\sum_{j=1}^{n} D_j}} \tag{3-9}$$

式中，d_{ij} 代表 i 地区 j 产业的相关指标；$\sum_{j=1}^{n} d_{ij}$ 代表 i 地区所有产业的相关

指标；D_j 代表全国 j 产业的相关指标，$\sum\limits_{j=1}^{n} D_j$ 代表全国所有产业的相关指标；n 代表产业的部门数量。LQ 大于 1，表明 j 产业地区专业化水平较高，它在一定程度上揭示出该产业集聚具有较强的竞争力；LQ 小于 1，越接近 0，表明 j 产业地区专业化水平较低，在区域内该产业不存在集聚的竞争优势。

该指标优点是数据容易收集，计算简单，能够较好地反映产业空间集聚程度；缺点是适用于测算的产业劳动生产率要保持一致的假设条件。

第三节　中国海洋产业集聚水平的时序特征

上文介绍了多种测算产业集聚水平的方法，为本书测算海洋产业集聚的时序特征选择合适的测度方法提供了参考价值。由于中国对海洋产业数据统计还不是很精确，统计口径在 2006 年之后出现变化，本书以研究分析角度和解决问题为出发点，考虑数据获取的完整性、连续性和有效性，确保测算方法具有可操作性，所以本书选取了 2007—2016 年十年数据，通过产业集中系数测度中国海洋产业集聚的时序特征，从而保证测算的目的和效果能够反映出集聚水平在时序上的特征，达到预期效果。

一、测度指标与数据来源

由于分析、研究目的不同，对海洋产业划分标准也不同，根据本书研究目的和内容将按照三次产业分类法对海洋产业进行划分。因此，中国海洋产业集聚的时序特征评价，将根据 2006 年中国国家海洋信息中心制定的国家标准《海洋及相关产业分类》（GB/T2094-2006），及中华人民共和国海洋行业标准《海洋经济统计分类与代码》（HY/T052-1999）的规定，采用"三次产业法"把海洋产业分为第一产业、第二产业和第三产业。在研究方法上采用产业集中系数法（见公式3-8）进行计算分析，其公式各指标具体经济含义为：CC_{ij} 为海洋 i 省份海洋第一（二、三）产业的集中系数，Q_{ij} 为沿海 i 省份海洋第一（二、三）产业产值，P_i 为 i 省份人口数，Q 为全国海洋第一（二、三）产业产值总和，P 为全国人口总数。

原始数据来源于《中国海洋统计年鉴》和《中国统计年鉴》，选取了2007—2016 年十年间中国以及中国天津、河北、辽宁、上海、江苏、浙江、福建、山东、广东、广西和海南 11 个沿海省份的海洋产业总产值、海洋三次产业产值以及人口数等数据资料。

二、测度过程及时序特征分析

（一）中国海洋产业集聚水平测度及分析

将沿海 11 个省份区域的海洋三次产业产值、海洋产业总产值以及人口总数等数据代入上述公式 3-8，计算得到 2007—2016 年中国海洋三次产业整体集中系数（见图 3-11）。

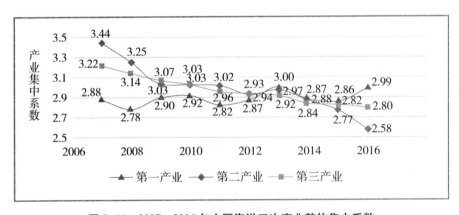

图 3-11　2007—2016 年中国海洋三次产业整体集中系数

将图 3-11 和图 3-3 结合起来分析中国海洋产业集聚的时序特征变化差异原因，可以看出中国三次产业集中系数均大于 1，表明海洋第一、第二、第三产业从总体上来看呈现明显的集聚现象。从时间序列角度看，在研究期内第一产业的集中系数震荡式略有上升，表明第一产业集聚状态比较稳定，第一产业主要是指海洋渔业，从中国主要海洋产业增加值增幅趋势图中可以看出海洋渔业随着时间演变，生产总值增幅基本保持不变，所以第一产业平均产业集中系数保持相对稳定；在研究期内第二产业和第三产业集中系数随时间演变均呈现下降趋势，尤其第二产业下降趋势更为明显，从中国主要海洋产业增加值增幅趋势图中可以看到增幅最快的三个行业有海洋工程建筑业、海洋生物医药业以及海洋化工业，表明这三个行业发展迅速反而降低了产业集聚度，所以表明这三个行业集聚优势并不明显。

（二）沿海省份海洋产业集聚水平测度及分析

1. 海洋第一产业集聚测度及时序特征分析

一般而言，当产业集中系数大于 1 时，可以认为该区域已经形成产业集聚，系数越大则表明区域产业集聚越明显；而当产业集中系数小于 1 时，表明该区域还未能形成产业集聚现象。

根据这一标准，由表 3-3 中各沿海省份区域 2007—2016 年产业集中系数的平均值来看，中国沿海区域海洋第一产业可以具体分为四个级别：一级是产业集中系数大于 5，包括海南和福建；二级是产业集中系数在［2，5］之间，包括辽宁、浙江和山东；三级是产业集中系数在［1，2］之间，包括江苏、广东和广西；四级是产业集聚系数小于 1，包括天津、河北和上海。从同一年份各个省份区域比较来看，区域间的差别比较大，有的区域远大于 1，较明显的是海南和福建，而有的区域集聚水平非常低，比如上海。从时间序列角度看，随着时间演变大多数同一区域产业集中系数在各年份的波动幅度不是很大，但集聚趋势不尽相同（见图 3-12）。

表 3-3　2007—2016 年中国沿海省份海洋第一产业集中系数

年份 省份	2007	2008	2009	2010	2011	2012	2013	2014	2015	2016	均值
天津	0.43	0.30	0.30	0.31	0.30	0.28	0.28	0.42	0.41	0.36	0.34
河北	0.32	0.31	0.38	0.44	0.48	0.49	0.50	0.45	0.43	0.46	0.43
辽宁	4.42	4.82	5.47	4.82	5.64	5.16	5.31	4.19	3.81	3.76	4.74
上海	0.20	0.17	0.12	0.11	0.09	0.09	0.08	0.08	0.08	0.07	0.11
江苏	1.05	0.91	1.56	1.38	0.97	1.41	1.33	1.75	2.12	2.10	1.46
浙江	2.87	3.68	3.24	3.51	3.63	3.42	3.21	3.41	3.45	3.46	3.39
福建	5.90	5.72	5.33	5.74	5.50	5.63	5.57	5.56	5.52	5.84	5.63
山东	3.48	3.38	3.08	3.09	3.17	3.40	3.43	3.57	3.31	3.02	3.29

续表

年份 省份	2007	2008	2009	2010	2011	2012	2013	2014	2015	2016	均值
广东	2.06	1.84	1.31	1.24	1.22	0.86	0.84	0.82	0.97	0.96	1.21
广西	1.05	1.02	1.39	1.45	1.54	1.55	1.52	1.63	1.58	1.63	1.44
海南	9.86	8.43	9.65	9.98	8.51	9.30	11.00	9.78	9.77	11.24	9.75

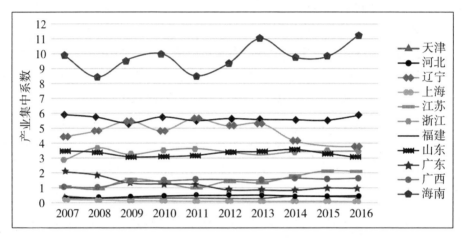

图 3-12 2007—2016 年中国沿海省份海洋第一产业集中度趋势图

海洋第一产业主要包括海洋渔业，具体细分为海洋捕捞业和海水养殖业等产业。根据沿海区域海洋第一产业集中系数计算结果来看，对中国海洋捕捞、海水养殖发展而言，海南和福建占有明显集聚优势，辽宁、浙江和山东集聚优势也很突出。这主要源于这些省份的海洋生物资源丰富、地理位置优越，海洋第一产业发展基础较好，从而形成海洋渔业及相关配套产业的集聚又进一步推动区域海洋第一产业的迅速发展，与此同时也会造成该区域海洋渔业资源的过度开发利用。因此，这些区域在大力发展海洋渔业的同时，应注意利用集聚正向效应提升发展质量以及提高资源的利用效率，从而促进海洋渔业的可持续发展。

2. 海洋第二产业集聚测度及时序特征分析

根据表 3-4 显示 2007—2016 年沿海省份区域海洋第二产业集中系数值及其平均值来看，各个区域之间仍然存在很大差异，依旧可以分为四个级别。

一级是产业集中系数大于5，包括天津和上海；二级是产业集中系数在［2，5］之间，包括福建、山东、广东和浙江；三级是产业集中系数在［1，2］之间，包括辽宁、江苏和海南；四级是产业集聚系数小于1，包括河北和广西。从时间序列角度分析，通过图3-13所示，随着时间演变可以大致分为两种集聚趋势，一种是整体具有分散趋势，其中上海、天津和辽宁集聚度明显下降，分散趋势显著。另一种为整体具有集中趋势，其中具有代表性省份区域有福建和江苏，呈现集聚度增长的集中态势。

表3-4　2007—2016年中国沿海省份海洋第二产业集中系数

年份 省份	2007	2008	2009	2010	2011	2012	2013	2014	2015	2016	均值
天津	10.76	10.10	9.64	10.79	11.05	10.72	11.38	10.58	9.00	5.88	9.99
河北	1.06	0.97	0.64	0.64	0.70	0.69	0.68	0.70	0.66	0.49	0.72
辽宁	2.43	2.36	2.02	1.84	2.05	1.76	1.75	1.65	1.40	1.36	1.86
上海	11.04	9.39	6.69	6.33	5.82	5.45	5.24	4.82	5.01	5.31	6.51
江苏	1.31	1.18	1.60	1.73	1.81	1.78	1.67	1.87	1.91	2.06	1.69
浙江	2.05	2.04	2.63	2.29	2.30	2.30	2.24	1.87	1.94	2.05	2.17
福建	2.93	2.86	3.42	3.07	3.12	2.80	2.93	3.10	3.40	3.68	3.13
山东	2.68	2.64	2.72	2.62	2.55	2.60	2.58	2.67	2.79	2.88	2.67
广东	2.09	2.60	2.61	2.66	2.55	2.80	2.75	2.87	2.85	2.95	2.67
广西	0.36	0.34	0.31	0.34	0.31	0.37	0.44	0.40	0.42	0.45	0.37
海南	1.15	1.26	1.06	0.95	0.92	0.94	1.05	1.02	1.08	1.22	1.07

海洋第二产业主要有海洋船舶、化工、工程建筑、海洋油矿等涉海工业，这些产业的开发建设不仅需要资源环境作为基本保障，而且还需要技术作为支撑。天津和上海虽然整体集聚水平明显高于其他省份，但是集聚趋势已经开始下降，这是因为天津和上海一直是中国无论从地理资源环境还是从技术创新方面都为中国发展水平最高的区域，经历了长期发展之后，该区域海洋第二产业发展已经进入瓶颈期，由于受到资源环境的限制，集聚负面的拥阻效应已经开始影响到海洋第二产业的集聚水平，从而降低了海洋第二产业的

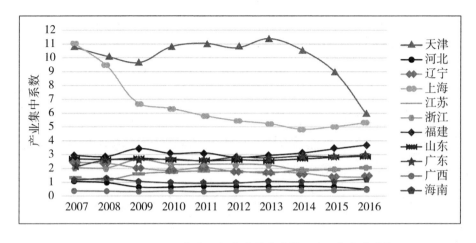

图 3-13　2007—2016 年中国沿海省份海洋第二产业集中度趋势图

高集聚现象。海洋第二产业集聚发展较好的福建和浙江两省，近年来都非常重视高新技术的投入，通过以科技的支撑作用加快海洋产业发展，并充分利用集聚效应提升区域海洋产业竞争力。对如河北、广西等海洋第二产业集聚度低的区域而言，要在依靠自身资源优势基础上，重视利用科学技术提高资源利用效率，并且完善相关政策促进空间集聚。

3. 海洋第三产业集聚测度及时序特征分析

根据表 3-5 显示 2007—2016 年沿海省份区域海洋第三产业集中系数值及其平均值来看，仍可以分为四个级别。一级是产业集中系数大于 5，包括天津和上海；二级是产业集中系数在 [2，5] 之间，包括浙江、福建、山东、广东和海南；三级是产业集中系数在 [1，2] 之间，包括辽宁和江苏；四级是产业集聚系数小于 1，包括河北和广西。结合图 3-14 可以看出，各个省份区域之间的海洋第三产业的集聚水平也存在较大差异。从时间序列角度看，上海集聚程度在研究期内虽有所下降但仍处于最高水平。其次是天津一直保持稳定高水平集聚态势，表明这两个区域的海洋第三产业集聚优势非常显著；河北和广西两省海洋第三产业集聚水平最低，产业集中系数都小于 1，未能形成集聚优势；其余各区域海洋第三产业都已经具备集聚水平，并且绝大多数区域集聚趋势保持平稳或者进一步加强。

表 3-5　2007—2016 年中国沿海省份海洋第三产业集中系数

年份 省份	2007	2008	2009	2010	2011	2012	2013	2014	2015	2016	均值
天津	5.42	5.07	5.80	5.74	5.11	5.23	5.16	5.51	5.42	5.05	5.35
河北	0.89	0.88	0.47	0.45	0.50	0.52	0.53	0.58	0.57	0.56	0.60
辽宁	1.65	1.64	1.93	1.92	2.10	2.07	2.15	2.10	1.72	1.41	1.87
上海	12.23	11.78	9.94	9.8	9.16	8.79	8.47	7.23	7.12	7.26	9.19
江苏	1.28	1.29	1.27	1.34	1.45	1.48	1.46	1.32	1.31	1.30	1.35
浙江	2.45	2.40	2.61	2.42	2.49	2.48	2.45	2.41	2.44	2.45	2.46
福建	3.44	3.48	3.59	3.44	3.48	3.40	3.47	3.72	4.08	4.23	3.63
山东	2.27	2.34	2.30	2.31	2.30	2.32	2.32	2.44	2.47	2.45	2.35
广东	2.87	2.76	2.99	2.85	2.79	2.78	2.77	2.90	2.92	3.01	2.86
广西	0.32	0.33	0.32	0.35	0.35	0.38	0.40	0.44	0.45	0.46	0.38
海南	2.54	2.53	2.54	2.60	2.81	2.85	2.88	2.55	2.58	2.59	2.65

　　将表 3-5 和上文表 3-1 结合起来可以看出，海洋第三产业在这十年中发展迅速，其生产总值已经占据海洋经济半壁江山，这说明海洋产业集聚的稳定发展和提高促进了集聚效应更好发挥正面作用，加快了海洋第三产业迅速发展，增强了产业竞争力。海洋第三产业基本上都是与服务业有关的涉海企业，主要包括滨海旅游业、海洋交通运输业、海洋科研教育管理服务业等，表明绝大多数沿海各省份区域在研究期内都非常注重对海洋第三产业的投入和发展，根据自身与腹地经济的匹配关系，优化集聚水平，实现港城互动，从而通过海洋第三产业的集聚效应更好地服务区域经济发展，这是未来海洋经济增长潜力的挖掘重点，也是促进区域经济发展必经之路。

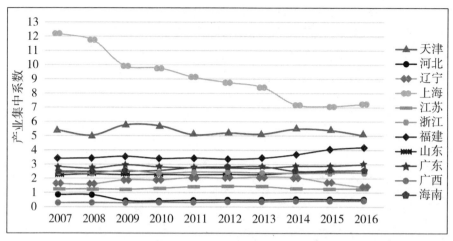

图 3-14 2007—2016 年中国沿海省份海洋第三产业集中度趋势图

第四节 中国海洋产业集聚水平的空间特征

一、测度指标与数据来源

由于中国对海洋产业数据的统计口径在 2006 年之后出现变化，因此选取了 2007—2016 年沿海 11 省份海洋产业的相关数据，采用改进的区位熵进行测度中国沿海省份区域海洋产业集聚空间特征，对原始区位熵（见公式 3-9）进行改进，主要体现在对各指标进行内涵重新选择上。改进后各指标经济含义具体为：i 代表沿海省份，j 代表沿海省份区域内具体产业，n 代表产业的部门数量，q_i 代表沿海 i 省份区域海洋产业产值，$\sum_{j=1}^{n} q_{ij}$ 代表沿海 i 省份区域生产总值，Q 代表中国沿海省份区域海洋产业产值，$\sum_{j=1}^{n} Q_j$ 代表中国沿海省份区域生产总值。改进后的区位熵计算公式为：

$$LQ = \frac{\dfrac{q_i}{\sum_{j=1}^{n} q_{ij}}}{\dfrac{Q}{\sum_{j=1}^{n} Q_j}} \qquad (3\text{-}10)$$

LQ 大于 1，表明海洋产业地区专业化水平较高，它在一定程度上揭示出该区域海洋产业具有较强的集聚竞争优势；LQ 小于 1，越接近 0，表明海洋产业地区专业化水平较低，该区域内海洋产业不存在集聚竞争力。在空间特征分析上，需要重点关注中国沿海 11 省份海洋产业集聚的整体空间格局情况，所以将海洋三次产业作为一个整体通过改进区位熵进行测算，根据每个沿海省份不同的区位熵值进行空间格局划分，从而了解中国沿海省份海洋产业集聚的空间特征。

本书所采用的数据均来源于《中国海洋统计年鉴》《中国统计年鉴》《中国海洋经济统计公报》，选取了 2007—2016 年的中国以及中国天津、河北、辽宁、上海等 11 个沿海省份的海洋生产总值、区域生产总值等数据。

二、测度过程及空间特征分析

根据上述的方法和数据资料，可以计算出 2007—2016 年各沿海省份区域十年海洋产业区位熵（见表 3-6），进而可以看出各沿海省份区域海洋产业集聚的空间变化特征（见图 3-15）。

表 3-6　2007—2016 年中国沿海省份海洋产业区位熵值

年份 省份	2007	2008	2009	2010	2011	2012	2013	2014	2015	2016
天津	2.02	1.88	1.84	2.04	1.98	1.93	2.01	1.97	1.80	1.38
河北	0.57	0.55	0.34	0.35	0.38	0.39	0.39	0.43	0.43	0.38
辽宁	1.02	0.98	0.96	0.88	0.96	0.86	0.88	0.84	0.74	0.92
上海	2.26	2.21	1.80	1.89	1.86	1.86	1.85	1.63	1.62	1.62
江苏	0.46	0.44	0.51	0.53	0.55	0.55	0.53	0.53	0.53	0.52
浙江	0.76	0.79	0.95	0.87	0.89	0.90	0.89	0.83	0.85	0.85
福建	1.58	1.57	1.68	1.55	1.55	1.44	1.46	1.53	1.64	1.69
山东	1.10	1.09	1.10	1.12	1.12	1.13	1.12	1.17	1.19	1.19
广东	0.93	1.03	1.08	1.11	1.10	1.16	1.15	1.20	1.20	1.20
广西	0.37	0.35	0.37	0.36	0.33	0.37	0.40	0.40	0.41	0.42
海南	1.94	1.86	1.84	1.69	1.65	1.66	1.78	1.58	1.64	1.73

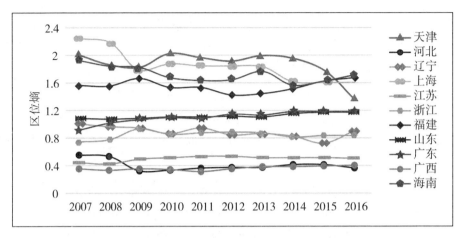

图 3-15   2007—2016 年中国沿海省份海洋产业集聚空间变化趋势图

1. 在 2007—2016 年期间，中国各沿海省份区域海洋产业集聚水平发生了不同程度的空间变化特征：

第一，在研究期内部分省份区域海洋产业整体集聚水平在空间格局变化上基本保持不变，包括广西和江苏两省。广西和江苏两省区位熵数值均小于1，说明海洋产业集聚优势不明显，并且十年间空间格局变化幅度不大，处于集聚不显著的稳定状态。

第二，部分省份区域海洋产业集聚水平在研究期内呈震荡下降趋势。包括上海、海南、天津、辽宁、河北五省市。其中上海、海南和天津，集聚水平分别从 2007 年的 2.26、1.94、2.02，震荡式下降到 2016 年的 1.62、1.73、1.38。但是，这三个区域区位熵均大于 1，说明该区域的海洋产业集聚水平虽然正在逐步减弱，但仍具有较高的集聚优势。辽宁省海洋产业区位熵在 2007 年为 1.02，整体上出现了集聚状态，随着时间的推移，区位熵逐渐下降，在 2015 年区位熵数值达到最低值为 0.74，表明海洋产业集聚水平下降，呈现弱集聚态势，随后在 2016 年集聚状态有所好转，区位熵数值为 0.92，但仍然处于 1 以下。说明辽宁省除 2007 年以外，海洋产业在整个研究期内处于较弱水平上集聚。河北省集聚水平值一直都处于 0.6 以下，并且在很低的集聚水平上保持下降趋势，说明河北省海洋产业集聚状态处于不断恶化中。

第三，部分省份区域海洋产业整体集聚水平在研究期内呈上升趋势，包括山东、福建、浙江、广东四省。其中，山东和福建两省呈稳定的增长态势，其区位熵数值均大于1，说明其海洋产业在整体上一直具有较高的集聚优势，产业快速发展又促使这种集聚优势仍在不断加大，并且福建省海洋产业集聚优势更加明显。浙江省海洋产业集聚水平十年间虽一直保持上升趋势，但区位熵数值一直小于1，说明浙江省集聚水平具有良好的发展态势，但集聚优势并不显著。广东省海洋产业整体集聚水平以高质量趋势发展，区位熵在这十年间由0.93一直增长到1.2，实现了海洋产业集聚从较弱集聚优势到具有中等集聚优势的转变。

2. 中国海洋产业集聚程度按照区位熵值为1进行划分，只能得到两个区间，不利于反映海洋产业集聚的差异程度。为了更加细致地研究中国海洋产业集聚程度的差异，借鉴了高原[148]（2015）、严珊珊[114]（2017）、郑娇艳[149]（2020）等文献对区位熵值的划分标准，将区位熵值以1.5、1、0.5作为划分点，可以将中国海洋产业集聚程度的空间特征分为四种类型，即强集聚特征区、中集聚特征区、弱集聚特征区和非集聚特征区，同时利用GIS软件绘制了中国沿海省份海洋产业集聚空间格局图。

①强集聚特征区。区位熵的平均变化在1.5以上，包括天津、上海、福建、海南。

②中集聚特征区。区位熵的平均变化在1~1.5之间，包括山东、广东。

③弱集聚特征区。区位熵的平均变化在0.5~1之间，包括辽宁、浙江、江苏。

④非集聚特征区。区位熵的平均变化在0.5以下，包括河北、广西。

第五节　本章小结

本章分析了在特定资源环境禀赋下中国海洋产业集聚发展情况。首先从中国海洋产业总体发展态势，沿海各省份海洋产业发展特点以及中国主要海洋产业发展现状这三方面定性分析中国海洋产业发展现状。其次采用产业集中系数和改进区位熵两种测度方法定量分析中国海洋产业集聚水平的时序特征和空间特征。结果表明，中国海洋三次产业从全国范围来看呈明显集聚现象，但不同省份区域由于资源环境条件、技术创新、区域经济水平等因素的不同，海洋三次产业集聚态势也有明显差异。从集聚水平的时序特征角度分析，随着时间演变作为海洋第一产业的海洋渔业集聚状态比较稳定，说明主要依靠自然条件的海洋渔业由于受到资源环境承载力的限制，已经进入增长瓶颈期；海洋第二产业集聚态势以及增加值占全国海洋生产总值的比重随着时间演变呈现比较显著的下降趋势，说明中国海洋第二产业已趋于饱和状态，集聚负面拥阻效应开始影响第二产业的集聚水平和产业发展，不同的省份应根据具体产业集聚程度并结合自身资源优势特点，制定相关策略，利用科学技术提高资源利用率，进一步推动海洋第二产业发展；海洋第三产业集聚度除上海以外其他省份随着时间变化基本保持稳定提高态势，尤其是海洋交通运输业、滨海旅游业发展已经占据海洋经济半壁江山，这说明产业集聚的稳定发展和提高促进了集聚效应发挥正面作用，加快了海洋第三产业迅速发展。从集聚水平的空间特征角度分析，中国沿海省份区域可以大致分为四种类型空间格局，即强集聚特征区、中集聚特征区、弱集聚特征区和非集聚特征区。本章的主要研究目的为回归分析海洋产业集聚对区域绿色经济增长影响及空间溢出效应提供数据支撑。

第四章

中国区域绿色经济核算

资源环境是人类生存发展的物质基础，然而长期以来国民经济核算体系一直忽视资源环境的基础作用，没有将其纳入核算体系当中，本章以 SEEA-2012 核算模型框架为指导并结合中国实际特点，核算了中国 31 省份绿色经济增长水平。本章研究的目的不仅是用真实货币形式反映中国 31 省份绿色经济增长情况，更重要的是为第五章和第六章实证分析中国海洋产业集聚对区域绿色经济增长的影响及空间溢出效应研究提供数据支撑。

第一节　基于 SEEA 的绿色经济核算模型

中国地域辽阔、资源丰富，但各地区自然资源禀赋差异较大，经济发展不平衡，并且国际上并没有统一成熟的绿色经济核算方法和核算模型，因此在建立中国绿色经济核算模型过程中，既要结合国际经验，又要体现中国地域特点，尽可能真实准确地反映不同地区的绿色经济发展情况。因此本书借鉴联合国与世界银行等国际组织合作推出的 SEEA-2012 以及中国国家统计局与生态环境部联合研究发布的《中国绿色国民经济核算体系框架》《中国环境核算体系框架》《中国绿色 GDP 核算报告 2004》作为本书绿色经济核算方法和核算模型的研究范式。

一、绿色经济核算模型设计原则

如何对资源环境进行估价，采用什么样的核算模型和核算方法，各国政府组织以及学者们都进行了积极的探索，形成了丰富的理论与实践成果。但到目前为止，仍然没有形成国际公认的统一标准，因此在选择绿色经济核算模型以及资源环境价值量核算方法上，需要遵循以下六个基本原则。

（一）可操作性原则

绿色经济核算模型既要借鉴国际先进的研究成果，又要遵循中国国情设计一套符合中国特点的具有可操作性的理论模型，不仅要反映研究对象的共性，又要体现研究对象的特殊性，把经济、资源、环境视为一个整体纳入绿色经济核算模型之中，采用简单直观的数据真实系统地描述研究对象复杂的内在关系。

（二）科学性原则

绿色经济核算指标必须反映绿色经济的内涵与外延，各个核算指标之间组成一个层次分明的整体，通过采用科学严谨的核算方法对核算指标进行量化，能够清晰地反映评价目标，同时确保核算指标结果的科学性。

（三）可比性原则

绿色经济核算模型要求对同一研究对象核算结果要具有纵向可比性以及不同研究对象之间核算结果要具有横向可比性。目前，中国绿色经济核算还处于不断探索和实践阶段。因此，核算模型设计还需具备拓展性，能够不断吸收新的内容以及方法不断充实完善，并且在完善之后还能够进行更高水平的比较和评价。

（四）与现行国民经济核算相衔接性原则

由于目前绿色经济核算模型和核算方法没有统一的标准，而国民经济核算模型（SNA）中最核心的核算指标 GDP 已被世界各国广泛采用来衡量各国经济发展情况。所以，绿色经济核算应以现行 GDP 核算为基础，保持与现行 GDP 指标的可衔接性，才能便于与现行 GDP 指标进行比较，体现资源环境与经济发展之间的联系。所以本书采用最具有影响力且广泛被各国采用的由联合国统计署主导下开发的 SEEA 核算体系。因为 SEEA 体系作为 SNA 的附属账户可以很好地与 GDP 进行衔接，既不违背现行国民经济核算又能反映资源消耗、环境污染情况，从而为绿色经济核算研究提供借鉴和指导，同时也对促进和规范国际范围内的绿色经济核算发挥了巨大作用。

（五）政策导向性原则

国民经济核算目的是为了给有关政府部门提供政策制定和决策管理所需

要的数据参考，科学技术进步、经济快速增长的同时也付出了巨大的资源环境成本代价，传统的国民经济核算受到越来越多的质疑。由于传统国民经济核算主要侧重核算经济方面的总量指标，未能将资源环境因素纳入其中，不能全面反映社会发展的真实情况，有悖于经济社会可持续发展观，因此亟须使用绿色经济核算来衡量一个国家或地区经济是否可持续发展。绿色经济核算与传统国民经济核算体现的目的一样，即通过一系列核算步骤，为执政者提供经济可持续发展的数据资料。因此，绿色经济核算模型中既要包括经济发展方面的核算，又要包含资源消耗、环境污染方面的核算，体现经济发展过程中对资源环境的破坏，资源环境实际治理保护对经济发展的贡献，以及国家资源与环境保护的政策导向等。

二、绿色经济核算模型框架

在遵循上述原则的前提下，以 SEEA-2012 核算框架为基础，并结合符合中国特色的《中国资源环境经济核算体系框架》《中国环境核算体系框架》，在现行的国民经济核算模型下，建立绿色经济核算模型框架。因此，基于SEEA 中国绿色经济核算模型框架基本思路是：首先，根据中国整体特点对省域资源环境分类进行实物量核算，然后将核算各要素进行汇总。其次，以实物量为基础，采用恰当的核算方法对资源环境进行价值量核算。最后，将资源环境核算实物量和价值量结果纳入传统的国民经济核算体系之中，得出经资源环境调整后的绿色 GDP。总体思路如图 4-1。

本书综合考虑中国自身资源环境特点以及数据可获得性，构建绿色 GDP模型框架结构总体包含三部分核算账户，即经济账户（传统 GDP 账户）、资源账户和环境账户。其中，资源账户核算内容主要包括水资源耗减、能源资源耗减、耕地资源耗减、森林资源耗减和渔业资源耗减的实物量和价值量核算。环境账户核算内容主要包括环境污染物实物量核算，环境污染治理损失和环境污染退化损失的价值量核算。在环境污染治理损失价值量核算中，主要考察实际治理损失价值量和虚拟治理损失价值量。环境污染实际治理损失价值量是政府、企业为了改善生态环境而进行的投入，主要包括各个地区在进行环境污染治理时所投入的资金总额，包括城镇环境基础设施建设投资、

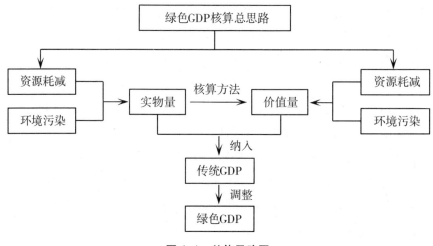

图 4-1 总体思路图

工业污染源治理投资以及建设项目"三同时"环保投资。环境污染虚拟治理损失价值量核算主要考察尚未投入治理的虚拟估算损失，主要包括水污染、大气污染和固体废弃物污染的损失价值量估算。无论是实际治理损失价值量还是虚拟治理损失价值量都属于环保支出，都不应计入国内生产总值之中，而应是对环境的一种补偿。环境污染退化损失价值量核算主要包括环境污染降级所导致的固定资产加速折旧损失、人体健康损失和自然灾害损失，这部分的损失价值类似于环保支出，也不应纳入国民经济生产总值之中，应该给予扣除。最后，将自然资源耗减价值量和环境污染损失价值量进行加总，得出资源环境账户总成本，进而对传统 GDP 进行调整，得到经资源环境调整的绿色 GDP。具体绿色 GDP 核算模型表达式见 4-1。

$$
\begin{aligned}
绿色 GDP &= 经济账户 - 资源账户 - 环境账户 \\
&= 传统 GDP - 自然资源耗减价值量 \ C_{资源} - \\
&\quad 环境污染损失价值量 \ C_{环污} \\
&= 传统 GDP - 自然资源耗减价值量 \ C_{资源} - \\
&\quad 环境污染治理损失价值量 \ C_{环治} - \\
&\quad 环境污染退化损失价值量 \ C_{环退}
\end{aligned}
\tag{4-1}
$$

绿色经济核算模型框架图，请见图 4-2。

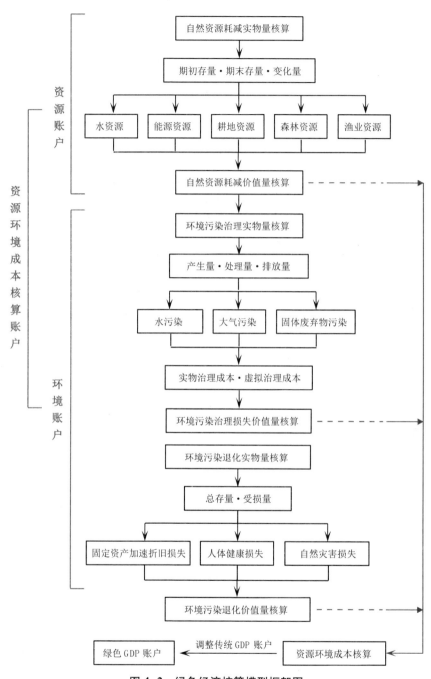

图 4-2 绿色经济核算模型框架图

第二节　绿色经济核算方法

采用什么样的核算方法对资源环境耗减进行估价，这是一个非常复杂的课题。到目前为止，用于资源环境核算的方法有很多，但仍然没有形成国际上公认的统一核算方法。因此，本书在核算方法的选择上需要遵循以下三点：一是资源环境能进入市场进行交换，就沿用国民经济核算的估价方法，尽量以市场交易价格为基础寻求核算方法，来核算资源环境的经济价值；二是为保证计算结果相对准确性，尽可能采用前人比较成熟的核算方法；三是对于没有成熟可鉴的核算方法，就需要根据资源环境的具体核算要素、各自内涵特征分别选择恰当的核算方法。比如，资源既有存量又有流量，具有数量特征。而环境一般只有流量，主要体现质量功能特征，因此要根据资源环境不同特征采取最为合适的核算方法。

本书将围绕绿色 GDP 核算模型框架拟从自然资源耗减价值量、环境污染治理损失价值量和环境污染退化损失价值量三方面选择合适的核算方法。

一、自然资源耗减价值量核算方法

自然资源是指在中国主权领土和可控大陆架范围内所有自然形成的，在一定的经济、技术条件下可以被开发利用以提高人们生活福利水平和生存能力，并同时具有某种"稀缺性"的实物资源的总称[150]。对自然资源的核算方法有两种形式：一是为了能够核算自然资源总价值，而对自然资源存量进行核算；二是为了能够核算经济活动中自然资源耗减价值量，而对自然资源流量进行核算。根据国内外资源分类标志的基本共性，中国把自然资源分为水资源、能源资源、生物（主要指森林）资源、土地资源、海洋资源五大类。基于中国自然资源分类以及社会经济发展中对自然资源耗减，本书自然资源耗减价值量 $C_{资源}$ 核算分为水资源耗减价值量 $C_{水}$、能源资源耗减价值量 $C_{能}$、耕地资源耗减价值量 $C_{耕}$、森林（包括林木和林地）资源耗减价值量 $C_{森}$ 和渔业资源耗减价值量 $C_{渔}$ 五种类型。由此，自然资源耗减价值量核算模型表达式为：

$$C_{资源} = C_水 + C_能 + C_耕 + C_森 + C_渔 \qquad (4-2)$$

各类型自然资源耗减价值量核算具体方法如下。

（一）水资源耗减价值量核算方法

水资源是一种循环性资源。根据研究范围不同，水资源概念又有广义和狭义之分。广义的水资源是指地球表层水圈中处于各种状态的水，包括大气水、土壤水、海洋水、湖泊水、冰川水等。狭义的水资源是指人类在一定技术条件下能够利用的淡水资源，包括地表水和地下水。水资源虽然在地球上占有很大比重，但是可以被人类利用的淡水资源不到地球总水量的1%，近些年全球经济快速发展，人类消耗速度远远超过淡水资源再生速度，造成中国淡水资源供应紧张，因此本书对淡水资源耗减价值量核算显得非常重要。对于水资源价格，国内外并无统一的定价理论和方法，常用的估价方法有：经验法、补偿价格法、替代价格法等。这些估价方法都各有其优点，但也有一定的局限性，根据本书研究目的，在水资源价格核算方法选择上采用由亚行和世行建议使用的国际通用经验法[150]，此种方法比较容易操作，核算方法的具体公式如下：

$$P_水 = P_W - P_M$$

$$P_W = \frac{\sum P_i Q_i}{Q}$$

$$P_i = \frac{F_i}{Q_i} \alpha_i \qquad (4-3)$$

式中，$P_水$ 为水资源核算价格；P_W 为消费者的水资源意愿支付价格；P_M 为供水系统的边际成本；P_i 为第 i 用水行业消费者意愿支付价格；F_i 为第 i 用水行业生产者创造的产值；Q_i 为第 i 用水行业用水量；$Q = \sum Q_i$ 为总耗水量；α_i 为第 i 用水行业消费者支付意愿系数，亚行和世行建议采用1%~3%。

1. 水资源意愿支付价格 P_W

结合该地区人均水资源量（$\overline{Q}$，m^3／人）以及经验法，支付意愿系数 α_i 推算公式[151]具体如下：

$$\left\{\begin{array}{l} 当\ \overline{Q} \in (500,\ 3000)\ 时,\ \alpha_i = 0.03 - (\dfrac{\overline{Q} - 500}{125000}) \\[2mm] 当\ \overline{Q} \leqslant 500\ 时,\ \alpha_i = 0.03 \\[2mm] 当\ \overline{Q} \geqslant 3000\ 时,\ \alpha_i = 0.01 \end{array}\right\} \qquad (4-4)$$

当地区人均水资源量 $\overline{Q} \geqslant 3000m^3/$人时,该地区属于不缺水状态;当地区人均水资源量 $500m^3/$人 $< \overline{Q} < 3000m^3/$人时,该地区属于缺水状态;当地区人均水资源量 $\overline{Q} \leqslant 500m^3/$人时,该地区属于极度缺水。通过公式4-4可以求得支付意愿系数 α_i,将 α_i 代入公式4-3中就可得到水资源意愿支付价格 P_W。

2. 供水系统的边际成本 P_M

供水系统边际成本是指增加单位水量所引起的总供水成本的增加量,公式如下:

$$P_M = \frac{\int_0^Q f(P,\ Q)\ dQ}{Q} \qquad (4-5)$$

式中,$f(P,\ Q)$ 为边际总成本函数。

由于边际总成本函数计算比较困难,可以采用《水利工程成本费用计算规范》中的公式4-6替代。

$$P_M = \left[K \cdot \frac{(1+i)^n \cdot i}{(1+i)^n - 1} + U + X \cdot i\right]/Q \qquad (4-6)$$

式中,P_M 为单位水的边际成本;K 为供水系统相关项目的总投资量;X 为供水系统流动资金占用量;Q 为供水系统的年供水量;U 为供水系统年运行费用;n 为供水系统寿命时间,一般为 50 年;i 为国内社会折现率,一般为 0.12。

3. 水资源耗减价值量 $C_水$ 核算方法

通过消费者的水资源意愿支付价格 P_W 和供水系统的边际成本 P_M,可以求得出水资源价格 $P_水$。通过中国相关统计年鉴可获得水资源期初存量和期末存量,求出水资源变化量,即水资源耗减量 $Q_水$。最后,由水资源单位价格和水资源耗减量最终核算出水资源耗减价值量。水资源耗减价值量 $C_水$ 核算表达式为:

$$C_水 = P_水 \cdot Q_水 \tag{4-7}$$

（二）能源资源耗减价值量核算方法

在目前进行的绿色 GDP 对能源资源的核算中，国内外学者大多数只对煤、石油、天然气进行核算。由于科学技术等原因，能源资源的存量很难准确探测，所以相关的统计数据只有每年能源资源流量数据。因此本书在进行能源资源核算过程中也只对每年的流量数据进行核算。

1. 能源资源价格 $P_能$ 核算方法

对于能源资源价格的核算方法也有很多种，例如市场价格法、影子价格法、净现值法、净价格法等方法。根据数据的可获得性以及借鉴前人的研究成果，本书采用净现值法核算能源资源价格。

净现值法认为自然资源具有内在价值，能源资源内在价值就是其单位能源出售价格与各项成本（开采成本、运输成本等）相减后的价值。如果在若干年后才能探测开采的能源资源，那么就应该根据现在距离开采时间进行贴现。现在距离开采时间的各年的贴现值总和就是能源资源价格[152]。净现值法公式如下：

$$P_能 = \sum_{i=0}^{T} \frac{A_t - C_t - R_t}{(1+r)^t} \tag{4-8}$$

式中，$P_能$ 为能源资源价格；T 为预计开采年限；A_t 为第 t 年销售额；C_t 为第 t 年预期生产成本；R_t 为第 t 年投资资本的正常回报；r 为收益率或折现率。

2. 能源资源耗减价值量 $C_能$ 核算方法

通过能源资源价格 $P_能$ 以及中国相关统计年鉴可获得能源资源耗减变化量 $Q_能$，最终可以核算出能源资源耗减价值量 $C_能$。能源资源耗减价值量核算表达式为：

$$C_能 = P_能 \cdot Q_能 \tag{4-9}$$

（三）耕地资源耗减价值量核算方法

土地资源可以分为耕地、牧地、林地、建设用地、水域和未利用地六种土地利用类型。本书研究土地资源耗减价值量核算时需说明两点：一是林地资源价值量核算纳入森林资源耗减价值量核算账户中；二是由于牧地、建设用地、水域及未利用地四种土地利用类型的基础数据在各种统计年鉴及公报中很难获取，市场价格更是难以核算，因此仅以耕地资源耗减价值量核算代替土地资源耗减价值量核算。

1. 耕地资源价格 $P_{耕}$ 核算方法

耕地资源价格常用的核算方法有恢复费用法、收益还原法、置换成本法、市场比较法、地价比照法、收益倍数法以及成本逼近法等方法。根据数据可获得性和比较各种方法的优劣，本书以研究问题为出发点最终采用影子工程法核算耕地资源价格。

耕地面积由于荒漠化、水土流失、国民经济建设占用、自然灾害等导致耕地面积减少而造成的价值损失难以计算，那么耕地的经济成本就可以通过一个假想的替代性资源来计量。本书设想的替代性资源就是假设减少的耕地面积，如果继续耕种，其生产的农产品价值替代耕地减少的价值，并由此可以计量出单位耕地面积的价格。此种方法便是影子工程法。核算公式如下：

$$P_{耕} = V_{耕} / V_{总耕}$$

(4-10)

式中，$P_{耕}$ 为耕地资源价格；$V_{耕}$ 为农产品总价格；$Q_{总耕}$ 为耕地总面积。

2. 耕地资源耗减价值量 $C_{耕}$ 核算方法

通过耕地资源价格 $P_{耕}$ 以及中国相关统计年鉴可获得耕地资源期初存量和期末存量，求出耕地资源变化量 $Q_{耕}$，最终可以核算出耕地资源耗减价值量 $C_{耕}$。耕地资源耗减价值量核算表达式为：

$$C_{耕} = P_{耕} \cdot Q_{耕}$$

(4-11)

（四）森林资源耗减价值量核算方法

1. 森林资源价格 $P_{森}$ 核算方法

本书核算森林资源耗减价值量包括林地资源耗减价值量和林木资源耗减价值量。林地资源价格核算方法采用《国有资产管理办法》和《森林资产评估技术规范（试行）》中常用收益现值法和市场价格法进行估算。林木资源价格核算由于可以按照用途、树种、树龄等不同方式分类，因此核算方法存在差异，也比较复杂。确定林木资源的经济价值通常需要考虑以下几方面因素：（1）林木资源无论是天然林还是人工林都需要人工的维护和管理，所以林木资源经济价值应该包括投入的劳动成本。（2）林木资源砍伐后是可再生资源，但同时又是稀缺资源，因此林木资源再生产的劳动量是确定其经济价值的基础。（3）林木资源的再生产周期长，投入资金占用时间也长，所以还应考虑资金的时间价值。（4）影响林木资源经济价值还应考虑社会平均资金利润、税金、生产损失等因素[150]。根据林木资源制定价格所需考虑的因素，采用成本费用法对林木资源价格进行核算。核算公式为：

$$P_{林木} = \frac{F\sum_{t=1}^{n}(1+L)^{(n-1)}(1+R)}{V(1-S)(1-C)} \tag{4-12}$$

式中，$P_{林木}$ 为林木资源价格；F 为年度营林成本；L 为自然生长率；R 为利润率；V 为单位面积蓄积量；S 为林木损失率；C 为税率；n 为林木生长年限；t 为时间点。

2. 森林资源耗减价值量 $C_{森}$ 核算方法

首先采用核算方法确定林木资源价格 $P_{林木}$ 和林地资源价格 $P_{林地}$；其次通过《中国环境统计年鉴》可获得林木资源期初存量和期末存量，计算得出林木资源变化量 $Q_{林木}$，以及各地区当年林地资源变化量 $Q_{林地}$，最后可以核算出林木资源耗减价值量 $C_{林木}$ 和林地资源耗减价值量 $C_{林地}$。森林资源耗减价值量 $C_{森}$ 核算表达式为：

$$C_{森} = C_{林木} + C_{林地} = P_{林木} \cdot Q_{林木} + P_{林地} \cdot Q_{林地} \tag{4-13}$$

（五）渔业资源耗减价值量核算方法

天然渔业资源是指非人工养殖的自然渔业资源，包括海水渔业和淡水渔业。近年来，中国渔业产值在国内生产总值中呈现上升趋势，随着捕捞量的增大，渔业资源也出现紧张状态。因此，中国绿色 GDP 核算中应该将渔业资源耗减纳入核算模型中。本书渔业资源耗减价值量核算包括海洋捕捞和淡水捕捞的耗减价值量，无论是海水鱼还是淡水鱼都可以进行市场交易，容易获得渔业资源市场价格。因此本书采用市场价格法来核算渔业资源的价值。渔业资源耗减价值量核算表达式如下所示：

$$C_{渔} = \sum_{i=1}^{n} P_{渔i} \cdot Q_{渔i} \tag{4-14}$$

式中，$C_{渔}$ 为渔业资源耗减价值量；$P_{渔}$ 为鱼的市场价格；$Q_{渔}$ 为鱼的捕捞量；i 为鱼的种类，共计有 n 种。

二、环境污染治理损失价值量核算方法

生产生活活动产生的废弃物直接排放到环境中，会对环境产生污染。为了核算这些有害废弃物对环境污染直接经济损失价值，一般采取两种核算方式：一是环境污染实际治理损失价值量核算。也就是政府、企业为了改善生态环境而进行的投入，主要包括各个地区在进行环境污染治理时所实际投入的资金总额。包括城镇环境基础设施建设投资、工业污染源治理投资以及建设项目"三同时"环保投资。这部分实际治理投资在传统 GDP 中已有统计，可以从统计年鉴中直接获得。二是环境污染虚拟治理损失价值量核算。本书采用恢复费用法进行核算，也就是核算将环境恢复到未受污染时的状态所需要的虚拟治理费用。根据中国实际情况，依照国家颁布的"使环境质量达到国家环境标准所需的治理费"，核算废弃物对环境造成的损失价值。由此可知，本书中核算的虚拟治理费用远小于废弃物实际对环境的污染。无论是实际治理损失价值量还是虚拟治理损失价值量都属于环保支出，都不应计入国内生产总值之中，而是对环境的一种补偿。

核算方法表达式为：

$$C_{环治} = C_{环实} + C_{环虚} = \sum_{j=1}^{3} C_j + \sum_{j=1}^{m} Q_i \ (1-r_i) \ \cdot X_i \qquad (4-15)$$

式中，$C_{环治}$ 为环境污染治理损失价值量；$C_{环实}$ 为环境污染实际治理损失价值量；$C_{环虚}$ 为环境污染虚拟治理损失价值量；C_j 为第 j 种环境污染实际治理投资价值；j 为实际治理投资种类（包括：城镇环境基础设施建设投资、工业污染源治理投资、建设项目"三同时"环保投资）；Q_i 为第 i 种环境污染物产生量；r_i 为第 i 种环境污染物的处理率；$Q_i(1-r_i)$ 为第 i 中环境污染物的排放量；X_i 为第 i 种废弃物单位治理成本；i 为环境污染物种类，共有 m 种环境污染物。

目前现有统计年鉴提供的数据主要包括废气、废水和固体废弃物（简称固废）。因此，本书在核算绿色 GDP 环境污染虚拟治理损失价值量中只核算这三种环境污染物。

三、环境污染退化损失价值量核算方法

人类生产生活产生的废弃物排放到环境中不仅对环境产生直接的经济损失，而且还可以通过废弃物污染引起环境质量退化，并进一步损害人类生产和生活活动，从而带来各种各样间接的经济损失。环境污染退化损失价值量核算内容涉及多方面，本书借鉴前人核算的研究内容以及数据可获得性，主要核算三个部分：一是环境质量降级所导致的固定资产加速折旧损失价值量 $C_{固}$；二是环境污染对人体健康造成的损失价值量 $C_{健}$；三是自然灾害造成损失价值量 $C_{灾}$。这三部分的损失价值量类似于环保支出，不应纳入国民经济生产总值核算之中，应该给予扣除。由此，环境污染退化损失价值量 $C_{环退}$ 核算表达式为：

$$C_{环退} = C_{固} + C_{健} + C_{灾} \tag{4-16}$$

（一）固定资产加速折旧损失价值量核算方法

在环境污染超过一定的范围时，就会对各种固定资产（如机器设备、仪器、各种建筑物等）造成不同程度的损坏，从而导致固定资产使用寿命缩短、加速固定资产折旧、增加维修成本。这些都是环境质量降级所造成的固定资产经济价值损失。对环境污染造成的固定资产加速折旧损失价值量核算，一般采用市场价值法。其核算方法公式如下：

$$C_{固} = \sum P_i \left(K_{ij} - K_{io} \right) + \sum R_i \left(D_{ij} - D_{io} \right) \tag{4-17}$$

式中，$C_{固}$ 为固定资产加速折旧损失价值量；P_i 为第 i 种固定资产的总价值；K_{ij} 为第 i 种固定资产受第 j 种废弃物污染影响下的折旧率；K_{io} 为第 i 种固定资产正常折旧率；R_i 为第 i 种固定资产维修所需要的人力、物力的市场价格；D_{ij} 为第 i 种固定资产受 j 种废弃物污染影响下所需要的人力、物力总量；D_{io} 为第 i 种固定资产正常情况下维修所需要的人力、物力总量；i 为固定资产种类；j 为污染环境的废弃物种类。

对固定资产加速折旧损失价值量实际核算中，一方面当某种固定资产受到环境污染加速损坏时，并不能明确划分出到底是哪种环境污染废弃物引起，也不能具体确定废弃物对固定资产加速折旧损害的程度大小；另一方面中国统计数据中没有对各种固定资产受损的具体资料，因此很难用公式 4-17 核算

出其损失价值量。

国内学者一般均采用徐衡等提出的维持费用法核算,该方法认为5.5%的工业总产值费用 $W_工$ 用于固定资产设备总维修开支,因环境污染退化导致的固定资产加速折旧的损失价值 $C_固$ 占固定资产设备总维修开支的比例为5.2%[153],核算表达式为:

$$C_固 = W_工 \cdot 5.5\% \cdot 5.2\% \tag{4-18}$$

（二）人体健康损失价值量核算方法

人体健康损失价值量核算方法主要采用污染物损害的暴露—反应关系,即污染物危害程度与暴露人群因环境污染而产生损害的数量关系,使暴露人群出现损害的环境污染物浓度被称为污染物阈值[154]。

环境污染对人体健康产生损害的污染因子主要是二氧化硫、氮氧化合物和可吸入颗粒物（PM2.5和PM10）。流行病学调查资料表明,环境污染会引起慢性下呼吸道感染（如哮喘、肺气肿）、肺炎（包括儿童支气管肺炎）、肺恶性肿瘤、胸部不适等人体健康损害,并且随着达到阈值后污染物浓度增加而使人体健康损害增大。对于环境污染物浓度阈值,本书采用世界卫生组织（WHO）规定的标准作为核算人体健康损失价值量[155]。

环境污染物浓度阈值见表4-1。

表4-1 对人体健康产生损害的环境污染因子浓度阈值

环境污染因子类型	浓度阈值
SO_2	20
NO_X	40
PM2.2	10
PM10	20

资料来源:根据参考文献152整理

核算环境污染对人体健康造成的损失价值量,本书拟按以下步骤进行。

1. 确定污染物浓度与人体健康损害程度关系。常用的研究方法有环境污染物对人体健康产生长期效应的队列研究法及生态学研究法,产生短期效应的时间序列法以及 Meta 分析法[154,156]。本书借鉴 Ostro[157]（2004）和王佳[156]（2016）的研究方法,确定污染物浓度与人体健康损害终端效应的相关关系,从而为构建人体健康损失价值量核算方法奠定基础。

线性关系：$H = \dfrac{e^{(\alpha+\beta\gamma)}}{e^{(\alpha+\beta\gamma_0)}} = e^{\beta(\gamma-\gamma_0)}$ （4-19）

对数线性关系：$H = \dfrac{e^{(\alpha+\beta\ln\gamma)}}{e^{(\alpha+\beta\ln\gamma_0)}} = e^{\beta(\ln\gamma-\ln\gamma_0)} = \beta e^{\ln(\gamma/\gamma_0)} = \beta^{(\gamma/\gamma_0)}$ （4-20）

为了防止出现 $\gamma_0 = 0$ 的情形，在公式 4-20 中分子、分母都加 1，则为：

$$H = \beta^{(\gamma+1/\gamma_0+1)}$$ （4-21）

式中，H 为相应污染物浓度下暴露人群健康损害程度；γ_0 为污染物浓度阈值；γ 为污染物当前浓度；β 为污染物浓度与人体健康损害终端效应的关系。

2. 确定污染物损害的暴露—反应关系 β。受到环境污染导致医院门诊人数、住院人数、呼吸系统、肺病死亡人数数据统计困难，所以本书参考可持续发展指标体系课题组[158]（2009）提出的可吸入颗粒物暴露—反应关系（见表 4-2），以及借鉴王佳[156]（2016）将 SO_2 和 NO_x 两者酸性气体污染因子列为一体综合考虑的暴露—反应关系（见表 4-3），分别应用于对人体健康损失价值量核算之中。

表 4-2　人体健康损失价值量核算中可吸入颗粒物暴露—反应关系

污染物浓度变化	对人体健康的影响	（PM2.5 和 PM10）暴露—反应关系（β）
浓度超过阈值	过早死亡	死亡率的变化率＝0.096＊污染物超标值＊正常死亡率
	肺炎（包括儿童支气管肺炎）	每年每百万人的变化率＝61.2＊污染物超标值
	慢性下呼吸道感染	每年每百万人的变化率＝23＊污染物超标值
	上呼吸道症状	每年每百万人的变化率＝183＊污染物超标值
	肺恶性肿瘤	每年每百万人的变化率＝0.4729＊污染物超标值

资料来源：根据参考文献 151、153 整理

表 4-3　人体健康损失价值量核算中酸性污染物暴露—反应关系

污染物浓度变化	对人体健康的影响	（SO_2和NO_X）暴露—反应关系（β）
浓度超过阈值	过早死亡	死亡率的变化率 = 0.048 * 污染物超标值 * 正常死亡率
	上呼吸道症状	每年每百万人的变化率 = 18.1 * 污染物超标值
	胸部不适	每年每百万人的变化率 = 100 * 污染物超标值

资料来源：根据参考文献 151、153 整理

3. 构建人体健康损失价值量核算方法。人体健康损失价值量 $C_健$ 核算主要包括五方面：过早死亡损失价值量 $C_过$，肺炎（包括儿童支气管炎）损失价值量 $C_肺$，慢性下呼吸道疾病损失价值量 $C_慢$，恶性肿瘤损失价值量 $C_恶$，微小病症（主要包括上呼吸道症状和胸部不适）损失价值量 $C_微$。人体健康损失价值量核算表达式为：

$$C_健 = C_过 + C_肺 + C_慢 + C_恶 + C_微 \tag{4-22}$$

废弃物排放导致环境污染浓度超过阈值后对人体健康产生损害，严重甚至会使工作和生活能力丧失或早逝，从而影响经济生产，所以过早死亡损失价值量采用人力资本法核算是比较合理的。所以本书在核算过早死亡损失价值量采用了修正人力资本法，在核算其他损失价值量采用医疗费用法。

修正人力资本法是在传统人力资本法基础上发展而来的。传统人力资本法是用收入的损失去估价由于环境污染引起的过早死亡成本。根据边际劳动生产力理论，人失去寿命或工作时间的价值等于这段时间中个人劳动的价值，也称为预期收入现值，这种预期收入现值就可作为过早死亡的损失价值[159]。但近几年研究发现，传统人力资本法核算具有一定局限性，因为不同的人由于学历、经历等差异其个体价值不同，即便同一个人不同年龄段价值也不相同。为了避免这一不足，本书采用修正人力资本法进行人体健康损失价值量核算，也就是将人均 GDP 作为个体人一年的损失价值，而不去考虑个体人之间的差异。修正人力资本法公式为：

$$HR_修 = GDP_0 \sum_{i=1}^{t} \frac{(1+\alpha)^i}{(1+\gamma)^i} \tag{4-23}$$

式中，$HR_修$ 为运用修正人力资本法核算的人力资本损失价值；GDP_0 为基

准年的人均 GDP；t 为人均损失寿命；根据卫生统计疾病类别死亡率及人口普查数据得出的呼吸系统疾病死亡率为近似 17 年，以及王佳[156]（2016）采用修正人力资本法中人均损失寿命为 18 年，本书最终确定 $t=18$ 年作为人均损失寿命；α 为人均 GDP 年增长率。根据近十年 GDP 年增长率，本书确定 $\alpha=7\%$；γ 为社会贴现率，本书采用王佳[156]（2016）确定的 $\gamma=6\%$。因此，修正人力资本法公式具体为：

$$HR_{修} = GDP_0 \sum_{i=1}^{18} \frac{(1+7\%)^i}{(1+6\%)^i} \tag{4-24}$$

① 过早死亡损失价值量核算方法。计算公式为：

$$C_{过} = Q_{过} \cdot HR_{修} \tag{4-25}$$

式中，$C_{过}$ 为过早死亡损失价值量；$Q_{过}$ 为因环境污染导致的过早死亡人数；$HR_{修}$ 为修正人力资本损失。

② 肺炎（包括儿童支气管炎）损失价值量核算方法。计算公式为：

$$C_{肺} = Q_{肺} \cdot P_{肺} + Q_{肺} \cdot T_{肺} \cdot GDP_0/365 \tag{4-26}$$

式中，$C_{肺}$ 为肺炎（儿童支气管炎）损失价值量；$Q_{肺}$ 为因环境污染导致的肺炎（包括儿童支气管炎）患病人数，$P_{肺}$ 为肺炎（包括儿童支气管炎）的人均医疗费；$T_{肺}$ 为肺炎（包括儿童支气管炎）的人均住院时间；GDP_0 为当年的人均工资；这里取当年该地区人均 GDP 做代替。

③ 慢性下呼吸道疾病损失价值量核算方法。计算公式为：

$$C_{慢} = Q_{慢} \cdot P_{慢} + Q_{慢} \cdot T_{慢} \cdot GDP_0/365 \tag{4-27}$$

式中，$C_{慢}$ 为慢性下呼吸道疾病损失价值量；$Q_{慢}$ 为因环境污染导致的慢性下呼吸道疾病患病人数；$P_{慢}$ 为慢性下呼吸道疾病的人均医疗费用；$T_{慢}$ 为慢性下呼吸道疾病的人均住院时间；GDP_0 为当年的人均工资，这里取当年该地区人均 GDP 做代替。

④ 恶性肿瘤损失价值量核算方法。计算公式为：

$$C_{恶} = Q_{恶} \cdot P_{恶} + Q_{恶} \cdot T_{恶} \cdot GDP_0/365 \tag{4-28}$$

式中，$C_{恶}$ 为恶性肿瘤损失价值量；$Q_{恶}$ 为因环境污染导致的恶性肿瘤患病人数；$P_{恶}$ 为恶性肿瘤的人均医疗费用；$T_{恶}$ 为恶性肿瘤的人均住院时间；GDP_0

为当年的人均工资，这里取当年该地区人均 GDP 做代替。

⑤ 微小病症损失价值量核算方法。计算公式为：

$$C_{微} = \sum_{i=1}^{2} Q_i \cdot P_{微} \tag{4-29}$$

式中，$C_{微}$ 为微小病症损失价值量；Q_i 为因环境污染导致的微小病症患病人数，其中 $i = 1$，2 表示上呼吸道症状和胸部不适两种疾病；$P_{微}$ 为上呼吸道症状和胸部不适平均医疗费用（微小病症的医疗费用主要以门诊费用为主）。

（三）自然灾害损失价值量核算方法

自然灾害的发生与人类社会经济发展有着密不可分的关系。本书将自然灾害损失价值量纳入中国绿色 GDP 核算之中主要有三方面原因：一是人类活动导致生态环境破坏，资源耗减、环境质量降级引发各类灾害产生的直接经济损失，应该从国内生产总值中扣除。二是自然变异导致发生的自然灾害，其最大的危害就是严重破坏资源与生态环境，从而导致资源环境价值损失，政府需对受灾地区进行灾害救护，这项支出被纳入国民经济核算之中，造成传统 GDP 数值虚拟增加。三是为了防止自然灾害的发生，政府出资进行防护性基础建设投资，这部分投资与生产性产出无关，也不应计入国民经济核算中。所以自然灾害损失价值量核算应该纳入环境污染退化损失价值量核算之中，从传统 GDP 中扣除。这部分损失价值在传统 GDP 中已有统计，可以从统计年鉴中直接获得。本书对自然灾害损失价值量 $C_{灾害}$ 核算主要包括森林火灾损失价值量 $C_{森林}$、地质灾害损失价值量 $C_{地质}$、地震灾害损失价值量 $C_{地震}$、旱灾损失价值量 $C_{旱灾}$ 和海洋灾害损失价值量 $C_{海洋}$。

自然灾害损失价值量核算具体表达式为：

$$C_{灾害} = C_{森林} + C_{地质} + C_{地震} + C_{旱灾} + C_{海洋} \tag{4-30}$$

第三节　基于 SEEA 中国区域绿色经济核算

本章选取 2007—2016 年为研究时间跨度，对中国 31 省份绿色 GDP 进行核算。相关原始数据来源于《中国统计年鉴》《中国渔业统计年鉴》《中国环境统计年鉴》《中国卫生健康统计年鉴》《中国价格统计年鉴》《中国国土资源统计年鉴》等年鉴，以及各省市的统计年鉴、统计公报。依据上文中的核算方法分别对自然资源耗减、环境污染治理、环境污染退化三种类型的损失价值量进行核算。

一、自然资源耗减价值量核算

根据上文的研究，对自然资源耗减价值量核算应分为两个步骤，首先对自然资源（水、能源、耕地、森林和渔业）的实物量核算，包括当年实物期初存量、实物期末存量以及实物变化量；然后采用上文 4.2.1 中的核算方法把自然资源的实物变化量数值转换成价值量，目的是得到自然资源当年耗减价值量，进而对中国 31 省份绿色 GDP 进行核算。

（一）水资源耗减价值量核算

水资源属于可再生资源，可以通过地下水循环、自然降水以及外来河流等作用下再生或恢复到以前的数量。但中国在总体范围上仍然是一个淡水资源短缺的国家，人均淡水资源仅为世界水平的 1/4，部分省份用水问题日益突出。通过对《中国环境统计年鉴》《中国统计年鉴》和各地区统计公报数据进行整理，可得到 2007—2016 年中国 31 省份水资源耗减实物量，然后采用水资源核算方法进行价值量核算。各用水行业用水量数据不易获得，并且本书是以省份区域整体为研究对象，故借鉴沈晓艳等（2017）[160]将上文核算公式变化为：

$$P_i = \frac{F_i}{Q_i} \cdot \alpha_i \tag{4-31}$$

式中，P_i 为第 i 地区当年水价格；F_i 为第 i 地区当年生产总值；Q_i 为第 i 地区当年总的水资源耗减量；α_i 为第 i 地区当年消费者支付意愿系数。具体核算结果见表4-4。

表4-4 2007—2016 年中国31 省份水资源耗减价值量（单位：亿元）

	2007	2008	2009	2010	2011	2012	2013	2014	2015	2016
北京	-14.8	-98.8	126.9	-14.9	-50.4	-189.8	239.9	76.8	-117.5	-164.7
天津	-8.1	-63.1	29.5	74.3	-91.0	-293.0	333.1	62.6	-27.0	-120.3

续表

	2007	2008	2009	2010	2011	2012	2013	2014	2015	2016
河北	−25.1	−101.5	53.0	7.1	−68.6	−319.6	265.8	319.1	−138.0	−385.7
山西	−45.8	61.7	6.4	−25.1	−148.8	89.6	−105.0	83.6	88.5	−207.9
内蒙古	99.4	−114.1	39.2	−14.3	−48.5	−138.2	−415.1	692.2	1.3	215.1
辽宁	−0.8	−11.9	303.8	−1279.8	1372.7	−1059.6	411.6	1921.7	−202.2	−700.6
吉林	9.5	21.0	56.3	−392.1	740.9	−274.0	−238.1	785.2	−64.9	−346.8
黑龙江	136.5	20.3	−190.6	70.2	166.9	−132.9	−230.7	280.7	93.8	−21.0
上海	−21.4	−8.8	−16.5	19.4	74.5	−68.9	31.3	−127.5	−123.4	25.0
江苏	−122.4	196.0	−41.8	37.8	−278.8	349.8	279.1	−382.2	−628.2	−568.4
浙江	20.1	75.3	−172.9	−837.6	2455.3	−1576.0	1996.7	−733.6	−863.1	327.4
安徽	−103.3	10.9	−28.5	−174.3	431.5	−142.9	196.4	−350.5	−227.8	−496.3
福建	258.2	21.5	233.5	−620.1	1275.4	−725.2	383.9	−79.2	−137.2	−1193.1
江西	173.0	−72.4	77.2	−437.0	851.0	−606.9	408.4	−125.9	−251.3	−165.8
山东	−661.5	246.5	202.2	−127.7	−233.8	495.8	−132.3	1191.0	−177.6	−494.9
河南	−308.6	223.0	106.3	−624.5	729.6	232.6	210.3	−352.1	−18.9	−267.3
湖北	−267.4	−15.4	215.7	−400.0	793.1	−95.2	46.7	−252.5	−199.4	−759.9
湖南	160.3	−86.1	133.2	−261.9	953.8	−580.8	452.3	−222.1	−118.4	−264.8
广东	894.8	−768.7	1038.0	−697.2	1376.3	−1306.7	−565.6	1764.3	−694.6	−1561.9
广西	98.6	−202.9	204.2	−107.7	196.1	−317.2	14.1	33.8	−248.5	160.7
海南	−15.0	−43.5	−22.9	0.4	−2.4	75.5	−101.4	92.3	247.5	−262.7
重庆	−258.4	106.6	196.3	−16.2	−114.9	109.0	8.4	−501.0	810.3	−614.1
四川	−244.6	−115.3	111.3	−181.5	354.9	−633.9	459.4	−105.3	468.0	−166.9
贵州	−81.6	−30.1	133.2	−25.7	384.9	−274.4	313.1	−441.2	64.0	102.9
云南	−173.0	−21.9	298.3	−178.4	279.4	−142.3	−13.4	−17.1	−131.8	−213.7
西藏	−15.3	−25.1	76.0	−81.3	37.2	48.5	−59.0	−0.2	187.7	−292.2
陕西	−185.9	172.0	−274.1	−255.4	−290.9	901.7	176.5	11.5	96.9	374.1
甘肃	−26.3	30.2	−16.7	−5.7	−29.1	−29.2	−2.5	111.4	55.4	−6.3
青海	−23.7	1.0	−89.1	67.6	4.3	−112.0	187.8	−129.9	184.5	−22.8
宁夏	0.1	0.6	0.4	−0.6	0.4	−2.0	−0.6	1.5	1.1	−0.6
新疆	6.1	3.8	4.9	−36.5	28.7	−1.9	−8.0	36.5	−32.9	−27.8

注：正值为当年水资源耗减价值量，负值为当年水资源增加价值量

通过表4-4可以看出，在本书研究期内有不少省份年度水资源耗减价值量远大于自然补给价值量，如陕西、辽宁、浙江、甘肃、宁夏、山东等。通过上表还可知在中国31个省份区域内有些省份属于缺水严重，并且在研究期内仍然处于消耗大于补给阶段，如甘肃、宁夏、陕西、山东等。有些省份虽然缺水严重，但在研究期内水资源耗减价值量没有超过自然补给价值量，能够在一定程度上缓解水资源不足的压力，如北京、天津、上海等。有些省份水资源储量比较丰富，但人口和产业高度密集，水资源耗减价值量远大于自然补给价值量，如浙江等。水资源储量少且生产耗减量大的省份亟须加快水资源集约型道路进程，对水资源进行更进一步的优化配置。

（二）能源资源耗减价值量核算

能源是人类生产生活的物质基础，随着经济快速发展，人民生活水平的提高，能源需求量持续上涨，能源供给矛盾日益凸显。中国部分地区虽然能源资源丰富，但能源资源的不可再生性决定社会经济发展必须走能源可持续发展之路。在目前对能源资源耗减价值量核算中，国内学者普遍采用雷明[161]（2000）核算的煤、石油、天然气三种主要能源资源恢复费用作为标准，但未能涵盖中国能源其他品种统计数据。本书在能源资源核算时，首先根据《中国能源统计年鉴》可以获得分地区分品种能源年度消耗量，并按照国家标准《各种能源折标准煤参考系数》统一折算成标准煤。能源资源价格采用已有研究成果中净现值法核算的2004年标准煤平均价格1133元/吨[160,162]，并通过《中国价格统计年鉴》中能源价格指数进行修正得到历年标准煤平均价格。具体核算结果见表4-5。

表4-5　2007—2016年中国31省份能源资源耗减价值量（单位：亿元）

	2007	2008	2009	2010	2011	2012	2013	2014	2015	2016
北京	955.8	1162.3	1076.6	1325.2	1477.0	1529.3	1383.9	1365.1	1214.7	1179.8
天津	751.7	985.4	962.5	1299.3	1604.3	1748.7	1622.2	1627.7	1464.1	1397.2
河北	3586.6	4468.0	4165.2	5246.6	6228.5	6444.8	6105.1	5859.3	5210.5	5048.8
山西	2372.4	2879.5	2552.3	3203.1	3867.2	4119.6	4067.0	3969.4	3435.9	3287.7
内蒙古	1943.0	2590.2	2514.3	3205.4	3956.3	4215.4	3638.9	3658.9	3354.9	3297.1
辽宁	2515.8	3270.0	3131.7	3991.9	4795.7	5012.2	4470.4	4357.1	3840.6	3563.9

续表

	2007	2008	2009	2010	2011	2012	2013	2014	2015	2016
吉林	997.1	1326.5	1261.4	1581.2	1922.1	2011.8	1779.2	1710.6	1443.2	1358.0
黑龙江	1426.0	1833.1	1715.1	2140.9	2558.9	2718.1	2439.4	2389.1	2149.4	2080.9
上海	1470.5	1875.0	1698.7	2134.6	2379.7	2420.7	2335.1	2215.2	2018.4	1984.7
江苏	3185.6	4084.0	3885.0	4911.8	5825.4	6146.5	6010.6	5967.8	5359.4	5262.3
浙江	2208.7	2775.2	2550.8	3214.0	3764.2	3851.1	3836.3	3762.2	3476.0	3435.9
安徽	1176.9	1529.3	1457.7	1849.9	2231.9	2419.8	2407.1	2400.3	2185.9	2151.3
福建	1153.8	1516.3	1461.0	1869.3	2249.4	2383.0	2303.0	2420.1	2159.0	2094.2
江西	768.4	988.9	952.5	1211.1	1462.9	1541.0	1560.6	1609.7	1496.0	1482.2
山东	4436.9	5615.7	5312.3	6633.4	7840.5	8287.5	7277.0	7296.3	6726.0	6561.9
河南	2712.6	3485.9	3236.4	4085.4	4869.6	5038.0	4509.0	4574.3	4105.4	3917.4
湖北	1846.6	2359.6	2246.2	2884.8	3500.7	3765.7	3231.8	3261.4	2907.7	2855.4
湖南	1768.4	2269.6	2184.4	2835.7	3412.4	3567.3	3070.4	3060.9	2742.0	2678.1
广东	3378.5	4312.5	4039.8	5127.9	6013.6	6209.2	5861.4	5913.8	5343.4	5294.0
广西	912.0	1193.5	1159.3	1509.1	1814.0	1950.5	1872.9	1901.5	1730.2	1710.2
海南	160.7	208.5	202.0	259.0	338.1	359.6	354.0	363.7	343.5	339.9
重庆	904.4	1188.9	1151.9	1497.1	1856.4	1976.7	1656.5	1717.2	1583.6	1559.7
四川	2161.5	2782.1	2674.5	3409.7	4158.8	4383.5	3954.0	3972.6	3525.3	3450.5
贵州	1034.1	1301.3	1239.8	1557.9	1914.7	2104.5	1913.8	1940.2	1763.4	1733.0
云南	1084.7	1379.8	1316.1	1653.0	2014.4	2223.0	2072.9	2089.3	1835.9	1805.7
西藏	—	—	—	—	—	—	—	—	—	—
陕西	1030.3	1362.5	1318.1	1692.6	2061.0	2263.9	2183.6	2242.6	2076.7	2053.8
甘肃	776.9	982.1	898.3	1128.7	1371.6	1492.8	1499.7	1503.0	1333.5	1242.8
青海	318.6	418.7	384.7	489.4	673.4	750.8	775.5	797.8	732.8	696.6
宁夏	467.9	593.2	555.2	701.5	911.3	971.9	984.0	988.4	958.1	947.6
新疆	1000.0	1298.6	1233.2	1579.8	2096.1	2520.6	2805.6	2982.8	2774.4	2762.5

注:"—"代表统计年鉴中数据缺失

从表4-5中可以看出,中国各省份经济生产过程中消耗能源资源是不断快速增加的。从横向各省份区域看,山东、江苏、广东、河北四省在2016年

能源消耗价值量达到 5000 亿元以上，河南、辽宁、四川、浙江、山西、内蒙
古在 2016 年能源消耗价值量也在 3000 亿元以上；从纵向时间上看，在核算
期内，新疆能源消耗增幅最快，2016 年能源消耗价值量是 2007 年的 2.76 倍，
海南、青海、宁夏的能源消耗价值量也都是 2007 年的 2 倍以上；中国整体能
源消耗价值量在 2007 年是 48506 亿元，到 2016 年增长到 77233 亿元，年增长
率为 5.3%。通过这些数据表明，中国能源资源耗减价值量是巨大的，经济快
速发展仍然是以牺牲能源资源为代价。

（三）耕地资源耗减价值量核算

根据《土地利用现状分类》（GB/T21010-2007）耕地是指种植农作物的
土地，包括熟地、新开发地、复垦地、整理地以及休闲地。耕地资源是人类
赖以生存的基本资源和条件，中国耕地主要分布在东部地区，而西部耕地面
积比较小且呈零散分布。进入 21 世纪，中国人口数量不断增多、城镇化进程
不断加快等原因导致耕地面积逐渐减少，人民幸福指数不断提高，这就需要
保证耕地的数量和质量才能确保农业可持续发展。耕地资源耗减价值量核算
采用上文核算公式 4-10 计算当年各省份单位耕地面积价格，通过《中国国土
资源统计年鉴》可以获得耕地面积期初存量和期末存量，进而求得各省份当
年耕地面积变化量。具体核算结果见表 4-6。

表 4-6　2007-2016 年中国 31 省份耕地资源耗减价值量（单位：亿元）

地区	2007	2008	2009	2010	2011	2012	2013	2014	2015	2016
北京	55.6	0.3	2.8	-29.0	42.5	0.8	-0.2	0.9	0.4	2.0
天津	10.9	0.7	-1.9	-32.6	46.3	0.8	0.5	0.6	0.2	0.0
河北	147.5	-0.6	-71.7	-491.0	686.7	3.2	3.8	8.3	5.3	2.7
山西	42.6	-0.2	-1.7	-133.2	191.7	0.1	0.5	1.3	-0.5	0.5
内蒙古	91.6	-0.1	-162.6	-180.0	264.2	0.3	-1.7	-4.8	-1.1	-3.0
辽宁	18.4	0.0	-173.3	-226.1	332.7	4.4	3.1	2.8	1.8	1.1
吉林	5.0	0.1	-165.4	-172.1	254.4	1.3	1.3	1.0	0.4	1.0
黑龙江	-5.4	0.8	-307.0	-273.3	451.7	0.5	-3.3	0.8	1.1	0.7
上海	27.1	8.8	42.2	-30.0	41.9	-0.5	0.2	-0.2	-1.4	-0.7
江苏	96.5	0.0	63.7	-447.0	665.8	2.0	2.1	5.4	-0.6	3.1

续表

地区	2007	2008	2009	2010	2011	2012	2013	2014	2015	2016
浙江	79.7	-1.4	-29.1	-207.0	289.5	1.4	0.6	1.3	-1.5	3.0
安徽	44.8	-0.4	-38.6	-306.3	431.7	1.7	-0.6	4.0	-0.3	2.1
福建	52.2	1.7	-7.2	-193.3	284.5	-0.5	-0.3	2.6	0.1	0.0
江西	36.6	-0.1	-61.9	-159.4	229.3	0.6	-1.3	0.7	1.2	0.2
山东	63.2	-3.2	-64.3	-730.1	967.9	5.8	1.3	8.1	6.2	2.5
河南	52.4	-0.1	-91.9	-703.1	908.6	2.5	8.3	12.6	6.8	-2.9
湖北	70.7	-0.2	-187.1	-381.2	580.7	5.4	4.2	10.5	3.5	5.4
湖南	53.8	-0.2	-133.5	-412.9	597.5	-5.2	-2.2	0.3	-0.9	1.2
广东	198.1	8.9	182.8	-372.4	479.2	-11.2	-6.9	-1.5	7.9	10.0
广西	44.5	-0.7	-54.6	-266.5	402.1	2.9	-2.2	4.1	3.9	3.8
海南	10.7	0.0	-1.0	-68.4	102.5	-0.1	0.0	0.8	-0.2	3.1
重庆	0.5	0.7	-43.4	-125.6	185.2	-0.5	-1.7	0.5	10.2	23.2
四川	712.3	0.7	-207.6	-413.9	606.5	1.4	-1.2	1.4	-0.8
贵州	36.4	0.2	-8.5	-117.8	164.8	1.6	0.9	2.3	1.1	3.0
云南	39.3	0.0	-23.4	-184.7	282.7	1.9	1.3	3.6	-0.3	0.2
西藏	0.2	-0.1	-7.2	-9.2	12.4	0.0	0.1	-0.1	-0.1	-0.2
陕西	169.6	-0.2	10.9	-220.1	341.0	1.7	-2.8	-1.3	-0.2	2.9
甘肃	35.9	0.1	-81.6	-150.0	213.8	0.8	1.0	0.2	0.7	0.6
青海	13.2	-0.1	-4.7	-18.4	25.6	0.0	0.1	0.6	-0.7	-0.3
宁夏	16.3	-0.1	-20.6	-38.9	56.3	0.4	0.3	-1.0	-1.0	0.3
新疆	-24.0	-2.0	-175.1	-275.0	354.6	-4.1	-4.2	-3.5	-7.5	-11.4

注：正值为当年耕地资源耗减价值量，负值为当年耕地资源增加价值量

从表4-6核算结果可以看出，中国绝大多数省份耕地资源价值量在这十年中都不同程度地减少，尤以四川、广东、江苏、陕西和河北为中国耕地资源耗减面积和价值量最多的地区；新疆耕地面积一直处于减少状态，但在2011年突然大幅度增加，使得新疆在研究期内耕地资源价值量增大；黑龙江、吉林和辽宁在研究期内虽个别年份耕地资源价值量有所减少，但整体保持增加态势；西藏的耕地资源价值量在研究期内呈现不规则变动，但总体上来说

并无太大增减。

（四）森林资源耗减价值量核算

森林是地球上非常宝贵的资源财富，与人类生产生活有着密不可分的直接或间接的联系。中国森林资源总量相对较少、质量不高，人均森林面积仅为 0.107 公顷，人均森林蓄积量约为 8 立方米，远低于世界平均水平，并且地区分布极不均匀。传统的国民经济核算体系中并没有对森林资源进行完全的核算，虽然不少专家学者在绿色 GDP 的探讨中积极进行有益尝试，但由于核算数据不易获得、核算复杂性过大，鲜有学者对森林系统进行完整核算。本书对森林资源的核算也只是探索性的研究，仅核算林木资源和林地资源的实物量和价值量，旨在提供一个更加完善的绿色 GDP 核算模型和数据。

森林资源耗减实物量核算可以通过《中国统计年鉴》《中国环境统计年鉴》以及各省市统计年鉴、公报中获得用材林地、防护林地、经济林地当年造林面积，但没有各省市林地损失面积统计，故本书仅考虑造林面积增加价值量，通过五年一次的全国森林资源清查报告获得森林活立木总蓄积量，并将其均分可获得年活立木蓄积量及变化量。

对于森林资源单位价格估算采用张玲[163]（2006）收益现值法和市场价格法综合估算的用材林地综合价格为 746.58 元/公顷，经济林地综合价格为 1030.28 元/公顷，防护林地综合价格为 4016.6 元/公顷，以及采用姜恩来等[164]（2004）成本费用法估算的单位活立木蓄积量平均价格 271.5 元/立方米，并通过《中国价格统计年鉴》木材价格指数对历年林木和林地价格进行修正。

造林面积及活立木增加价值量具体核算结果见表 4-7 和表 4-8。

表 4-7　2007—2016 年中国 31 省份造林面积增加价值量（单位：亿元）

	2007	2008	2009	2010	2011	2012	2013	2014	2015	2016
北京	0.48	0.55	0.62	0.52	0.89	1.54	2.00	1.00	1.48	1.23
天津	0.15	0.37	0.45	0.24	0.23	0.17	0.20	0.25	0.22	0.24
河北	8.74	13.85	11.22	10.98	11.21	11.86	11.51	11.39	7.88	9.61
山西	10.33	11.05	12.27	10.15	10.44	10.87	10.04	9.89	6.46	8.98

续表

	2007	2008	2009	2010	2011	2012	2013	2014	2015	2016
内蒙古	22.97	29.74	34.81	27.49	31.64	34.15	35.00	24.10	28.65	21.84
辽宁	3.11	3.20	5.17	7.01	10.06	9.98	9.11	8.73	8.83	8.72
吉林	0.78	1.12	1.25	3.53	1.46	1.10	4.72	2.45	3.01	2.20
黑龙江	3.23	4.21	7.94	9.13	4.74	6.56	4.90	4.14	4.47	4.28
上海	0.03	0.03	0.06	0.04	0.03	0.05	0.04	0.03	0.03	0.03
江苏	2.11	3.13	2.58	2.87	1.99	1.85	2.16	1.95	1.35	0.79
浙江	0.29	0.31	1.03	0.54	1.40	1.33	1.43	1.27	1.03	0.45
安徽	1.11	1.33	2.60	1.46	1.15	1.38	3.70	3.37	2.40	2.13
福建	0.47	0.46	0.69	0.64	3.50	1.66	1.38	0.66	1.06	0.15
江西	2.64	5.24	4.61	3.74	3.53	2.63	2.41	1.83	2.27	1.78
山东	3.47	4.74	5.31	6.26	6.74	6.26	6.47	6.14	5.55	3.17
河南	1.49	10.18	10.54	7.40	7.55	7.40	7.94	7.46	5.51	4.35
湖北	2.89	4.44	3.77	5.27	4.84	4.87	5.96	5.96	5.73	5.24
湖南	2.33	2.88	4.26	5.55	12.07	11.95	7.56	8.19	8.05	7.95
广东	0.15	0.19	0.81	2.55	3.29	3.56	4.90	4.81	4.81	4.78
广西	1.66	1.54	2.27	2.06	2.08	2.28	2.23	2.37	1.99	1.56
海南	0.23	0.35	0.71	0.51	0.41	0.29	0.20	0.17	0.34	0.27
重庆	2.83	4.13	3.10	7.45	8.07	6.34	6.79	4.65	1.17	1.12
四川	11.77	21.18	17.24	13.12	6.19	3.42	3.70	2.61	1.11	0.42
贵州	5.86	6.97	8.81	7.31	5.56	3.91	6.51	5.68	6.03	5.82
云南	6.25	9.89	11.72	10.36	10.46	8.89	9.45	7.87	5.57	4.74
西藏	1.11	1.17	2.77	2.59	0.65	2.98	3.06	3.11	1.44	1.52
陕西	9.38	11.26	16.96	13.57	11.63	11.49	12.61	12.16	2.00	0.99
甘肃	6.03	6.83	8.22	8.69	7.69	6.65	7.15	8.43	5.09	4.60
青海	1.86	2.33	5.85	5.04	7.95	5.64	6.59	5.83	6.15	5.95
宁夏	2.45	3.48	2.89	3.21	3.28	3.95	4.18	3.60	3.85	3.70
新疆	4.50	6.62	8.46	6.19	6.20	7.24	5.49	5.23	6.48	9.59

表 4-8 2007—2016 年中国 31 省份活立木增加价值量（单位：亿元）

地区	2007	2008	2009	2010	2011	2012	2013	2014	2015	2016
北京	1.17	1.23	2.31	2.38	2.49	2.49	2.48	6.45	6.40	6.38
天津	0.35	0.36	1.05	1.08	1.13	1.13	1.12	0.55	0.55	0.54
河北	11.04	11.61	14.33	14.76	15.44	15.45	15.39	18.88	18.75	18.69
山西	8.55	8.99	12.51	12.88	13.47	13.49	13.43	20.29	20.15	20.09
内蒙古	44.81	47.14	100.33	103.33	108.09	108.20	107.76	115.81	115.00	114.65
辽宁	16.29	17.13	28.76	29.63	30.99	31.02	30.90	29.97	29.76	29.67
吉林	16.38	17.24	46.82	48.23	50.44	50.49	50.29	57.59	57.19	57.02
黑龙江	86.47	90.97	73.90	76.11	79.62	79.70	79.38	128.83	127.93	127.54
上海	0.40	0.42	0.51	0.52	0.55	0.55	0.55	1.68	1.67	1.66
江苏	7.20	7.58	17.72	18.25	19.09	19.10	19.03	3.66	3.64	3.62
浙江	33.68	35.43	26.60	27.40	28.66	28.68	28.57	41.00	40.72	40.60
安徽	20.04	21.08	25.78	26.55	27.77	27.80	27.69	26.20	26.02	25.94
福建	24.15	25.41	73.77	75.98	79.47	79.55	79.23	77.37	76.83	76.60
江西	41.60	43.76	7.82	8.06	8.43	8.44	8.40	62.61	62.17	61.98
山东	18.58	19.54	15.41	15.87	16.60	16.61	16.55	1.54	1.53	1.52
河南	26.83	28.23	24.82	25.56	26.74	26.77	26.66	23.10	22.93	22.87
湖北	32.78	34.49	46.02	47.40	49.58	49.63	49.43	50.05	49.70	49.55
湖南	49.58	52.16	-10.79	-11.11	-11.62	-11.63	-11.59	48.53	48.19	48.05
广东	10.76	11.32	32.82	33.81	35.36	35.40	35.25	70.56	70.06	69.85
广西	61.57	64.78	24.24	24.97	26.12	26.14	26.04	107.15	106.40	106.08
海南	0.47	0.49	9.73	10.02	10.48	10.49	10.45	41.01	40.73	40.60
重庆	17.12	18.01	19.81	20.41	21.35	21.37	21.28	38.40	38.13	38.02
四川	59.39	62.48	50.30	51.81	54.19	54.24	54.03	115.33	114.52	114.18
贵州	36.79	38.70	36.22	37.30	39.02	39.06	38.90	58.03	57.62	57.45
云南	91.50	96.26	83.13	85.62	89.56	89.65	89.29	178.15	176.90	176.37
西藏	-12.17	-12.81	9.88	10.18	10.65	10.66	10.62	13.05	12.95	12.92
陕西	18.03	18.97	34.45	35.48	37.11	37.15	37.00	52.72	52.36	52.20
甘肃	11.01	11.58	12.47	12.85	13.44	13.45	13.40	23.80	23.63	23.56

地区	2007	2008	2009	2010	2011	2012	2013	2014	2015	2016
青海	1.91	2.01	2.48	2.55	2.67	2.67	2.66	3.40	3.37	3.36
宁夏	0.59	0.62	1.00	1.03	1.08	1.08	1.08	1.11	1.11	1.10
新疆	12.20	12.84	21.21	21.84	22.85	22.87	22.78	35.48	35.23	35.12

注：正值为当年活立木增加价值量，负值为当年活立木减少价值量

通过表4-7可以看出内蒙古年平均造林面积最多，产生的经济价值高达近30亿元/年，这与内蒙古地区地域宽广辽阔、经济发展水平不高、土壤沙化严重有密不可分的关系。河北、山西和陕西年平均造林面积产生的经济价值也高达10亿元/年以上。北京、天津、上海、浙江和海南年平均造林面积产生的经济价值处于中国最低水平，其原因为：一是这些地区本身绿化水平就很高。二是这些地区处于中国经济发展中心，从而影响造林面积增加。从表4-8中可以看出，云南、内蒙古、黑龙江年平均活立木蓄积量增加经济价值量最多，达90亿元/年。天津、上海、宁夏、青海、北京年平均活立木蓄积量增加经济价值量处于中国最低水平。

（五）渔业资源耗减价值量核算

中国海域面积广阔，其中沿海滩涂面积达3255万亩，可养殖水面达1200多万亩，尤以福建最多，已鉴定到的海洋生物资源有2万种以上，海洋生物净生产能力达28亿吨。但是中国海洋生物资源利用率很低，存在很大开发潜力，随着生产生活的快速发展，渔业资源开发力度盲目加大，加之渔业管理水平不高，执法能力有限，使得渔业环境不断恶化。这些因素都导致中国重要的生物资源种类和数量逐渐减少，目前中国渔业资源存在严重的衰退。

对于天然渔业资源耗减价值量采用上文提到的市场价值法进行核算，但渔业产品种类繁多，每种鱼的市场价格以及捕获量数据无法获取完善，故本书直接从《中国渔业统计年鉴》和《中国渔业年鉴》中获取各省份渔业淡水捕捞产值和海水捕捞产值，即为渔业资源耗减价值量。具体核算结果见表4-9。

表4-9 2007—2016年中国31省份渔业资源耗减价值量（单位：亿元）

	2007	2008	2009	2010	2011	2012	2013	2014	2015	2016
北京	0.00	1.15	1.09	1.56	1.34	1.55	1.23	1.90	2.05	1.86
天津	5.01	6.15	7.48	7.79	10.05	10.56	16.41	21.99	22.62	19.57
河北	30.56	40.00	37.91	49.23	56.67	56.28	49.50	52.79	55.50	59.16
山西	0.12	0.07	0.07	0.13	0.19	0.18	0.19	0.18	0.18	0.18
内蒙古	2.31	2.67	2.93	3.04	3.24	3.18	3.28	3.44	3.68	3.85
辽宁	103.02	104.14	113.06	121.07	134.71	147.98	157.26	171.10	162.60	170.07
吉林	2.06	2.43	2.41	2.58	2.89	3.33	3.54	3.87	3.60	3.61
黑龙江	7.40	7.52	7.77	7.97	8.54	9.33	7.86	7.93	8.12	8.23
上海	18.07	20.70	16.49	14.99	17.62	19.15	19.80	19.35	16.81	18.60
江苏	120.12	138.68	149.03	131.32	162.21	181.54	278.37	286.72	293.15	245.62
浙江	231.73	222.84	222.83	265.65	351.55	371.78	376.66	394.65	413.10	293.27
安徽	36.66	40.65	44.90	53.79	60.44	56.06	58.54	62.50	62.19	66.56
福建	164.36	195.56	197.34	233.26	262.79	300.17	319.39	326.41	341.46	377.83
江西	25.64	35.62	40.60	41.73	15.15	36.40	39.87	32.62	34.20	45.51
山东	209.90	220.66	227.63	275.39	296.37	396.37	418.47	411.63	411.19	450.66
河南	0.00	3.50	3.83	4.20	4.43	5.01	5.42	6.10	7.17	7.44
湖北	30.97	45.48	42.91	45.86	39.40	48.08	49.48	48.94	47.11	46.98
湖南	7.61	9.40	3.53	3.86	4.15	4.52	4.54	5.96	6.06	6.57
广东	119.24	129.17	137.76	108.80	123.58	137.64	141.40	150.11	151.89	156.94
广西	60.85	62.71	64.28	68.92	83.77	98.41	108.57	116.11	118.92	128.33
海南	97.19	81.84	86.89	100.42	114.97	133.75	155.06	174.53	182.55	199.13
重庆	1.38	1.74	2.06	2.56	3.34	4.17	4.17	5.49	9.79	12.23
四川	6.47	13.23	8.69	9.19	11.72	13.10	14.22	15.42	16.88	17.08
贵州	1.73	1.25	1.32	1.45	2.08	2.57	2.18	2.31	2.33	2.49
云南	3.03	2.76	2.49	2.49	3.18	4.42	5.58	6.87	9.46	9.88
西藏	0.00	0.03	0.04	0.07	0.03	0.05	0.05	0.04	0.05	0.31
陕西	0.46	0.41	0.40	0.86	1.17	1.53	1.76	1.86	1.86	1.61
甘肃	0.07	0.08	0.00	0.00	0.00	0.00	0.00	0.00	0.01	0.01

续表

	2007	2008	2009	2010	2011	2012	2013	2014	2015	2016
青海	0.00	0.01	0.00	0.00	0.00	0.00	0.00	0.00	0.00	0.00
宁夏	0.04	0.01	0.02	0.02	0.02	0.02	0.02	0.04	0.04	0.05
新疆	1.39	1.20	1.30	1.60	3.11	2.83	2.88	2.86	2.12	4.57

注：数据为淡水捕捞价值量和海水捕捞价值量之和

通过表4-9可以看出，山东和浙江两省是渔业资源耗减价值量最多的地区，年平均耗减价值量在300亿元以上，福建、江苏、辽宁、广东和海南也是渔业资源耗减价值量较多的地区，年平均耗减价值量在100亿元以上，这些地区均为沿海省份，并且在渔业自然资源上具有独特的优势和特色。有些地区如青海、甘肃、宁夏、西藏等，由于水资源条件限制，渔业发展基本上处于中国最低水平。

二、环境污染治理损失价值量核算

环境污染治理损失价值量核算包括已经投入治理的实际治理损失价值量和尚未投入治理的虚拟治理损失价值量两个部分。实际治理损失价值量核算在传统GDP核算中已有统计，虚拟治理损失价值量采用恢复费用法进行核算。根据统计年鉴提供的数据，核算对象包括废气、废水和固体废弃物（简称固废）。其中废气主要污染成分为二氧化硫、氮氧化物、烟尘和粉尘。固废主要为工业固废和生活垃圾，危险固废排放量很少忽略不计。各污染物产生量、处理率、排放量可从《中国环境统计年鉴》《中国统计年鉴》以及各省统计年鉴、公报中获取，各污染物的单位治理成本，采用已有研究中的参数作为基准价，并根据历年消费者价格指数进行调整。废气、废水采用2009年于方、王金南等[165]编写的著作《中国环境经济核算技术指南》中的核算参数作为基准价格，固废采用王磊[166]在2007年发表《中国绿色GDP的核算方法与应用》一文中的核算参数作为基准价格，各污染物的单位治理成本基准价格见表4-10。

表 4-10　各污染物单位治理成本

污染物类别	单位治理成本基准年	具体污染物	单位治理成本基准价格（元/吨）
废气	2009	烟尘	422
		粉尘	495
		氮氧化物	3030
		二氧化硫	778
废水	2009	工业废水	4.02
		生活废水	0.6
固废	2007	工业固废	50
		生活垃圾	30

资料来源：根据参考文献 165-166 整理

　　中国各统计年鉴中在 2010 年及以前，有明确的烟尘和粉尘的排放量，但在 2010 年之后，统计口径发生改变，只有烟尘和粉尘总的排放量，所以在对 2010—2016 年烟尘和粉尘排放量进行剥离时，采用各省份 2007—2009 年烟粉尘平均比值作为剥离参数进行计算。环境污染治理损失价值量具体核算结果见表 4-11。

表 4-11　2007—2016 年中国 31 省份环境污染治理损失价值量（单位：亿元）

	2007	2008	2009	2010	2011	2012	2013	2014	2015	2016
北京	195.89	163.87	221.36	244.04	233.17	362.67	454.06	644.98	433.36	693.87
天津	72.20	81.07	116.14	123.09	200.80	184.02	217.65	305.38	151.86	74.05
河北	240.20	280.83	315.98	441.81	764.65	631.33	630.53	594.84	525.06	510.88
山西	135.75	178.94	193.58	247.24	331.12	414.72	422.32	379.99	336.24	585.04
内蒙古	116.95	164.69	183.51	273.64	479.71	529.10	592.85	647.66	615.66	506.36
辽宁	183.56	219.19	256.51	257.87	473.87	781.01	440.64	373.23	387.43	257.25
吉林	75.38	85.34	91.26	150.24	150.68	153.74	155.35	149.45	159.48	113.32
黑龙江	86.01	127.44	134.19	159.92	213.81	286.82	362.77	244.39	213.33	222.79
上海	155.94	185.88	191.89	166.13	193.07	182.86	236.54	297.24	268.23	243.70
江苏	446.47	527.74	499.67	604.82	768.57	848.44	1065.99	1060.59	1129.92	926.68

	2007	2008	2009	2010	2011	2012	2013	2014	2015	2016
浙江	269.93	617.56	296.64	441.90	369.64	504.73	516.59	594.81	558.90	760.84
安徽	123.80	180.03	182.38	223.62	348.25	411.09	588.87	512.18	521.92	559.28
福建	140.14	150.44	155.40	193.05	305.85	300.68	361.65	272.30	303.38	248.07
江西	83.97	78.28	108.79	198.59	307.74	381.95	307.39	298.30	307.66	384.71
山东	411.28	531.86	560.67	599.75	791.34	918.93	1028.74	1009.03	879.59	965.06
河南	192.31	190.56	204.13	222.21	309.80	358.48	436.93	441.98	439.76	453.69
湖北	116.61	146.26	205.54	204.52	348.27	369.47	335.16	399.07	328.11	523.72
湖南	123.91	150.04	206.19	167.20	211.68	275.79	319.40	296.23	616.95	262.42
广东	286.18	292.22	358.15	1539.13	506.63	441.66	529.72	487.22	467.41	526.54
广西	154.26	195.21	216.38	251.95	235.93	272.04	291.72	267.07	321.76	246.22
海南	19.22	17.28	24.70	28.32	36.40	53.92	35.60	30.82	31.39	38.08
重庆	102.30	107.63	148.91	208.01	299.68	226.27	214.75	211.19	181.32	180.84
四川	166.82	165.41	166.40	149.44	220.33	255.60	311.28	368.74	297.10	359.73
贵州	42.06	42.71	41.43	49.90	106.95	113.68	154.94	219.06	181.86	153.59
云南	52.14	66.30	101.53	128.20	173.40	185.71	250.81	204.71	195.10	203.60
西藏	1.13	0.79	3.30	0.88	30.08	6.05	30.44	16.81	11.09	16.96
陕西	95.42	108.13	150.83	210.66	214.12	240.97	280.89	346.02	300.26	359.82
甘肃	51.31	45.24	58.54	78.71	93.67	155.51	210.69	178.22	156.06	141.06
青海	15.77	23.57	18.32	23.67	36.96	35.41	48.47	42.39	47.05	67.10
宁夏	46.08	43.78	41.72	48.37	86.92	84.67	101.08	106.27	113.60	119.27
新疆	53.28	67.63	98.83	100.33	183.53	311.34	381.76	455.69	344.47	354.06

注：数据为实际治理价值量和虚拟治理价值量之和

通过表4-11可以看出中国在这十年间环境污染治理损失价值量整体呈显著上升趋势，其中江苏和山东两省环境污染治理损失价值量最多，年均达到700亿元以上，与这两省工业产业发达对环境污染损害大，以及为了使得经济发展和生态环境相互协调政府企业高度重视污染治理投资有很大关系。广东、河北、浙江、内蒙古环境污染治理损失价值量也比较多，年均达到400亿元以上。西藏、海南、青海、宁夏环境污染治理损失价值量最少，年均不到100

亿元，其原因与各省实际情况有关，如海南省工业发展基础比较薄弱环境污染少，而青海、宁夏环保意识不强，对环境污染排放投资治理力度不够等。

三、环境污染退化损失价值量核算

环境污染退化损失价值量核算主要包括对固定资产、人体健康和自然灾害三方面造成的间接污染损失价值量核算。根据上文提到的核算方法针对不同的方面进行损失价值量分别核算。

（一）固定资产加速折旧损失价值量核算

空气污染所形成的酸雨和大气中的酸性污染物质会对固定资产（如机器设备、厂房建筑、管道设施等）形成腐蚀，缩短固定资产使用寿命，增加维修费用。对固定资产加速折旧损失价值量核算采用上文维持费用法进行估算，结果详见表4-12。

表4-12　2007—2016年中国31省份固定资产损失价值量（单位：亿元）

	2007	2008	2009	2010	2011	2012	2013	2014	2015	2016
北京	0.54	0.57	0.60	0.72	0.79	0.86	0.92	0.97	0.96	1.05
天津	0.69	0.92	0.94	1.15	1.41	1.59	1.74	1.84	1.82	1.77
河北	1.70	2.07	2.08	2.48	3.06	3.25	3.43	3.47	3.28	3.48
山西	0.82	1.02	0.91	1.21	1.55	1.57	1.57	1.42	1.13	1.08
内蒙古	0.71	0.99	1.17	1.46	1.85	2.01	2.07	2.06	2.01	1.88
辽宁	1.35	1.75	1.80	2.29	2.78	3.02	3.25	3.29	2.93	1.77
吉林	0.56	0.70	0.79	1.02	1.28	1.45	1.57	1.67	1.59	1.58
黑龙江	0.86	1.02	0.92	1.20	1.46	1.36	1.32	1.24	1.05	0.95
上海	1.38	1.50	1.41	1.70	1.87	1.85	1.88	1.91	1.86	1.96
江苏	3.38	3.92	4.28	5.01	5.79	6.22	6.66	7.01	7.28	7.92
浙江	2.36	2.69	2.73	3.29	3.82	3.99	4.26	4.36	4.48	4.85
安徽	0.72	0.91	1.06	1.41	1.84	2.09	2.32	2.46	2.41	2.62
福建	1.04	1.24	1.33	1.66	2.00	2.22	2.46	2.71	2.81	3.04
江西	0.59	0.72	0.83	1.11	1.41	1.52	1.67	1.78	1.80	1.88
山东	3.49	4.19	4.39	4.90	5.53	5.93	6.30	6.59	6.74	7.17

	2007	2008	2009	2010	2011	2012	2013	2014	2015	2016
河南	1.95	2.48	2.57	3.11	3.63	3.90	4.15	4.11	4.11	4.43
湖北	0.90	1.13	1.35	1.75	2.22	2.53	2.74	2.86	3.00	3.26
湖南	0.88	1.11	1.25	1.64	2.11	2.38	2.60	2.79	2.85	2.95
广东	3.88	4.49	4.70	5.58	6.41	6.71	7.13	7.58	7.87	8.49
广西	0.54	0.68	0.74	1.00	1.26	1.37	1.49	1.58	1.65	1.77
海南	0.07	0.08	0.08	0.10	0.12	0.14	0.14	0.13	0.13	0.13
重庆	0.41	0.53	0.76	0.96	1.22	1.30	1.36	1.35	1.44	1.61
四川	1.02	1.28	1.48	1.93	2.47	2.74	3.01	3.08	2.87	2.88
贵州	0.26	0.32	0.33	0.39	0.48	0.58	0.70	0.82	0.86	0.97
云南	0.45	0.53	0.54	0.68	0.78	0.90	0.98	1.01	1.00	1.01
西藏	0.01	0.01	0.01	0.01	0.01	0.01	0.02	0.02	0.02	0.02
陕西	0.66	0.86	0.91	1.19	1.52	1.78	1.95	2.08	1.91	1.98
甘肃	0.28	0.32	0.31	0.42	0.50	0.54	0.58	0.59	0.46	0.46
青海	0.09	0.12	0.12	0.16	0.21	0.23	0.25	0.25	0.23	0.23
宁夏	0.10	0.13	0.14	0.17	0.21	0.23	0.25	0.25	0.25	0.27
新疆	0.37	0.47	0.40	0.56	0.70	0.74	0.79	0.83	0.71	0.70

从表4-12中可以看出，中国31省份每年环境污染造成固定资产加速折旧损失价值量是不断上升的。这是因为一方面在这十年间，中国人民生活水平得到不断提高，经济生产能力不断增大而致使环境污染越来越严重。另一方面环境污染造成固定资产加速折旧损失价值是基于每年的工业总产值核算的，中国各省份每年的工业总产值都在不断提高，因此环境污染导致的固定资产加速折旧损失价值量也在不断增加。

（二）人体健康损失价值量核算

根据上文提到的核算方法对环境污染造成的中国人体健康损失价值量进行核算。由于篇幅限制，以河北省2007—2016年为例进行说明。

表 4-13　2007—2016 年河北省人体健康损失价值量核算方法所需数据

基本数据	2007	2008	2009	2010	2011	2012	2013	2014	2015	2016
人均 GDP（元/人）	19662	22986	24581	28668	33969	36584	38909	39984	40551	43062
城区人口（万人）	6943	6989	7034	7194	7241	7288	7333	7384	7425	7470
死亡率（‰）	6.78	6.49	6.43	6.41	6.52	6.41	6.87	6.23	5.79	6.36
死亡人数（万人）	47.07	45.36	45.23	46.11	47.21	46.72	50.38	46.00	42.99	47.51
酸性污染物浓度（μg/m³）	78.0	77.0	80.0	95.0	93.0	100.0	124.6	116.2	98.4	94.6
可吸入颗粒物浓度（μg/m³）	204.8	185.6	166.4	156.8	158.4	160.0	298.2	284.4	229.4	214.0
人均门诊费用（元）	122	137	147	151	164	180	191	201	210	215
肺炎（儿童）治疗费用（元）	2303	2421	2948	3221	3327	3384	4190	4488	4593	4786
慢性下呼吸道治疗费用（元/人）	4732	4806	5724	6062	6135	6166	7250	7734	7808	7987
肺恶性肿瘤治疗费用（元）	9071	9402	10559	11344	11536	11194	14117	14934	16723	18290

资料来源：表中各种数据经由各类型统计年鉴数据计算整理而得

　　根据表 4-1 所示的环境污染物浓度阈值，表 4-2、表 4-3 所示的环境污染物暴露—反应关系式和表 4-13 中的相关数据，计算得出暴露—反应关系 β，以 2007 年酸性污染物的过早死亡暴露—反应关系 $P_{酸}$ 为例进行计算：

$$P_{酸} = 0.048 * （78-60）* 6.78 * 0.001 = 0.0059 \qquad （4-32）$$

详细结果见表 4-14 所示。

表4-14 2007—2016年河北省人体健康损失核算方法中暴露—反应关系β

类型	损失类型	2007	2008	2009	2010	2011	2012	2013	2014	2015	2016
酸性污染物	过早死亡	0.0059	0.0053	0.0062	0.0108	0.0103	0.0123	0.0213	0.0168	0.0107	0.0106
	上呼吸道症状	325.8	307.7	362.0	633.5	597.3	724.0	1169.3	1017.2	695.0	626.3
	胸部不适	1800	1700	2000	3500	3300	4000	6460	5620	3840	3460
可吸入颗粒物	过早死亡	0.1138	0.0969	0.0842	0.0780	0.0804	0.0800	0.1769	0.1522	0.1108	0.1123
	肺炎（儿童）	10697.8	9522.7	8347.7	7760.2	7858.1	7956.0	16413.8	15569.3	12203.3	11260.8
	慢性下呼吸道感染	4020.4	3578.8	3137.2	2916.4	2953.2	2990.0	6168.6	5851.2	4586.2	4232.0
	上呼吸道症状	31988.4	28474.8	24961.2	23204.4	23497.2	23790.0	49080.6	46555.2	36490.2	33672.0
	肺恶性肿瘤	82.7	73.6	64.5	60.0	60.7	61.5	126.8	120.3	94.3	87.0

据表4-14中所显示的相关暴露—反应关系β，可以计算得出河北省人体健康终端效应变化量。仍以2007年酸性污染物过早死亡为例进行计算死亡人数。

$$过早死亡人数\ Q_{酸过} = 470735 * 0.0059 = 2758（人）\qquad（4-33）$$

计算结果见表4-15所示。

表4-15 2007-2016年河北省人体健康终端效应变化量

污染物	损失类型人数	2007	2008	2009	2010	2011	2012	2013	2014	2015	2016
酸性污染物	过早死亡（人）	2758	2402	2792	4966	4876	5749	10732	7731	4588	5018
	上呼吸道症状（人）	22620	21505	25463	45574	43250	52765	85742	75112	51607	46782
	胸部不适（万人）	12.50	11.88	14.07	25.18	23.90	29.15	47.37	41.50	28.51	25.85
可吸入颗粒物	过早死亡（人）	53557	43973	38081	35981	37943	37371	89110	69993	47649	53373
	肺炎（儿童，万人）	74.27	66.55	58.72	55.83	56.90	57.98	120.36	114.96	90.61	84.12
	慢性下呼吸道疾病（万人）	27.91	25.01	22.07	20.98	21.38	21.79	45.23	43.21	34.05	31.61
	上呼吸道症状（万人）	222.10	199.01	175.58	166.93	170.14	173.38	359.91	343.76	270.94	251.53
	肺恶性肿瘤（人）	5739.29	5142.73	4537.18	4313.79	4396.76	4480.44	9300.57	8883.38	7001.50	6499.92

根据上文过早死亡损失价值量核算方法 4-25、肺炎（儿童支气管炎）损失价值量核算方法 4-26、慢性下呼吸道疾病损失价值量核算方法 4-27、恶性肿瘤损失价值量核算方法 4-28、微小病症损失价值量核算方法 4-29，利用表 4-13 和表 4-15 相关数据，计算得出河北省人体健康损失价值量。同理，中国 31 省份人体健康损失价值量核算结果详见表 4-16。

表 4-16　2007—2016 年中国 31 省份人体健康损失价值量（单位：亿元）

	2007	2008	2009	2010	2011	2012	2013	2014	2015	2016
北京	70.94	84.39	98.54	110.37	108.14	125.42	165.59	205.76	225.47	342.74
天津	256.45	246.35	236.02	270.91	328.81	355.23	872.66	721.34	504.65	579.38
河北	256.45	246.35	236.02	270.91	328.81	355.23	872.66	721.34	504.65	579.38
山西	96.71	83.61	97.58	82.13	95.79	104.77	219.45	177.88	135.52	157.67
内蒙古	60.82	56.01	68.97	69.41	98.27	133.20	219.35	205.78	135.80	135.11
辽宁	129.40	149.11	149.35	229.62	241.94	295.50	348.74	372.74	366.38	233.04
吉林	44.76	50.67	47.04	81.21	87.58	92.51	144.01	184.52	138.32	91.79
黑龙江	77.75	94.41	92.42	95.40	140.82	142.06	227.77	169.20	152.51	118.94
上海	125.85	139.46	125.24	100.57	116.10	107.44	157.76	130.56	130.10	112.47
江苏	445.88	473.46	495.49	664.42	670.83	755.40	998.92	982.74	905.88	840.94
浙江	212.90	244.88	221.95	261.88	278.37	290.94	306.83	312.05	278.46	258.44
安徽	117.19	170.07	156.41	165.17	191.33	194.39	287.30	254.06	216.45	203.52
福建	60.54	73.30	71.22	78.87	86.65	93.19	118.38	137.45	106.13	109.39
江西	59.59	69.56	74.25	104.08	123.09	137.61	214.68	148.76	140.14	147.99
山东	356.01	454.02	479.68	542.86	593.19	750.20	1171.90	1218.06	1098.18	1097.97
河南	226.71	240.78	274.26	373.01	398.07	433.27	887.39	790.75	844.99	852.72
湖北	151.97	185.33	169.73	212.52	232.53	256.33	423.43	573.02	333.69	426.08
湖南	155.44	192.40	181.53	186.72	231.12	280.90	408.11	404.54	325.50	332.48
广东	189.62	180.86	187.41	183.36	210.98	247.31	281.07	236.37	175.32	171.55
广西	48.30	39.92	32.34	58.79	87.62	97.62	158.03	145.02	115.05	102.89
海南	4.00	4.67	4.15	5.59	7.01	4.02	11.35	10.05	9.81	9.99

	2007	2008	2009	2010	2011	2012	2013	2014	2015	2016
重庆	71.40	84.02	88.39	106.83	121.60	142.48	192.21	204.86	197.98	197.59
四川	173.00	242.92	227.38	255.41	305.64	431.08	647.58	412.60	364.68	394.69
贵州	38.71	46.78	44.93	50.69	68.73	63.83	105.59	115.26	94.36	98.82
云南	52.29	50.45	57.11	73.41	71.96	86.24	113.35	80.70	61.60	72.09
西藏	51.62	62.67	74.69	57.73	73.13	85.54	110.14	75.92	59.15	51.15
陕西	105.54	107.86	122.90	155.70	174.88	211.74	386.20	266.14	221.75	266.10
甘肃	57.61	71.08	86.10	90.42	91.38	101.25	110.71	93.60	82.76	89.10
青海	11.34	14.30	19.96	21.28	20.32	21.18	39.20	32.45	26.90	30.56
宁夏	7.66	7.41	9.64	13.26	14.48	15.54	21.72	23.45	23.89	25.99
新疆	51.62	62.67	74.69	57.73	73.13	85.54	110.14	75.92	59.15	51.15

通过表4-16可以看出，上海、广东、西藏和新疆在研究期内人体健康损失价值量变化不大基本保持稳定状态。北京、河南、宁夏、湖北、重庆等省份人体健康损失价值量在这十年间有了大幅度的增长。江苏和山东平均每年人体健康损失价值量最高达700亿元以上。河南、天津、河北等省份平均每年人体健康损失价值量也在400亿元以上。海南、宁夏、青海、西藏、新疆、云南、贵州等省份平均每年人体健康损失价值量最少，都在100亿元以下。造成不同省份人体健康损失价值量有很大差异的原因有多方面，如各省环境污染情况，人口总数，经济发展水平，人们对健康、医疗消费的态度等不同，都会影响当地人体健康损失价值量水平。

（三）自然灾害损失价值量核算

自然灾害是指给人类生存带来危害或损害人类生活环境的自然现象。中国主要的灾害有洪涝、干旱灾害、地震灾害、森林火灾、山体崩塌、滑坡、泥石流等地质灾害，风暴潮、赤潮、海啸等海洋灾害。自然灾害发生的原因主要有两个：自然变异和人为影响。无论哪种原因导致的自然灾害发生，都会给人类生产和生活带来不同程度的损害，阻碍人类社会经济发展。

自然灾害引发产生的直接经济损失或为了防止灾害发生政府出资进行防护性基础建设投资所产生的间接经济费用，都已在传统GDP中有统计，在核算绿色 GDP 时应给予扣除，具体结果见表 4-17。

表 4-17　2007—2016 年中国 31 省份自然灾害损失价值量（单位：亿元）

	2007	2008	2009	2010	2011	2012	2013	2014	2015	2016
北京	0.00	0.00	0.00	0.00	0.00	0.00	0.00	0.01	0.01	0.07
天津	0.00	0.00	2.49	0.00	0.10	0.17	0.00	0.00	0.00	0.80
河北	1.08	0.21	0.71	0.03	1.80	10.09	0.01	0.02	0.01	9.37
山西	0.85	0.19	0.18	0.11	0.59	0.04	0.12	0.04	0.10	0.02
内蒙古	0.32	0.29	0.20	0.16	0.08	0.07	0.04	0.07	0.34	0.41
辽宁	18.67	0.00	0.91	2.82	1.01	23.53	3.11	0.00	0.01	0.29
吉林	0.00	0.09	0.05	7.51	0.06	0.06	0.18	0.05	0.03	0.02
黑龙江	0.00	0.02	0.00	0.00	0.00	0.00	0.06	0.00	0.00	0.01
上海	0.00	0.00	0.00	0.00	0.12	0.00	0.00	0.00	0.10	0.00
江苏	1.05	0.12	1.03	0.31	0.87	42.34	0.29	0.73	0.81	0.23
浙江	15.81	1.01	12.51	0.90	2.28	49.61	28.55	4.69	11.97	3.42
安徽	0.75	0.89	0.22	0.26	0.16	0.46	0.23	0.06	1.37	0.46
福建	0.39	17.59	20.13	36.82	5.54	6.32	45.27	7.93	31.21	18.58
江西	0.19	0.36	0.31	5.42	0.47	0.33	0.21	0.37	0.88	0.28
山东	21.01	0.07	0.00	0.57	6.35	224.92	1.44	1.40	0.40	1.76
河南	0.06	0.02	0.02	1.14	1.40	0.09	0.02	0.01	0.03	0.25
湖北	2.69	0.77	1.23	3.42	2.37	0.93	0.65	1.61	0.72	2.81
湖南	3.33	6.11	4.63	5.10	2.54	4.28	1.75	7.23	4.36	8.79
广东	25.27	155.32	39.89	32.91	12.96	6.35	76.27	60.97	29.18	9.72
广西	0.92	16.41	0.55	2.07	1.28	104.85	5.21	28.65	0.83	2.89
海南	5.51	3.64	6.25	0.37	20.01	0.00	0.00	36.74	0.32	3.60
重庆	4.13	5.31	1.88	0.36	0.66	1.36	0.66	19.42	0.78	0.70
四川	6.18	1.77	3.26	9.08	19.24	12.55	19.01	7.83	2.64	2.83
贵州	0.60	0.46	1.19	1.55	1.36	0.58	0.79	6.53	1.61	1.23
云南	2.88	11.03	1.78	3.32	2.81	3.15	5.35	10.27	3.23	6.87
西藏	0.30	0.16	1.31	3.32	0.52	0.25	1.66	1.15	0.79	2.44
陕西	0.31	0.50	0.38	9.61	2.19	0.65	0.91	0.49	5.12	0.11

续表

	2007	2008	2009	2010	2011	2012	2013	2014	2015	2016
甘肃	0.43	3.73	1.12	2.29	5.17	1.52	66.73	0.36	1.40	0.66
青海	0.38	0.04	0.07	0.13	0.01	0.01	0.08	0.01	0.10	0.25
宁夏	0.00	0.01	0.00	0.00	0.04	0.00	0.28	0.00	0.00	0.00
新疆	0.03	0.05	0.02	1.21	0.16	10.37	0.03	0.12	0.04	2.91

资料来源：数据来源于《中国环境统计年鉴》

通过表4-17可以看出，在研究期内广东省自然灾害损失价值量最为严重，十年间总共达到448亿元。山东、福建、广西以及浙江自然灾害损失价值量也比较严重，十年间累计达到100多亿元以上。北京、黑龙江、上海、宁夏自然灾害损失价值量最少，十年间累计不到1亿元。

第四节　中国区域绿色经济核算结果分析

一、中国区域绿色经济动态演变分析

根据第三节对中国31省份十年间自然资源耗减价值量，环境污染治理损失价值量以及环境污染退化损失价值量的核算结果，运用绿色GDP核算模型表达式4-1，最终可以核算出2007—2016年中国绿色GDP数值以及具体各账户数值，具体核算结果见表4-18，进而可以计算出中国绿色GDP指数，结果见表4-19。绿色GDP指数是指绿色GDP与传统GDP比值，绿色GDP指数越高表明该省份国民经济增长的正面效应越高，负面效应越低。绿色GDP指数计算公式为：

$$绿色\ GDP\ 指数 = 绿色\ GDP/传统\ GDP \cdot 100 \cdot 100\% \qquad (4-34)$$

表 4-18　2007—2016 年中国绿色 GDP 及各账户数值（单位：亿元）

账户类别	2007	2008	2009	2010	2011	2012	2013	2014	2015	2016
传统 GDP	279736.3	333313.9	365303.7	437042.0	521441.1	576551.8	634345.3	684349.4	722767.9	780070.0
自然资源耗减价值（总）	50373.7	61891.1	59889.9	60845.2	111494.9	88682.6	93673.4	92339.7	78026.8	69957.3
耕地耗减（-）	2196.3	13.3	-1822.6	-7368.7	10494.3	19.2	0.9	61.2	36.1	53.2
能源耗减（-）	48506.2	62036.0	58537.0	74229.1	89170.1	94427.6	87980.9	87918.2	79290.1	77233.4
水资源耗减（-）	-746.3	-589.1	2792.8	-6518.8	11149.5	-6720.3	4543.4	3644.2	-2103.9	-8121.5
淡水捕捞耗减（-）	242.3	298.8	294.5	313.3	319.0	369.8	428.7	428.5	434.2	431.2
海洋捕捞耗减（-）	1045.1	1092.9	1132.5	1246.5	1459.7	1680.1	1817.0	1905.2	1952.4	1927.1
活立木蓄积量（+）	749.1	788.0	845.4	870.7	910.8	911.7	908.1	1452.3	1442.1	1437.8
新增林地价值（+）	120.7	172.8	199.0	185.5	186.9	182.2	189.4	165.3	140.0	128.2
环境污染治理损失价值（总）	4256.3	5235.9	5552.9	7737.2	9026.6	10278.6	11315.6	11455.9	10825.3	11058.6
环境污染实际治理（-）	2860.0	3790.5	4146.9	6268.2	6680.5	7927.0	8984.9	9121.1	8571.2	9191.4
环境污染虚拟治理（-）	1396.3	1445.4	1406.0	1469.0	2346.1	2351.6	2330.7	2334.8	2254.1	1867.2
环境污染退化损失价值（总）	3913.3	4494.7	4448.7	5211.0	5824.8	7066.9	10660.7	9751.7	8205.2	8337.6
固定资产加速折旧（-）	32.1	38.7	40.9	50.3	60.3	65.0	69.6	72.1	71.5	74.1
人体健康损失（-）	3768.1	4229.8	4305.4	5029.9	5672.3	6497.0	10332.2	9482.9	8035.2	8181.7
自然灾害损失（-）	113.1	226.2	102.4	130.8	92.1	504.9	258.9	196.8	98.4	81.8
绿色 GDP	221193.0	261692.2	295412.2	363248.6	395094.8	470523.7	518695.6	570802.2	625710.6	690716.4

表 4-19　2007—2016 年中国绿色 GDP 及各账户与传统 GDP 比值（单位：%）

账户类别	2007	2008	2009	2010	2011	2012	2013	2014	2015	2016
自然资源耗减价值占比	18.01	18.57	16.39	13.92	21.38	15.38	14.77	13.49	10.80	8.97
环境污染治理损失价值占比	1.52	1.57	1.52	1.77	1.73	1.78	1.78	1.67	1.50	1.42
环境污染退化损失价值占比	1.40	1.35	1.22	1.19	1.12	1.23	1.68	1.42	1.14	1.07
绿色 GDP 指数	79.07	78.51	80.87	83.12	75.77	81.61	81.77	83.41	86.57	88.55

由表 4-18 和表 4-19 可知，在研究期内自然资源耗减价值量先上升，在 2011 年达到顶峰后又逐步下降，呈现"倒 U 形"趋势。环境污染治理损失价值量表现为跌宕式上升趋势。环境污染退化损失价值量从开始逐年上升，到 2013 年达到顶峰后又逐步下降，亦呈现"倒 U 形"趋势。通过对三个子账户损失价值量核算，从图 4-3 可以看出，中国绿色 GDP 与传统 GDP 保持同步上升趋势，其增长速度也基本保持一致。在绝对数上，绿色 GDP 与传统 GDP 之间的差距呈现"倒 U 形"变化，从 2007 年 58543.3 亿元逐渐上升，在 2011 年差距最为明显达到 126346.3 亿元，然后又开始逐渐下降到 2016 年 89353.4 亿元。在相对数上，表现为绿色 GDP 指数，十年间表现为"U 形"曲线，绿色 GDP 指数先下降，在 2011 年达到最低点 75.77%，然后逐渐上升，到 2016 年绿色 GDP 指数为 88.55%。通过绿色 GDP 绝对数与相对数核算，都表明中国经济发展在 2011 年之后开始越来越重视资源节约和环境保护，环境污染治理效果成绩显著，经济增长对资源环境的负向影响减弱，体现出经济发展模式得到一定优化改善。

依据表 4-19，对绿色 GDP 各账户内部结构分析，可知自然资源耗减价值量在三类账户中占比最大，达到 8.97%~21.38%，其中主要以能源资源耗减价值量为主，这说明经济的快速发展主要是以牺牲自然资源为代价，特别是能源资源耗减巨大，未来应将降低对能源资源依赖度作为优化可持续发展模式的突破口。环境污染治理损失价值量占比和环境污染退化损失价值量占比均在 1.0%~1.8% 之间，是环境损失价值量重要组成部分。环境的污染不仅造成实际治理投资和虚拟治理成本增加，而且也严重危害到经济生产和人体健康，同时也削弱自然抵御灾害的能力，从而使生态环境遭到进一步破坏。

从图 4-4 中可知，人均绿色 GDP 和人均传统 GDP 数值随着时间的演变保持逐年同步上升趋势，并且上升速度、变化幅度也大致相同。人均传统 GDP 由 2007 年 2.12 万元/人增长到 2016 年 5.64 万元/人，平均年增长率为 11.48%，人均绿色 GDP 由 2007 年 1.67 万元/人增长到 2016 年 5.00 万元/人，平均年增长率为 12.96%，人均差值在 0.44 万~0.94 万元/人之间，这说明绿色鸿沟仍然比较大，经济发展还应该继续向低资源依赖的发展模式转变，提高资源利用效率，降低生态环境压力。

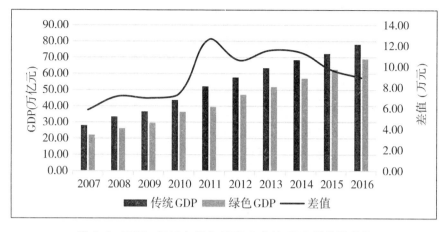

图 4-3 2007—2016 年绿色 GDP 与传统 GDP 数值及差值

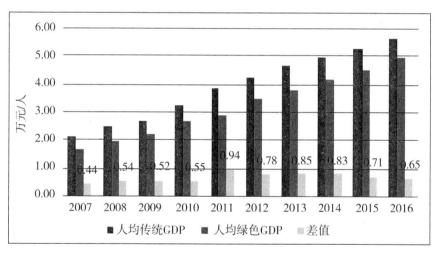

图 4-4 人均绿色 GDP 与人均传统 GDP 数值及差值

二、中国区域绿色经济空间格局分析

在借鉴沈晓艳[160]（2017）对人均绿色 GDP 划分标准基础上，通过对 31 省份十年间总体人均绿色 GDP 进行分析，从表 4-20 可见，大于中国平均人均绿色 GDP 的省份有北京、上海、天津、江苏、浙江、广东、福建、内蒙古、山东、辽宁，基本集中在中国东部地区。其中北京、上海和天津人均绿色 GDP 水平最高，超过中国平均人均绿色 GDP 的 2 倍，江苏和浙江人均绿色

GDP 也处于较高水平，达到中国平均人均绿色 GDP 的 1.5 倍。中国中部地区人均绿色 GDP 大多低于全国平均水平，而中国西部地区人均绿色 GDP 水平最低，主要省份有贵州、云南、甘肃、青海、宁夏和新疆。可以看出，人均绿色 GDP 在全国范围差距较大，呈现东部地区大于中部地区大于西部地区的特点。

表 4-20　2007—2016 年中国 31 省份人均绿色 GDP（单位：万元/人）

	2007	2008	2009	2010	2011	2012	2013	2014	2015	2016
北京	5.122	5.535	5.714	6.360	7.153	7.759	8.303	8.848	9.794	10.870
天津	3.735	4.645	5.025	5.760	6.795	7.705	7.730	8.560	9.322	10.201
河北	1.352	1.589	1.780	2.070	2.284	2.664	2.801	2.965	3.187	3.517
山西	1.014	1.211	1.323	1.636	1.927	2.051	2.227	2.242	2.401	2.514
内蒙古	1.719	2.403	2.941	3.416	3.926	4.529	5.212	5.072	5.521	5.598
辽宁	1.911	2.307	2.641	3.519	3.402	4.484	4.878	4.888	5.511	4.285
吉林	1.527	1.813	2.202	2.716	2.714	3.637	4.091	4.007	4.519	4.981
黑龙江	1.429	1.654	1.886	2.153	2.380	2.805	3.060	3.151	3.305	3.450
上海	5.192	5.534	5.877	6.409	6.975	7.361	7.882	8.670	9.447	10.659
江苏	2.829	3.294	3.767	4.516	5.230	5.776	6.441	7.182	7.905	8.835
浙江	3.055	3.369	3.774	4.518	4.546	5.696	5.588	6.513	7.050	7.550
安徽	0.978	1.132	1.356	1.775	1.949	2.388	2.607	2.958	3.137	3.542
福建	2.060	2.438	2.776	3.578	3.541	4.649	4.880	5.529	6.056	7.029
江西	1.075	1.345	1.461	1.904	1.944	2.546	2.629	3.041	3.298	3.629
山东	2.237	2.537	2.872	3.337	3.644	4.022	4.673	4.933	5.490	5.975
河南	1.300	1.475	1.663	2.101	2.103	2.505	2.780	3.125	3.338	3.728
湖北	1.301	1.514	1.803	2.348	2.464	3.106	3.579	4.022	4.474	5.033
湖南	1.136	1.421	1.635	2.056	2.161	2.802	3.043	3.494	3.742	4.189
广东	2.763	3.284	3.310	3.843	4.238	4.850	5.279	5.527	6.212	6.938
广西	0.958	1.201	1.269	1.753	1.922	2.318	2.549	2.794	3.100	3.321
海南	1.151	1.442	1.579	2.013	2.186	2.525	3.054	3.137	3.215	4.103
重庆	1.374	1.522	1.751	2.177	2.634	3.048	3.614	4.228	4.296	5.386

续表

	2007	2008	2009	2010	2011	2012	2013	2014	2015	2016
四川	0.941	1.179	1.372	1.742	1.914	2.410	2.596	2.946	3.107	3.509
贵州	0.511	0.624	0.708	0.899	0.894	1.401	1.611	2.134	2.396	2.741
云南	0.844	0.949	0.987	1.265	1.331	1.727	2.026	2.253	2.494	2.742
西藏	1.012	1.181	1.033	1.829	1.531	1.864	2.391	2.652	2.414	4.191
陕西	1.232	1.504	1.849	2.296	2.687	2.899	3.514	3.943	4.053	4.299
甘肃	0.716	0.805	0.964	1.171	1.285	1.531	1.729	1.923	1.996	2.207
青海	0.843	1.020	1.365	1.375	1.620	2.105	1.868	2.691	2.442	3.052
宁夏	0.629	0.911	1.233	1.533	1.623	1.971	2.257	2.474	2.726	3.082
新疆	1.170	1.300	1.421	1.847	1.765	2.065	2.289	2.508	2.638	2.735
平均	1.674	1.971	2.214	2.709	2.932	3.475	3.812	4.173	4.552	4.995

　　为了更好地探究不同省份区域经济发展水平与资源消耗、环境污染之间的关系，以各省2007—2016年十年间的传统 GDP 平均值和绿色 GDP 指数平均值为研究对象，将其中位数作为原点，做四象限图，如图4-5所示：

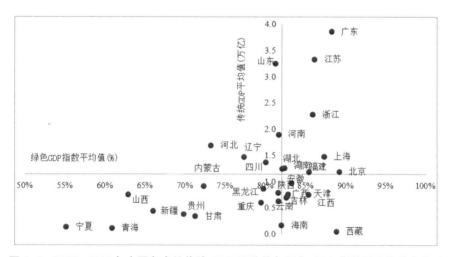

图4-5　2007—2016年中国各省份传统 GDP 平均值与绿色 GDP 指数平均值分布关系

　　将各省份划分为4类：第一类位于第一象限图中，主要包括中国8个省份，这些省份的主要特征是经济发展水平很高并且对资源环境依赖程度较小，属于"高速—绿色"区,其中广东、江苏最为典型。第二类位于第二象限图中,主要包括中国 5 个省份,这些省份的主要特征是经济发展水平相对较高,但对资源环境具有一定依赖性,属于"高速—警戒"区,代表省份有山东、河北等,对于这些省份应从政策上进行宏观调控,努力从粗放型经济增长方式向集约型经济增长方式转变。第三类位于第三象限图中,主要包括中国 11 个省份,这些省份的主要特征是经济发展水平低下且对资源环境影响较大,属于"低速—警戒"区,代表省份有宁夏、青海、新疆等。这些省份的发展是以牺牲资源环境为代价,并未形成经济增长的动力,所以在努力提高经济发展的同时,也要优化产业结构,降低资源耗减环境污染成本,以高新技术作为拉动经济增长的原动力。第四类位于第四象限图中,主要包括中国 7 个省份,这些省份的主要特征是经济发展水平较低,但对资源环境影响较小,属于"低速—绿色"区,代表省份有江西、天津、西藏等。

从一、二象限图中可以看出,经济发展水平较高的地区,绿色 GDP 指数在 73.25%~89.23%之间,绿色 GDP 指数整体水平较高,也就是说经济发展较好的地区并不意味着对资源消耗环境污染成本就大,中国这些省份主要集中在东部沿海地区。从三、四象限图中可以看出,经济发展水平较低的地区,绿色 GDP 指数在 55.17%~88.86%之间,整体水平低于全国绿色 GDP 平均水平,也就是说经济发展水平缓慢地区反而对资源环境依赖性较大,这些省份主要集中在中西部地区,尤其以西部地区为甚。

对于像广东、江苏、浙江、上海等"高速—绿色"地区,其地理位置优越、交通发达、信息传播迅速、技术先进,容易吸引外商投资,形成了产业布局合理,并以高新技术产业为经济增长点,再加之政府宏观调控得当,从而形成了绿色高速发展的良好势头。

对于像宁夏、青海、山西、新疆等"低速—警戒"地区,其形成原因主要有以下几方面:第一,这些地区交通不便,地理位置偏远,信息闭塞,技术落后,吸引外商投资能力较差。第二,这些地区通常资源环境禀赋条件较好,但由于人才短缺,技术创新能力不足,在经济发展过程中很容易导致资源利用率不高,环境生态受到破坏。第三,从产业结构上看,大多数地区产业结构相对单一,产业结构不合理,多以资源消耗尤以能源消耗为主,并且环境污染严重，加之治理不善从而导致经济生产受损，人体健康受到威胁。

第五节　本章小结

本章以 SEEA-2012 核算模型框架为基础并结合中国实际特点，构建了符合中国特色的绿色 GDP 核算模型框架，包括自然资源耗减价值量核算、环境污染治理损失价值量核算和环境污染退化价值量核算三个方面。其中自然资源耗减价值量核算又包括水资源、能源资源、耕地资源、森林资源和渔业资源耗减价值量核算；环境污染治理损失价值量核算包括实际治理损失价值量核算和虚拟治理损失价值量核算；环境污染退化价值量核算包括固定资产加速折旧损失价值量核算、人体健康损失价值量核算和自然灾害损失价值量核算。根据每种具体核算类型确定了合理的核算方法估算中国 31 省份在 2007—2016 年间的绿色 GDP 和各账户数值，以揭示中国总体绿色发展情况以及各省份绿色发展状况差异，并通过人均绿色 GDP 及绿色 GDP 指数等相关指标进一步揭示中国绿色经济发展动态演变和空间格局。结果显示，在动态演变上，中国绿色 GDP 与传统 GDP 保持同步上升趋势，但绿色 GDP 指数变化幅度在 75.77~88.55% 之间，表明中国经济快速发展仍然是以牺牲资源环境为代价，尤其是能源耗减巨大，绿色鸿沟仍然比较大。在空间格局上，中国绿色 GDP 在全国范围内各省份发展不均衡，呈现东部地区大于中部地区大于西部地区。

第五章

中国海洋产业集聚对沿海区域绿色经济增长影响

伴随着中国海洋经济的快速发展，海洋产业集聚作为一种独特的产业组织形式是经济发展过程中一种必然的地缘现象，对区域绿色经济增长影响是通过产业集聚效应来实现的。一方面，通过知识技术溢出、共享基础设施、提高市场竞争强度、降低交易成本、加强产业前后相关联以及吸引生产要素等多种集聚正向外部效应促进区域绿色经济增长，使得区域内的个体获得区域外个体所无法获得的竞争优势；另一方面，海洋产业集聚所带来的人口密度增加、交通拥阻、环境污染等负向外部效应阻碍了经济的绿色可持续发展。第三章中已从时序特征和空间特征两个方面对中国沿海 11 省份海洋产业集聚度进行测算。第四章中以 SEEA-2012 核算模型框架为指导，构建了中国绿色GDP 核算模型及核算方法，并核算了中国沿海 11 省份绿色 GDP、人均绿色GDP 及绿色 GDP 指数等相关指标来揭示中国沿海区域绿色发展情况以及各省份绿色发展状况差异。因此本章在基于海洋产业集聚对区域绿色经济增长的作用机理基础上，采用面板数据模型实证分析中国沿海 11 省份海洋产业集聚对本区域绿色经济增长影响。

第一节　数据来源及变量选取分析

一、数据来源

为了核算中国绿色经济数值，需要通过《中国统计年鉴》《中国环境统计年鉴》《中国渔业统计年鉴》《中国环境统计年鉴》《中国卫生健康统计年鉴》《中国价格统计年鉴》《中国国土资源统计年鉴》等统计年鉴收集大量数据，由于 2007 年之前很多关于核算绿色经济指标统计数据极不完善，为了保证统计数据口径一致并结合数据可获得性，本章实证检验海洋产业集聚对区域绿色经济增长影响，采用 2007—2016 年天津、河北、辽宁、上海、江苏、浙江、福建、山东、广东、广西、海南中国 11 个沿海省份的面板数据。

二、变量选取及分析

本章主要考察中国海洋产业集聚对沿海区域绿色经济增长的影响，因此确定被解释变量为区域绿色经济，采用第四章所核算的人均绿色 GDP 对数（$lnRJGGDP$）作为衡量指标；解释变量为海洋产业集聚度（IC），可以通过产业集中系数（CC）、改进区位熵（LQ）和产业集聚综合指数（COM）三种方式作为衡量中国海洋产业集聚水平的指标。其中，产业集聚综合指数是由产业集中系数和改进区位熵加权平均所得到，CC 和 LQ 的权重各占 50%。由于每种测度产业集聚度方法都有一定的优缺点，所以运用加权平均后的 COM 测度方法要比单一使用某一种方法能够更好、更全面地反映中国沿海 11 省份海洋产业集聚特征。所以，本书以 COM 作为回归模型中衡量产业集聚水平的代表性指标，但为了能够更好地证实海洋产业集聚对区域绿色经济增长的影响，故本章同时也将 CC 和 LQ 回归结果一并分析。本书使用数据样本为平衡面板数据，所有变量包含 110 个样本。各变量描述性统计见表 5-1 所示。

表 5-1　各变量描述性统计

变量性质	变量		均值	标准误	最小值	最大值	样本量
被解释变量	$lnRJGGDP$	overall	10.568	0.532	9.167	11.577	N=110
		between		0.432	9.883	11.187	n=11
		within		0.335	9.852	11.159	T=10

续表

变量性质	变量		均值	标准误	最小值	最大值	样本量
解释变量	*CC*	overall	1.277	0.988	0.157	4.639	N=110
		between		1.002	0.186	3.205	n=11
		within		0.236	0.409	2.711	T=10
	LQ	overall	1.125	0.555	0.330	2.260	N=110
		between		0.569	0.378	1.885	n=11
		within		0.106	0.620	1.525	T=10
	COM	overall	1.201	0.742	0.249	3.449	N=110
		between		0.756	0.282	2.532	n=11
		within		0.164	0.514	2.118	T=10

为了验证中国沿海 11 省份海洋产业集聚与区域绿色经济增长之间是否具有相关关系以及相关程度情况，进行相关性检验。这是衡量变量之间相关程度的一种统计方法，可以通过计算变量之间的相关系数来判断变量之间的相关程度。首先根据 11 省份海洋产业集聚度（*CC*、*LQ*、*COM*）与区域人均绿色 GDP 对数之间的数据变动趋势，绘制了显示变量间相关情况的散点图 5-1。由图 5-1 中可知，人均绿色 GDP 对数与海洋产业集聚水平之间存在着正向相关性，利用计算相关系数的方法对变量间的关系做进一步分析，见表 5-2 所示。从表中可以看出中国海洋产业集聚与绿色经济增长之间具有一定正相关关系。

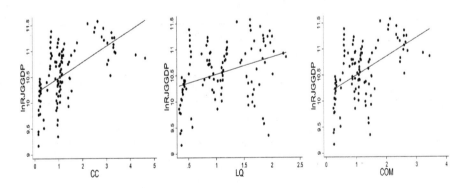

图 5-1　各变量相关检验散点图

表5-2　各变量相关系数

	lnRJGGDP	CC	LQ	COM
lnRJGGDP	1.000			
CC	0.5680 (0.000)	1.000		
LQ	0.3427 (0.000)	0.8381 (0.000)	1.000	
COM	0.5062 (0.000)	0.9790 (0.000)	0.9318 (0.000)	1.000

注：括号内为 P 值

第二节　基本计量模型构建及结果分析

一、基本计量模型构建

本章实证部分的主要目的是检验中国沿海省份海洋产业集聚对区域绿色经济增长影响的作用，根据散点图和显著的弱线性相关关系，首先将基本计量模型设定为如公式5-1所示。

$$\ln RJGGDP_{it} = \alpha_i + \beta_1 IC_{it} + \mu_{it} \tag{5-1}$$

式中，i 表示为中国沿海 11 个省份中第 i 个省份；t 表示时间，为面板数据的时间跨度；$lnRJGGDP$ 为人均绿色 GDP 取自然对数；IC 为海洋产业集聚度（具体包括 CC、LQ 和 COM 三个衡量指标）；μ 为随机误差项。

根据威廉姆森假说（Williamsom hypothesis）中内含的产业集聚与经济增长的动态关系，是指产业集聚在一定范围内表现出来正向集聚效应能够显著促进经济增长，但达到一定程度以后，产业集聚对经济增长影响变小，甚至阻碍经济增长，产业集聚负向外部效应更倾向于分散地理空间结构[167]。同时，国内外一些学者如 Rizov M [168]（2012）、纪玉俊等[169]（2018）、纠手才等[170]（2016）、于谨凯[171]（2014）等认为海洋产业集聚对区域绿色经济的影响是一把双刃剑，并不一定是简单的促进作用或者阻碍作用。随着海洋产业集聚水平的提高，可能会从集聚效应主导的促进作用变成拥挤效应为主导的抑制作用。为了验证海洋产业集聚效应是否对绿色经济增长有"倒 U 型"

转变过程，本章节在设计计量模型 5-1 中又加入海洋产业集聚度的二次项（IC^2），从而得到另一基本计量模型如公式 5-2 所示。

$$\ln RJGGDP_{it} = \alpha_i + \beta_1 IC_{it} + \beta_2 IC^2 + \mu_{it} \qquad (5-2)$$

二、基本计量模型回归结果分析

为了探究海洋产业集聚对区域绿色经济增长的影响关系，首先对设定基本计量模型进行面板数据单位根检验，在各变量数据平稳基础上对回归模型进行 Hausman 检验，然后采用可行广义最小二乘分析方法对面板数据模型 5-1 和 5-2 分别进行回归，考察海洋产业集聚一次项和二次项系数和显著性的变化。

（一）面板数据的平稳性检验

因为大部分数据序列都有一个随机趋势，属于非平稳性序列，而将平稳序列统计方法应用到非平稳序列中，就会产生伪回归现象。因此，首先对变量 $lnRJGGDP$、CC、LQ 和 COM 进行单位根检验以验证他们的平稳性特征。所谓面板单位根检验是指将面板数据中的变量各横截面序列作为一个整体进行单位根检验。Bhargava 等（1982）等最早使用面板单位根检验，随后，Levin 和 Lin（1992），Harris 和 Tzavlis（1999），Levin、Lin 和 Chu（2002），Im、Pesaran 和 Shin（1997，2003）以及 Choi（2001）分别提出了检验面板单位根的方法。由于面板数据的单位根检验到目前为止还没有完全统一，为了检验的稳健性，本书采用了以下五种单位根检验方法：LLC 检验（Levin、Lin 和 Chu，2002）、HT 检验（Harris 和 Tzavalis，1999）、IPS 检验（Im、Pesaran 和 Shin，2003）和 Fisher 检验（包括 ADF 和 PP 检验）（Choi，2001）对模型各变量进行单位根检验。具体各变量的面板数据单位根检验结果如表 5-3 所示。

表 5-3　各变量的面板数据单位根检验结果

变量	LLC 检验 （t）	HT 检验 （Z）	IPS 检验 （$W-t-bar$）	ADF-Fisher 检验 （Pm）	PP-Fisher 检验 （Pm）
$lnRJGGDP$	-3.8014 (0.000)	-2.563 (0.005)	-2.341 (0.010)	17.021 (0.000)	6.158 (0.000)

续表

变量	LLC 检验 （t）	HT 检验 （Z）	IPS 检验 （$W\text{-}t\text{-}bar$）	ADF-Fisher 检验 （Pm）	PP-Fisher 检验 （Pm）
CC	−10.092 （0.000）	−1.537 （0.062）	−2.461 （0.007）	16.890 （0.000）	2.397 （0.008）
CC^2	−11.571 （0.000）	−3.129 （0.001）	−3.159 （0.001）	17.590 （0.000）	4.903 （0.000）
LQ	−9.115 （0.000）	−1.748 （0.040）	−2.961 （0.001）	13.801 （0.000）	3.023 （0.001）
LQ^2	−9.509 （0.000）	−1.755 （0.040）	−2.383 （0.001）	15.009 （0.000）	2.814 （0.002）
COM	−11.615 （0.000）	−1.340 （0.0901）	−1.822 （0.034）	20.589 （0.000）	2.457 （0.007）
COM^2	−12.079 （0.000）	−2.656 （0.004）	−3.3093 （0.000）	19,989 （0.000）	3.568 （0.000）

注：括号内为 P 值

通过表 5-3 所示，可以看出只有 CC 和 COM 在 HT 单位根检验上以 10% 水平拒绝存在单位根的原假设，其余所有变量均在 5% 水平下拒绝原假设，并且绝大部分变量都在 1% 水平下显著拒绝存在单位根的原假设，所以可以说明各变量数据属于平稳序列。

（二）面板计量模型的 Hausman 检验

在固定效应与随机效应模型选择的问题上，Hausman 和 Taylor（1978）提出了重要的 Hausman 检验。一般而言，在同等条件下由于随机效应模型的自由度损失小，因此对于个体影响的随机效应模型设定要优于固定效应模型的设定，特别是对于宽而短的面板数据来说。由于检验随机项与解释变量的相关性是非常困难的，所以可以从两种估计方法的参数差异角度进行判别研究。具体的做法是先建立随机效应模型进行估计，然后再建立固定效应模型进行估计，分别获得参数估计结果，建立 Wald 统计量进行差别判别分析，以此来替代随机项与解释变量的相关性检验。Hausman 和 Taylor（1978）给出了具体的统计量，表达式为：

$$W = (\hat{\beta}_{FE} - \hat{\beta}_{RE})' \left[Var(\hat{\beta}_{FE} - \hat{\beta}_{RE}) \right]^{-1} (\hat{\beta}_{FE} - \hat{\beta}_{RE}) \xrightarrow{d} \chi^2(k) \quad (5-3)$$

式中，$\hat{\beta}_{FE}$ 代表固定效应模型的系数估计值；$\hat{\beta}_{RE}$ 代表随机效应模型的系数估计值；$Wald$ 统计量服从自由度为 K 的 χ^2 分布。

在 Hausman 检验中，原假设为个体效应与解释变量之间是正交的，不存在相关性，$\hat{\beta}_{RE}$ 和 $\hat{\beta}_{FE}$ 将共同收敛于真实的参数值，二者差距在大样本情况下消失，即 $(\hat{\beta}_{FE} - \hat{\beta}_{RE}) \xrightarrow{P} 0$，但 $\hat{\beta}_{RE}$ 比 $\hat{\beta}_{FE}$ 更有效率，若原假设成立此时应选随机效应模型。备择假设为个体效应与解释变量之间存在相关性，$\hat{\beta}_{RE}$ 和 $\hat{\beta}_{FE}$ 不一致。若 $\hat{\beta}_{RE}$ 和 $\hat{\beta}_{FE}$ 的差距过大，则倾向拒绝原假设而选择备择假设，此时应为固定效应模型。

面板数据使用 stata14.1 软件进行 Hausman 检验，结果表明，产业集中系数（CC）、改进区位熵（LQ）、产业集聚综合指数（COM）均在 10% 的水平上接受随机效应模型的原假设，检验结果如表 5-4 所示，因此，本书采用中国沿海 11 省份的数据来考察海洋产业集聚与区域绿色经济增长之间的关系，应建立随机效应模型。

表 5-4 Hausman 固定效应与随机效应检验结果

	CC	LQ	COM
Chi2	1.08	2.10	2.67
P 值	0.783	0.552	0.445

（三）可行广义最小二乘法估计

利用 stata14.1 软件对上文基本计量模型公式 5-1 进行可行广义最小二乘法（FGLS）回归，得到结果见表 5-5 所示。

表 5-5 基本线性回归模型估计结果

	(1)	(2)	(3)
	CC	LQ	COM
CC	0.188 * *		

续表

	（1）	（2）	（3）
	（0.0791）		
LQ		0.0146	
		（0.186）	
COM			0.174
			（0.117）
_cons	10.33＊＊＊	10.55＊＊＊	10.36＊＊＊
	（0.135）	（0.243）	（0.174）
Wald Chi（2）	5.63＊＊	0.01	2.19
N	110	110	110

注：对公式 5-1 回归结果；括号内为估计参数的标准误；＊、＊＊和＊＊＊分别表示回归系数在 10%、5% 和 1% 的水平下显著

通过表 5-5 回归结果可以得知，产业集中系数是 0.188，并在 5% 的水平下是显著的；改进区位熵回归系数是 0.0146，但在 10% 水平上并不显著；产业集聚综合指数回归系数是 0.174，在 10% 水平上也不显著。综上所述，这三种不同的海洋产业集聚度衡量指标对于模型 5-1 进行 FGLS 回归，其回归系数显著性结果并不能肯定说明中国海洋产业集聚对区域绿色经济增长水平的提高具有一定影响作用，但回归系数为正可以提示海洋产业集聚对区域绿色经济可能存在促进作用。

利用 stata14.1 软件对上文基本计量模型公式 5-2 再进行 FGLS 回归，得到结果见表 5-6 所示。

表 5-6　基本非线性回归模型估计结果

	（1）	（2）	（3）
	CC	LQ	COM
CC	0.979＊＊＊		
	（0.220）		
CC^2	-0.175＊＊＊		

	（1）	（2）	（3）
	（0.0453）		
LQ		1.838＊＊＊	
		（0.670）	
LQ^2		-0.702＊＊＊	
		（0.244）	
COM			1.054＊＊＊
			（0.352）
COM^2			-0.249＊＊＊
			（0.092）
_ cons	9.772＊＊＊	9.601＊＊＊	9.796＊＊＊
	（0.196）	（0.420）	（0.279）
Wald Chi（2）	20.56＊＊＊	8.3＊＊	9.06＊＊
N	110	110	110

注：对公式5-2回归结果；括号内为估计参数的标准误；＊、＊＊和＊＊＊分别表示回归系数在10%、5%和1%的水平下显著

通过表5-6回归结果可以看出，产业集中系数、改进区位熵和产业集聚综合指数的一次项回归系数均为正值，并均在1%的水平下是显著的。产业集中系数、改进区位熵和产业集聚综合指数的二次项回归系数均为负值，并也均在1%的水平下是显著的。这说明海洋产业集聚在一定范围内海洋产业集聚的正向外部效应占主导地位，对区域绿色经济增长具有明显的促进作用。但随着海洋产业集聚水平提高到一定程度，海洋产业集聚的负向外部效应开始逐渐占据优势地位，反而成为区域绿色经济增长的桎梏。正如威廉姆森假说所认为的海洋产业集聚和区域绿色经济增长关系不是简单的线性关系，存在着动态变化，适度的海洋产业集聚水平可以促进区域绿色经济增长，超过最高的拐点之后，过度的海洋产业集聚水平就会阻碍区域绿色经济增长。因此海洋产业集聚存在一个理论上的最优集聚规模，在这一集聚规模下，边际海洋产业集聚规模正向外部效应等于边际海洋产业集聚规模负向外部效应。如

图 5-2 所示。该图为近似抛物线图形，其方程公式为 $y=ax^2+bx+c$，其中，a 为海洋产业集聚度二次项系数，b 为海洋产业集聚度一次项系数，x 为海洋产业集聚度，当 $x=-b/2a$ 时，此时区域绿色经济增长最大。

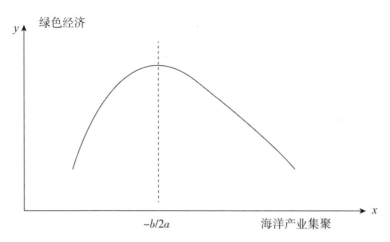

图 5-2　海洋产业集聚与绿色经济的倒 U 型图

通过表 5-6 可得到如下具体模型表达式：

$$\ln RJGGDP = -0.175CC^2 + 0.979CC + 9.772 \tag{5-4}$$

$$\ln RJGGDP = -0.702LQ^2 + 1.838LQ + 9.601 \tag{5-5}$$

$$\ln RJGGDP = -0.249COM^2 + 1.054COM + 9.796 \tag{5-6}$$

从图 5-2 和模型表达式 5-4 可以计算得知，产业集中系数的拐点为 2.797，结合上文第三章中国沿海 11 省份产业集中系数可知天津和上海十年间平均产业集中系数分别为 3.099 和 3.205，均高于拐点数值。但是天津在 2010 年产业集中系数达到最高点 3.391 之后开始逐渐降低集聚水平，到 2016 年产业集中系数已为 2.230，小于倒 U 形拐点数值；而上海产业集中系数从 2007 年 4.639 开始一直处于降低海洋产业集聚水平，从 2014 年开始已经小于倒 U 形拐点数值；沿海其他省份历年产业集中系数均小于倒 U 形拐点数值。从图 5-2 和模型表达式 5-5 可以计算得知，改进区位熵的倒 U 形曲线拐点为 1.309，从第三章对中国沿海 11 省份海洋产业集聚改进区位熵数值可知天津、上海、福建和海南四个省份十年间平均区位熵数值在拐点右侧，其他沿海省份区位熵数值均处于拐点左侧，表现为以海洋产业集聚正效应为主导。从图

5-2 和模型表达式 5-6 可以计算得知，产业集聚综合指数的倒 U 形曲线拐点为 2.116，从第三章可知天津和上海在十年间平均产业集聚综合指数超过 2.116，但随着时间的演变海洋产业集聚水平也都逐渐降低，并且在 2014 年集聚水平也开始位于拐点左侧，从而发挥海洋产业集聚的正向外部效应；其他沿海省份产业集聚综合指数均未超过拐点。

综上所述，中国海洋产业集聚度从这三个方面测算的指标数值可以说明中国绝大多数沿海省份在研究期内海洋产业集聚水平仍处于倒 U 形曲线拐点左侧，海洋产业集聚对区域绿色经济的正向外部效应发挥着主导作用，这些省份应加大投入生产要素，增强产业集聚程度，发挥集聚的规模经济效应。有个别沿海省份如天津和上海，虽然在研究期早期海洋产业集聚度数值超过拐点，海洋产业集聚对区域绿色经济增长产生阻碍作用，但这些省份在市场和政府双重机制调控作用下通过调整海洋产业结构，加大海洋高新技术产业投入，疏散中心区的拥挤效应等一系列措施降低海洋产业集聚水平。在研究期后期海洋产业集聚水平回归到拐点左侧，使海洋产业集聚发展向着有利于区域绿色经济增长的道路上来。对于福建和海南两省，海洋产业集聚水平比较高尤其是改进区位熵指标测算结果显示已经阻碍了绿色经济增长，并且近些年来仍未能降低到拐点左侧，对于这两省应加快海洋产业结构转型升级，加大科研投入，积极进行科研成果转化，扶持海洋高新技术产业，减少高污染高能耗企业，降低对海洋资源开发力度，最大限度地减弱产业集聚拥阻负效应对区域绿色经济增长的影响，并且通过积极转移对海洋资源依赖性不强的海洋产业从根本上缓解集聚的过度拥挤效应。

第三节　面板门限回归模型构建及结果分析

上一部分是海洋产业集聚对区域绿色经济增长的基本计量模型进行回归分析，虽然结果都是显著的，但是考虑中国沿海各省份经济发展水平不同，以及在经济发展过程中对资源耗损、环境污染也存在着明显差异，或许在不同的子样本中，海洋产业集聚对区域绿色经济增长的影响是不同的。因此，为了能够更加准确地探讨海洋产业集聚对区域绿色经济增长的影响，本书接下来采用面板门限回归模型对这一关系做进一步的分析。

本书假设海洋产业集聚对区域绿色经济增长的影响存在门限效应，即在由整个样本分成的不同子样本中，海洋产业集聚对区域绿色经济增长的回归系数是不同的，由此构建两者之间的面板门限回归模型。

一、面板门限回归模型

在回归分析中，有时需要考虑系数的估计值是否稳定，即如果将整个样本分成若干个子样本分别进行回归，是否还能得到大致相同的估计系数。如果用来划分样本的变量不是离散型变量而是连续型变量，比如各地区经济发展水平，则需要给出一个划分的标准，即"门限值"。

传统的做法是，由研究者主观（随意）地确定一个门限值，然后根据此门限值把样本一分为二（或分成更多子样本），既不对门限值进行参数估计，也不对其显著性进行统计检验。显然，这样得到的结果并不可靠。为此，Hansen[172]（1999）提出"门限回归"，以严格的统计推断方法对门限值进行参数估计与假设检验。

对于面板数据，Hansen 给出了如下的门限回归模型：

$$\begin{cases} y_{it} = \mu_i + \beta_1 X_{it} + \varepsilon_{it}, & q_{it} \leq \gamma \\ y_{it} = \mu_i + \beta_2 X_{it} + \varepsilon_{it}, & q_{it} > \gamma \end{cases} \tag{5-7}$$

式中，q_{it} 为门限变量，γ 为待估计的门限值，扰动项 ε_{it} 是独立同分布的。可以将上面的这个分段函数合并写成：

$$y_{it} = \mu_i + \beta_1 X_{it} I\,(q_{it} \leq \gamma) + \beta_2 X_{it} I\,(q_{it} > \gamma) + \varepsilon_{it} \tag{5-8}$$

式中 $I(q_{it} \leq \gamma)$ 与 $I(q_{it} > \gamma)$ 为示性函数，即如果括号内的表达式为真，则取值为 1；反之，取值为 0。这是一个非线性回归，因为它无法写成参数（β_1，β_2，γ）的线性函数。可以用非线性最小二乘法来估计，即最小化残差平方和。

在实际计算中，常常分成两步。首先，给定 γ 的取值，对公式 5-8 使用 OLS 来估计 $\hat{\beta}_1(\gamma)$ 与 $\hat{\beta}_2(\gamma)$，并计算残差平方和 $SSR\,(\gamma)$。其次，选择 γ 使得 $SSR\,(\gamma)$ 最小化。因为对于给定的 q_{it}，示性函数 $I(q_{it} \leq \gamma)$ 与 $I(q_{it} > \gamma)$

只能取值 0 或 1，所以其是 γ 的阶梯函数，而阶梯的 "升降点" 正好是 q_{it}。由此可知，SSR（γ）也是 γ 的阶梯函数，而阶梯的升降点正好在 q_{it} 不重叠的观测值上，因为如果 γ 取 q_{it} 以外的其他值，不会对子样本的划分产生影响，所以不改变 SSR（γ）。因此，对于 $\gamma \in \{q_{it}: 1 \leqslant i \leqslant n, 1 \leqslant t \leqslant T\}$（$\gamma$ 最多有 nT 个取值），使对应的 SSR（γ）最小的 γ 即为估计的门限值。

在进行门限回归的参数估计后，需要对门限效应进行两方面的检验：一是门限效应的显著性检验，二是门限估计值的真实性检验。对于是否存在门限效应，可以进行以下原假设 $H_0: \beta_1 = \beta_2$，如果此原假设成立，则不存在门限效应，此时模型简化为：

$$y_{it} = \mu_i + \beta_1 X_{it} + \varepsilon_{it} \tag{5-9}$$

对于这个标准的线性模型，可以将其转化为离差形式，然后用 OLS 估计。记在 5-9 模型下得到的残差平方和为 SSR^*，5-8 模型下得到的残差平方和为 $SSR(\hat{\gamma})$，显然 $SSR^* \geqslant SSR(\hat{\gamma})$，如果差值越大，则越应该倾向于拒绝 "$H_0: \beta_1 = \beta_2$"。

Hansen 提出使用以下似然比检验统计量：

$$F_1(\gamma) = \frac{SSR^* - SSR(\hat{\gamma})}{\hat{\sigma}_1^2} \tag{5-10}$$

其中，$\hat{\sigma}^2$ 为对扰动项方差的一致估计。然而，如果原假设 "$H_0: \beta_1 = \beta_2$" 成立，则不存在门限效应，也就无所谓门限值 γ 是多少。因此在 H_0 成立的情况下，无论 γ 取什么值，对模型都没有影响，故参数 γ 不可识别。因此，检验统计量 LR 的渐进分布并非标准的 χ^2 分布，而依赖于样本矩，无法将其临界值列表，但可以用自助法来得到其临界值。

如果拒绝 $H_0: \beta_1 = \beta_2$，则认为存在门限效应，然后可对门限估计值的真实性进行检验，即检验 $H_0: \gamma = \gamma_0$。定义似然比检验统计量为：

$$LR(\gamma) = \frac{SSR_1(\gamma) - SSR_1(\hat{\gamma})}{\hat{\sigma}_1^2} \tag{5-11}$$

由于干扰参数的存在，$LR(\gamma)$ 的渐近分布仍是非标准的，但其累计分布函数为 $(1 - e^{-x/2})^2$，Hansen 计算了其置信区间，即在显著性水平为 α 时，当 $LR(\gamma) \leqslant -2ln(1 - \sqrt{1-\alpha})$，不能拒绝原假设。

以上只是考虑单一门限的情况，而实际经济分析中却很可能出现多个门限值。以两个门限值为例：

$$y_{it}=\mu_i+\beta_1 X_{it}I\ (q_{it}\leqslant\gamma_1)\ +\beta_2 X_{it}I\ (\gamma_1<q_{it}\leqslant\gamma_2)\ +\beta_3 X_{it}I\ (q_{it}>\gamma_2)\ +\varepsilon_{it}$$

$$(5-12)$$

其中门限值 $\gamma_1 < \gamma_2$。估计方法是先假定单一门限模型中估计出的 $\hat{\gamma}_1$ 为已知，再进行 γ_2 的搜索，其估计和检验方法与第一个门限值相同，得到第二个门限值的残差平方和最小时对应的 $\hat{\gamma}_2$。之后对 $\hat{\gamma}_2$ 进行门限效应的检验，此时原假设为，H_0：只有唯一门限存在；H_1：存在两个门限，对应的检验统计量为：

$$F_2\ (\gamma)\ =\frac{SSR_1\ (\hat{\gamma}_1)\ -SSR_2\ (\hat{\gamma}_2)}{\hat{\sigma}_2^2}\qquad(5-13)$$

同样利用自助法模拟出似然比统计量的渐近分布及对应的 P 值，进而判断是否拒绝原假设。需要注意的是，Bai（1997）研究表明，$\hat{\gamma}_2$ 是渐近有效的，但 $\hat{\gamma}_1$ 并不具有此性质。因此可固定 $\hat{\gamma}_2$，对 $\hat{\gamma}_1$ 进行重新搜索，从而获得其优化后的一致估计量 $\hat{\gamma}_1$。然后仍需使用相应的似然比统计量检验所得门限值是否与真实门限值一致。如果拒绝原假设，表明搜索到的门限值即为真实值。此时再重复上述步骤，搜索第三个甚至更多个门限值，直到不能拒绝原假设为止，才可以确定门限个数。

二、模型构建

根据本书研究目的，以人均 GDP 作为门限变量，构建海洋产业集聚对区域绿色经济增长的面板门限回归模型。为了检验回归模型的可靠性，可以根据回归系数正确地做出推断，我们采用 Engle 等（1983）的弱外生性检验来确认门限模型中的门限变量人均 GDP 的外生性。我们先将人均 GDP 作为被解释变量，以其他解释变量以及其本身的滞后一期的变量作为解释变量进行最小二乘回归估计，然后把所生成的残差序列加入原等式作为新的解释变量，最后再以 LM 检验人均 GDP 是否具有弱外生性。

检验结果如表 5-7 所示，从 P 值可以看出，无法拒绝人均 GDP 弱外生性的零假设，这说明本书使用的人均 GDP 具有弱外生性，因此本书得到的估计系数，可以作为合理的推论依据。

表 5-7　人均 GDP 弱外生性检验

	CC	LQ	COM
F-统计量	1.45	1.35	1.44
P 值	0.232	0.248	0.232

根据人均 GDP 弱外生性检验结果可知，可以采取人均 GDP 作为门限变量，验证中国海洋产业集聚对区域绿色经济增长的门限特征，对受门限变量影响的解释变量进行门限检验和估计。具体门限效应检验结果见表 5-8 所示。

表 5-8　面板门限效应检验

IC 类型	门限检验类型	F 统计量	P 值	临界值		
				1%	5%	10%
CC	单一门限检验	60.68	0.093 *	87.769	71.154	60.970
	双重门限检验	33.34	0.100 *	41.532	36.909	33.341
	三重门限检验	33.28	0.890	128.269	110.089	98.991
LQ	单一门限检验	72.58	0.020 * *	80.9373	63.126	56.126
	双重门限检验	47.03	0.010 * * *	44.566	34.851	31.160
	三重门限检验	9.92	0.973	116.321	90.246	79.360
COM	单一门限检验	70.18	0.050 * *	82.220	69.515	59.127
	双重门限检验	38.69	0.017 * *	39.457	33.276	28.434
	三重门限检验	17.00	0.943	111.940	87.892	71.923

注：P 值和临界值均为采用 Bootstrap（"自抽样法"）方法反复抽样（rep＝300）得到的结果，* * *、* *、* 分别代表 1%、5%、10% 的显著性水平

首先需要确定门限的数量，以便确定门限模型的形式，在模型 5-2 的基础上引入门限变量。这里依次在不存在门限、存在一个门限、存在两个门限的假设下进行估计。表 5-8 显示了不同门限检验类型的 F 统计量和采用 Bootstrap 方法得出的 P 值。结果显示，无论是产业集中系数、改进区位熵还是产业集聚综合指数的模型，以人均 GDP 为门限变量时单一门限在 10% 显著水平下显著，双重门限在 10% 显著性水平下显著，而三重门限效应并不显著，因此以人均 GDP（$RJGDP$）为门限的海洋产业集聚对区域绿色经济增长的模型将构建双重门限回归模型。

双重门限回归模型见公式 5-14、5-15、5-16 所示。

$$\ln RJGGDP_{it} = \alpha_i + \beta_1 CC_{it}\ (RJDGP \leq \gamma_2)\ + \beta_2 CC_{it}\ (\gamma_2 < RJGDP \leq \gamma_1)$$
$$+ \beta_3 CC_{it}\ (RJGDP > \gamma_1)\ + \beta_4 CC^2 + \mu_{it} \tag{5-14}$$

$$\ln RJGGDP_{it} = \alpha_i + \beta_1 LQ_{it}\ (RJGDP \leq \gamma_2)\ + \beta_2 LQ_{it}\ (\gamma_2 < RJGDP \leq \gamma_1)$$
$$+ \beta_3 LQ_{it}\ (RJGDP > \gamma_1)\ + \beta_4 LQ^2 + \mu_{it} \tag{5-15}$$

$$\ln RJGGDP_{it} = \alpha_i + \beta_1 COM_{it}\ (RJGDP \leq \gamma_2)\ + \beta_2 COM_{it}\ (\gamma_2 < RJGDP \leq \gamma_1)$$
$$+ \beta_3 COM_{it}\ (RJGDP > \gamma_1)\ + \beta_4 COM^2 + \mu_{it} \tag{5-16}$$

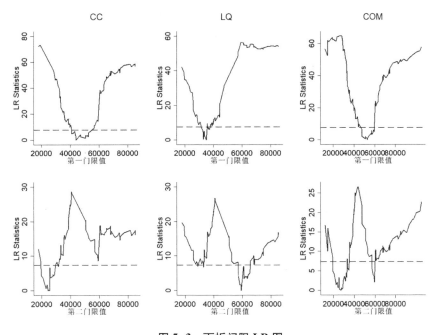

图 5-3　面板门限 LR 图

表5-9　双重门限的估计值和置信区间

IC 类型	门限值	估计值	95%置信区间
CC	γ_1	44119.0	[42461.5，44347.0]
	γ_1	25326.0	[21824.5，25605.0]
LQ	γ_1	59249.0	[32355.0，35190.0]
	γ_2	35044.0	[57859.0，60533.0]
COM	γ_1	52644.0	[48057.5，52763.0]
	γ_2	27519.0	[22561.0，27952.0]

在确定模型之后，分别关注模型 5-14—5-16 的门限估计值和置信区间，结果见图 5-3 和表 5-9 所示。根据图 5-3 和表 5-9 显示人均 GDP 的两个门限的估计值和置信区间。对于模型 5-14，两个门限估计值是指似然比统计量 LR 为零时 γ 的取值，分别为 44119.0 元和 25326.0 元。据此可以根据门限值按人均 GDP 发展水平的高低将 11 个沿海省份分成三种，当人均 GDP 大于 44119.0 元，该省份为经济高水平发展地区；当人均 GDP 大于 25326.0 元小于 44 119.0 元，该省份为经济中等发展地区；当人均 GDP 小于 25326.0 元，该省份为经济低水平发展地区。对于模型 5-15，两个门限估计值分别为 59249.0 元和 35044.0 元。据此可以根据门限值按人均 GDP 发展水平的高低将 11 个沿海省份分成三种，当人均 GDP 大于 59249.0 元，该省份为经济高水平发展地区；当人均 GDP 大于 35044.0 元小于 59249.0 元，该省份为经济中等发展地区；当人均 GDP 小于 35044.0 元，该省份为经济低水平发展地区。对于模型 5-16，两个门限估计值分别为 52644.0 元和 27519.0 元。同理根据门限值按人均 GDP 发展水平的高低将 11 个沿海省份分成三种，当人均 GDP 大于 52644.0 元，该省份为经济高水平发展地区；当人均 GDP 大于 27519.0 元小于 52644.0 元，该省份为经济中等发展地区；当人均 GDP 小于 27519.0 元，该省份为经济低水平发展地区。

三、回归结果与分析

下面对面板门限模型进行回归分析。选取的样本数据为基于中国 2007 年至 2016 年间 11 个沿海省份的海洋产业集聚度 IC（包括 CC、LQ 和 COM）、人均绿色 GDP 自然对数（lnRJGGDP）以及人均 GDP（RJGDP）的平衡面板数据。下表是根据模型 5-14、5-15、5-16 对门限效应进行回归分析得到如下结果，具体见表 5-9 所示。

表 5-10 面板门限回归模型估计结果

	模型 5-14	模型 5-15	模型 5-16
	CC	LQ	COM
CC^2	-0. 122 * （0. 069）		
CC $(RJGDP \leq \gamma_2)$	-0. 764（0. 504）		
CC $(\gamma_2 < RJGDP \leq \gamma_1)$	0. 059（0. 477）		
CC $(RJGDP > \gamma_1)$	0. 762 * （0. 463）		
LQ^2		-0. 591 * * * （0. 225）	
LQ $(RJGDP \leq \gamma_2)$		0. 710（0. 753）	
LQ $(\gamma_2 < RJGDP \leq \gamma_1)$		1. 101（0. 755）	
LQ $(RJGDP > \gamma_1)$		1. 458 * （0. 752）	
COM^2			-0. 253 * * （0. 117）
COM $(RJGDP \leq \gamma_2)$			0. 040（0. 588）
COM $(\gamma_2 < RJGDP \leq \gamma_1)$			0. 552（0. 595）
COM $(RJGDP > \gamma_1)$			0. 943 * （0. 574）
_ cons	10. 375 * * * （0. 405）	10. 173 * * * （0. 515）	10. 1182 * * * （0. 465）
F 统计量	30. 74 * * *	41. 39 * * *	34. 77 * * *
N	110	110	110

注：括号内为估计参数的标准误；P 值为采用 Bootstrap（"自抽样法"）方法反复抽样（rep = 300）得到的结果；* * *、* *、* 分别代表 1%、5%、10% 的显著性水平

根据表 5-10 的结果分析海洋产业集聚对区域绿色经济增长的门限特征，对于海洋产业集聚的二次方项回归系数为负值，并且均在 10% 的水平下显著，与上文基本计量模型回归结果一致，这说明海洋产业集聚与区域绿色经济增长之间是非线性回归模型。在一定范围内的海洋产业集聚是提升区域核心竞

争力的重要方法，也是促进区域绿色经济增长的重要战略。但是，随着集聚进一步发展而出现了高度的空间集聚，则集聚拥挤效应就会导致过度竞争、拥挤成本等一系列经济、资源环境、社会问题。通过回归结果以及这些事实在一定程度上表征了威廉姆森假说，海洋产业集聚与区域绿色经济之间是"倒 U 型"曲线关系。然而通过海洋产业集聚一次项系数及显著水平可以看出，对于沿海各省份经济发展水平的不同，海洋产业集聚效应也存在明显差异。

以人均 GDP 为门限变量分析结果表明，门限值 γ_1 和 γ_2 将人均 GDP 水平分为经济高水平发展地区（$RJGDP > \gamma_1$）、经济中等水平发展地区（$\gamma < RJGDP \leqslant \gamma_1$）和经济低水平发展地区（$RJGDP \leqslant \gamma_2$）3 个区间。根据模型 5-14 中不同区间的产业集中系数（CC）对应系数值显示，经济发展低水平的地区，海洋产业集聚对绿色经济的增长具有负向影响（-0.764），但其在统计意义上并不显著。对于经济发展中等水平的地区，海洋产业集聚对绿色经济的增长具有正向影响（0.059），但是在统计意义上也并不显著。对于经济高速发展的地区，海洋产业集聚对绿色经济的增长具有正向影响（0.762），并且在 10% 的显著性水平下是显著的。根据模型 5-15 中不同区间的海洋改进区位熵（LQ）对应系数值显示，经济发展低水平的地区，海洋产业集聚对绿色经济的增长具有正向影响（0.710），但其在统计意义上并不显著。对于经济发展中等水平的地区，海洋产业集聚对绿色经济的增长具有正向影响（1.101），但其在统计意义上也并不显著。对于经济高速发展的地区，海洋产业集聚对绿色经济的增长具有正向影响（1.458），并且在 10% 的显著性水平下是显著的。根据模型 5-16 中不同区间的产业集聚综合指数（COM）对应系数值显示，经济发展低水平的地区，海洋产业集聚对绿色经济的增长具有正向影响（0.040），但其在统计意义上并不显著。对于经济发展中等水平的地区，海洋产业集聚对绿色经济的增长具有正向影响（0.552），但其在统计意义上也并不显著。对于经济高速发展的地区，海洋产业集聚对绿色经济的增长具有正向影响（0.943），并且在 10% 的显著性水平下是显著的。

因此，通过表 5-10 中模型 5-14—模型 5-16 回归结果都说明对于经济发展水平不同的地区，海洋产业集聚对绿色经济增长具有不同的影响，验证了门限效应的存在性。其中，对于中国沿海省份经济低速发展地区，海洋产业集聚度三种不同测度方法中 CC 系数值为负数，其他两种 LQ 和 COM 系数为正值，但是这三种表征海洋产业集聚度指标回归系数均不显著，说明中国沿海省份经济发展水平较差的地区，海洋产业集聚对绿色经济增长的影响并不明显，也就是说海洋产业集聚对促进绿色经济增长并不是主要原因。例如在沿海 11 省份中人均 GDP 发展水平低于 γ_2 的广西、海南，其自然资源丰富、环境污染较少，但是农业发展不强，产业化程度低，工业基础薄弱，缺少龙头企业带动，所以海洋产业集聚效应并不是快速提高这两省份绿色经济增长最有效的方式。而应该通过加大财政资金投入，引进外来投资和先进技术设备，加快推进工业化发展进程，刺激需求等一系列方式快速提高绿色经济增长。中国沿海省份经济中速发展地区，海洋产业集聚度三种测度指标的回归系数均显示为正值，但并不显著，说明中国沿海省经济发展中等水平的地区，海洋产业集聚仍然不是促进区域绿色经济增长的主要原因。中国沿海省份经济高速发展地区，海洋产业集聚度三种不同测度指标的回归系数均为正值，并且在统计学意义上均显著，说明当经济处于高速发展阶段，适度的海洋产业集聚就成为促进区域绿色经济增长的重要因素。例如在沿海 11 省份中人均 GDP 发展水平高于 γ_1 的上海、天津、浙江等省份，这些区域的资金投入、劳动力保障、资源生产率、外商投资、先进技术设备等经济发展的必要条件具有明显的比较优势，从而使得这些区域的经济发展一直处于中国领先水平，并从经济高速增长阶段转向高质量发展阶段，海洋产业集聚效应正成为这些区域绿色经济增长的重要推动力。海洋产业集聚可以通过共享基础设施、知识技术溢出、吸引生产要素、提高信息传递效率、加强产业前后向关联、提高专业化分工以及市场竞争强度、降低交易成本费用等多种渠道影响这些区域绿色经济增长。因此，在防止海洋产业集聚过度的前提下，合理利用海洋产业集聚在促进区域绿色经济增长中发挥着越来越重要的作用。

第四节　稳健性检验

对于回归结果的稳健性检验，参考了孙浦阳[173]（2017）、吕冰洋[174]

（2014）、汪伟[175]（2009）等文献对稳健性检验的方法，在基本计量模型 5-2 中加入其他控制变量进行检验，考察海洋产业集聚一次项和二次项系数和显著性的变化。

为了检验结果的稳健性，克服由于遗漏变量而可能导致的内生性问题，在基本计量模型 5-2 中进一步加入可能影响绿色 GDP 的其他控制变量。在控制变量的选择上，本书参考美国数学家柯布（C. W. Cobb）和经济学家保罗·道格拉斯（Paul H. Douglas）共同探讨提出的柯布-道格拉斯生产函数模型，该函数模型是在一般生产函数模型形式基础上进行改进，引入了技术资源要素。具体函数模型公式为 5-17：

$$Y_t = A_t K_t^{\alpha} L_t^{1-\alpha} \tag{5-17}$$

式中，Y_t 代表 t 时期内生产的产出量；$A_t > 0$ 代表 t 时期的技术水平；K_t 代表 t 时期生产过程的资本投入量；L_t 代表 t 时期生产过程劳动投入量；α 代表资本投入对产出流量的贡献度，（$1-\alpha$）代表劳动投入对产出流量的贡献度。对等式左右两边同时取对数后进行微分，得到函数模型公式为 5-18：

$$\frac{\Delta Y}{Y} = \frac{\Delta A}{A} + \alpha \frac{\Delta K}{K} + （1-\alpha） \frac{\Delta L}{L} \tag{5-18}$$

上式说明经济增长率由技术水平提高率、资本投入增长率和劳动力投入增长率三方面因素共同决定。柯布—道格拉斯生产函数模型虽然解释了经济增长的原因，但该理论模型尚未解决技术水平提高外生性的问题，存在着明显的不足。随后新古典经济学家马歇尔（Marshall）对技术内生化问题提出了解决思路。他认为产业集聚具有三种正的外部效应：劳动力共享、资本共享和技术共享，通过这三种共享外部效应促进区域经济、技术进步。但马歇尔并未将产业集聚因素直接纳入经济增长模型中，解决生产函数模型中的技术水平外生性问题。现将产业集聚纳入生产函数模型之后可以表示为 5-19：

$$Y_t = A \left[I（t） \right] F \left[K（t），L（t） \right] \tag{5-19}$$

式中，A、Y、K 和 L 与公式 5-17 含义相同，I 代表产业集聚度。

加入产业集聚的生产函数模型包括以下几个假设：第一，函数 $F [K（t），L（t）]$ 是一次齐次式。第二，对所有 $K > 0$ 和 $L > 0$，$F（\cdot）$ 呈现出对每一种投入为正且边际产出量存在递减的趋势。第三，资本投入和劳动投入在技术上可以相互替代。第四，产业集聚产生技术共享效应，技术水平提高是关于产业集聚度的函数。第五，产业集聚能够产生三种共享外部正效应从而推动区域经济生产增长，也就是要求 $A'(IC) > 0$。由于 $A'(IC) > 0$，则 $A(IC)$ 与 IC 之间存在正相关关系，在其他条件不变的情况下，产业集聚度越高技术水平及经济产出量会越高，从而提高资源利用率，减轻环境污染，促进区域经济的绿色发展。同时区域绿色经济发展将进一步吸引区域外的劳动力资源和高技术人员等资源的流入，同时也能吸引外商投资，引进先进技术和经济管理理念，提高产业的综合竞争力，促进产业集聚进一步提高，推进区域绿色经济不断增长，形成良性循环机制。

针对柯布—道格拉斯生产函数模型和马歇尔思想中有关经济生产增长影响因素，并结合上文第二章节中有关产业集聚带来的外部效应，下文为了增强公式 5-2 研究结果的可信度，在稳健性检验里将对模型公式 5-2 进行改进，通过引入影响绿色经济增长的控制变量考察对实证结果影响从而进行稳健性检验。构建新的计量模型如公式 5-20 所示：

$$\ln RJGGDP_{it} = \alpha_i + \beta_1 IC_{it} + \beta_2 IC^2 + \beta_3 \ln rjk_{it} + \beta_4 labor_{it} + \beta_5 \ln rjfdi_{it} + \beta_6 \ln rjrd_{it} + \mu_{it}$$

$$(5-20)$$

式中，$lnRJGGDP$ 和 IC 与公式（5-2）含义相同；$lnrjk$ 为人均固定资产投入作为资本投入的衡量指标；$labor$ 为劳动力投入比作为劳动力投入的衡量指标；$lnrjfdi$ 为外商直接投资人均实际利用额作为衡量该地区对外开放程度；$lnrjrd$ 为人均研究与实验发展经费支出作为衡量科研技术创新水平。

在进行回归之前，首先需要对面板数据进行单位根检验，已验证模型中所有变量的平稳性。为了检验控制变量的平稳性，仍然使用上文五种较为常用的单位根检验方法，即：LLC 检验、HT 检验、IPS 检验和 Fisher 检验（包括 ADF 和 PP 检验），通过检验结果可知除人均研究与实验发展经费支出在 HT 单位根检验接受原假设，人均固定资产投入在 IPS 单位根检验以 5% 水平拒绝原假设，其余所有控制变量均在 1% 水平下拒绝存在单位根的原假设。总体而言，各变量数据属于平稳序列。具体结果见表 5-11 所示。

表 5-11 面板数据单位根检验结果

变量	LLC 检验 (t)	HT 检验 (Z)	IPS 检验 ($W-t-bar$)	ADF-Fisher 检验 (Pm)	PP-Fisher 检验 (Pm)
$lnRJGGDP$	−3.8014（0.000）	−2.563（0.005）	−2.341（0.010）	17.021（0.000）	6.158（0.000）
CC	−10.092（0.000）	−1.537（0.062）	−2.461（0.007）	16.890（0.000）	2.397（0.008）
CC^2	−11.571（0.000）	−3.129（0.001）	−3.159（0.001）	17.590（0.000）	4.903（0.000）
LQ	−9.115（0.000）	−1.748（0.040）	−2.961（0.001）	13.801（0.000）	3.023（0.001）
LQ^2	−9.509（0.000）	−1.755（0.040）	−2.383（0.001）	15.009（0.000）	2.814（0.002）
COM	−11.615（0.000）	−1.340（0.0901）	−1.822（0.034）	20.589（0.000）	2.457（0.007）
COM^2	−12.079（0.000）	−2.656（0.004）	−3.3093（0.000）	19,989（0.000）	3.568（0.000）
$lnrjk$	−5.611（0.000）	−2.675（0.004）	−1.607（0.054）	4.005（0.000）	21.668（0.000）
$labor$	−4.187（0.000）	−1.835（0.033）	−2.501（0.006）	2.041（0.021）	2.562（0.005）
$lnrjfdi$	−6.374（0.000）	−3.505（0.000）	−1.685（0.046）	8.580（0.000）	3.182（0.001）
$lnrjrd$	−7.789（0.000）	−0.571（0.284）	−3.892（0.000）	4.805（0.000）	19.346（0.000）

注：括号内为 P 值

在面板数据平稳基础上，为了验证基本计量模型 5-2 中核心解释变量海洋产业集聚对区域绿色经济增长影响的稳定性，本书对四个控制变量采用逐步引入的方式建立了 9 个模型，分别进行估计，观察回归系数和显著性变化。运用 FGLS 估计方法对公式 5-20 进行分别回归，估计结果见表 5-12 所示。模型 1、模型 2 和模型 3 是在基本回归模型中（分别包括 CC、LQ 和 COM 三个表征海洋产业集聚度指标）加入生产函数中最重要的资本投入和劳动力投入两个控制变量。模型 4、模型 5 和模型 6 是在模型 1-3 基础上又加入衡量对外开放程度的控制变量。模型 7、模型 8 和模型 9 是在模型 4-6 基础上又加入衡量科研技术创新水平的控制变量。

通过表 5-12 各模型回归结果可以看出，在模型 1-3 中，海洋产业集聚度的一次项系数为正、二次项系数为负，并且在 1% 水平下显著；人均固定资产投入系数为正，并且在 1% 水平下显著；劳动力投入比系数为负，但并不显著。从数量关系看，以产业集聚综合指数（COM）指标表示海洋产业集聚度的模型 3 为例，在一定范围内产业集聚综合指数提高 1 个单位，人均绿色 GDP 增长 0.487%，超过一定范围产业集聚综合指数提高 1 个单位，人均绿色 GDP 降低 0.142%；人均固定资产投入提高 1%，人均绿色 GDP 增长 0.674%。在模型 4-6 中，海洋产业集聚度的一次项系数为正、二次项系数为负，并且均非常显著；人均固定资产投入系数为正，并且在 1% 水平下显著；劳动力投入比和外商直接投资人均实际利用额均不显著。从数量关系看，仍以产业集聚综合指数（COM）指标表示海洋产业集聚度的模型 6 为例，在一定范围内产业集聚综合指数提高 1 个单位，人均绿色 GDP 增长 0.565%，超过一定范围产业集聚综合指数提高 1 个单位，人均绿色 GDP 降低 0.155%；人均固定资产投入提高 1%，人均绿色 GDP 增长 0.685%。在模型 7-9 中，海洋产业集聚度的一次项系数为正、二次项系数为负，并且基本上也都显著；人均固定资产投入系数为正，并且在 1% 水平下显著；劳动力投入比系数为负，且在 1% 水平下显著；人均研究与实验发展经费支出系数为正，且在 1% 水平下显著；外商直接投资人均实际利用额不显著。从数量关系看，仍以产业集聚综合指数（COM）指标表示海洋产业集聚度的模型 9 为例，在一定范围内产业集聚综合指数提高 1 个单位，人均绿色 GDP 增长 0.254%，超过一定范围产业集聚综合指数提高 1 个单位，绿色 GDP 降低 0.065%；人均固定资产投入提高 1%，人均绿色 GDP 增长 0.258%；劳动力投入比提高 1 个百分点，人均绿色 GDP 降低 0.009%；人均研究与实验发展经费支出提高 1%，人均绿色 GDP 增长 0.432%。综上所述在基本模型 5-2 中加入控制变量后发现，这些控制变量对人均绿色 GDP 整体上有解释作用，所重点关注核心解释变量海洋产业集聚的一次项系数均为正、二次项系数均为负，没有发生任何改变，并且变量系数有较高的显著性。因此验证了基本模型回归的结果：适度的海洋产业集聚度可以促进绿色经济增长，当海洋产业集聚达到一定水平超过资源环境承载力时，就会对绿色经济的增长产生阻碍作用。同时也说明了在控制了其他潜在影响绿色经济增长因素后基本计量模型估计结果有较好的稳健性。

表 5-12　静态面板回归
Tab. 5-12 Static panel regression

	模型(1) CC	模型(2) LQ	模型(3) COM	模型(4) CC	模型(5) LQ	模型(6) COM	模型(7) CC	模型(8) LQ	模型(9) COM
CC	0.293** (−0.149)			0.368** (−0.148)			0.143* (−0.079)		
CC²	−0.0693*** (−0.0238)			−0.0794*** (−0.0241)			−0.0298** (−0.0144)		
lnrjk	0.671*** (−0.0236)	0.669*** (−0.0238)	0.674*** (−0.023)	0.680*** (−0.0284)	0.681*** (−0.0294)	0.685*** (−0.0283)	0.256*** (−0.0358)	0.250*** (−0.0346)	0.258*** (−0.0348)
labor	−0.00439 (−0.00444)	−0.00493 (−0.00446)	−0.00417 (−0.00433)	−0.00372 (−0.00454)	−0.00361 (−0.00458)	−0.00307 (−0.00445)	−0.00868*** (−0.00317)	−0.00875*** (−0.00313)	−0.00868*** (−0.00309)
LQ		0.874*** (−0.311)			0.935*** (−0.307)			0.299*** (−0.166)	
LQ²		−0.331*** (−0.102)			−0.343*** (−0.101)			−0.0893 (−0.0609)	
COM			0.487** (−0.197)			0.565*** (−0.194)			0.254** (−0.0985)
COM²			−0.142*** (−0.0426)			−0.155*** (−0.0422)			−0.0646*** (−0.0241)
lnrjfdi				−0.0411	−0.0421	−0.0419	−0.0425 (−0.0388)	−0.0524 (−0.0381)	−0.0496 (−0.0381)
lnrjrd				−0.0601	−0.0605	−0.0597	0.430*** (−0.0329)	0.443*** (−0.0317)	0.432*** (−0.0314)
_cons	3.827*** (−0.369)	3.618*** (−0.402)	3.675*** (−0.377)	3.913*** (−0.422)	3.655*** (−0.437)	3.718*** (−0.419)	5.928*** (−0.334)	5.887*** (−0.337)	5.872*** (−0.331)
N	110	110	110	110	110	110	110	110	110
组内R²	0.9091	0.9102	0.9046	0.9087	0.9061	0.9107	0.9548	0.9534	0.9547
组间R²	0.3759	0.3602	0.349	0.4106	0.3308	0.3537	0.9187	0.9274	0.9282
R²	0.5844	0.5736	0.57	0.6048	0.5575	0.5734	0.9299	0.9348	0.9361
Wald chi²	895.25***	858.41***	907.38***	864.53***	823.51***	869.25***	1910.42***	1919.49***	1971.43***

注：括号内为估计参数的标准误；*、**和***分别表示回归系数在10%、5%和1%的水平上显著

通过对基本计量模型 5-2FGLS 回归，在基本计量模型基础上构建门限模型 5-14—模型 5-16 回归，以及在基本计量模型中加入控制变量后构建新模型 5-20 进行稳健性检验，均验证了威廉姆森假说中内含的产业集聚与经济增长的动态关系。关于这种动态关系背后的作用机制，本书认为可以从以下两个方面进行解释。一方面是海洋产业集聚的正向效应占据优势时，海洋产业在地理位置上的集聚可以有利于吸引劳动力、技术人才、生产要素的集聚，加速技术、知识、信息和技术成果的创新和溢出，壮大海洋高新技术产业发展，减轻资源消耗和环境污染。同时，产业集聚所带来的更进一步的专业化分工和合作，使得生产要素流通加快、运输成本、交易成本大大下降。此外，产业集聚所带来的规模经济效应可以增强企业竞争力的同时获得海洋产业整体的竞争优势，进一步促进区域内绿色经济的增长；另一方面是海洋产业集聚的负向效应占据优势时，产业集聚导致市场拥挤致使企业间恶性竞争、利润下降严重威胁企业生存，过度的海洋产业集聚使得要素市场需求巨大，那么一些供给弹性较低的生产要素如土地等价格就会大幅度上涨，从而限制了新企业的进入。此外，海洋产业集聚负向外部效应还表现为人口、交通等拥挤效应，并且海洋产业本身就有很强的资源依赖性，当超过资源环境承载力限度时，就会对资源、生态环境造成威胁和破坏，从而阻碍经济绿色增长。

第五节   本章小结

本章以 2007—2016 年中国沿海 11 省份的面板数据为样本，构建基本计量模型考察海洋产业集聚对沿海区域绿色经济增长的影响，在面板数据平稳基础上采用可行广义最小二乘法对基本计量模型回归，结果表明海洋产业集聚与沿海区域绿色经济增长之间并非简单线性关系，而是呈现"倒 U 型"关系，也就是说适度的海洋产业集聚度可以促进沿海区域绿色经济增长，超过"倒 U 型"曲线拐点后，过度的海洋产业集聚就会成为沿海区域绿色经济增长的桎梏。但是考虑中国沿海各省份经济发展水平不同，为了进一步考察在沿海各省份经济发展水平不均衡的情况下，海洋产业集聚对区域绿色经济增长的影响是否有所不同，因此以人均 GDP 作为门限变量构建了面板门限回归模型。根据面板门限效应检验结果可知海洋产业集聚对沿海区域绿色经济增长的模型存在两个门限值，因此构建了双重门限回归模型。通过对面板门限模型回归结果可以看出中国沿海省份海洋产业集聚对沿海区域绿色经济增长仍然表现为"倒 U 型"曲线关系，与基本计量模型回归结果一致。同时通过面板门限回归模型结果进一步可以看出不同经济发展水平的沿海省份，海洋产业集聚对区域绿色经济增长的影响存在明显差异。最后为了检验回归结果的稳健性，克服由于遗漏变量而可能导致的内生性问题，在基本计量模型中逐步加入可能影响绿色经济增长的其他控制变量，在面板数据平稳基础上仍采用可行广义最小二乘法分别进行估计，观察回归系数和显著性变化。通过在基本模型中加入控制变量后回归结果证实，海洋产业集聚与沿海区域绿色经济增长之间仍然存在"倒 U 型"曲线关系，并且加入的这些控制变量对沿海区域绿色经济增长整体上也有解释作用，从而验证了在控制其他潜在影响绿色经济增长因素后基本计量模型估计结果有较好的稳健性。

第六章

中国海洋产业集聚的空间溢出效应对邻近区域绿色经济增长影响

第二章详细阐述了海洋产业集聚对区域绿色经济增长的影响机理，第五章已经通过构建面板基本计量模型和面板门限回归模型证实了中国沿海 11 省份海洋产业集聚对本区域绿色经济增长的影响关系。本章将根据 Tobler（1970）观点，认为在现实经济社会中，每个区域的经济发展不可能独立于相邻其他区域，会受到周边邻近区域经济发展水平的影响[176]。因此，邻近的区域之间必然存在相互影响，具有密切的关联性，尤其在信息和交通发达的今天，空间上相互邻近的区域存在更为广泛而密切的联系。因此，本书进一步从地理空间视角入手，将利用空间计量模型将第五章的实证研究结论扩展到空间上，以探究是否存在空间溢出效应及其溢出效应大小，从而更进一步拓宽本书研究内容，使之更符合实际经济社会发展情况。因此，本章构建的空间计量模型是在第五章非线性基本计量模型基础上进一步加入影响绿色经济增长的控制变量以及横截面单位的地理位置信息，变成包含了相互距离的经济数据，通过空间计量模型实证分析中国海洋产业集聚的空间溢出效应对邻近区域绿色经济增长影响，故适用性和说服力更强。

第一节　变量说明与数据来源

一、变量说明

为了考察中国海洋产业集聚的空间溢出效应对邻近区域绿色经济增长影

响，本章研究将以中国 31 省份 2007—2016 年的区域绿色经济增长作为被解释变量，以沿海 11 省份在这一时期内的海洋产业集聚程度作为解释变量，同时考虑区域绿色经济增长会受多个因素的影响，有针对性地选择加入了 5 个控制变量。

（一）被解释变量

绿色经济（$lnRJGGDP$），由人均绿色 GDP 表示。绿色 GDP 是一个综合性指标，不仅可以反映经济发展数量情况还可以反映经济发展质量水平，因此选用绿色 GDP 指标综合反映该区域的绿色经济增长状况。为了消除不同区域之间人口基础差异较大对区域绿色经济的影响，采用人均绿色 GDP 进行量化，为了缩小数据的绝对数值并进行取自然对数处理（在第四章已经核算，并与第五章回归模型指标选取保持一致）。

（二）核心解释变量

海洋产业集聚度 IC，包括（CC、LQ 和 COM），由产业集中系数（CC）、改进区位熵（LQ）和产业集聚综合指数（COM）分别表示。本章将 2007—2016 年中国沿海 11 省份海洋产业的集聚程度作为核心解释变量。对于海洋产业集聚程度表征指标有三种形式：即产业集中系数、改进区位熵和产业集聚综合指数。无论哪一种测度方法所得到的表征指标都有一定优缺点，为了削弱单一表征指标的不足，并且为了与第五章实证分析所引入的海洋产业集聚程度核心解释变量保持一致，故本章仍将 CC、LQ 和 COM 三种反映海洋产业集聚水平的表征指标放入空间计量模型中进行空间溢出效应分析。

（三）控制变量

根据有关的经济增长理论，促进绿色经济增长最直接的方法就是增大对该地区生产要素的供给，以及提高生产要素利用效率也是促进绿色经济增长的重要手段。结合文献研究成果以及第五章实证结果，选取物质资本、人力资本、科技创新水平、对外开放程度和环境治理力度五个因素作为模型的控制变量，以便能够更加全面地揭示中国 31 省份绿色经济增长。

1. 物质资本（$lnrjk$）

由人均固定资产投入表示。在不同的经济增长理论中，增加物质资本投入都是促进经济增长的最基本的因素。并且借鉴前人如朱辉[177]（2019）、郑娇艳[149] (2020) 等的研究结果表明物质资本投入能够促进绿色经济增长，因此采用人均固定资产投入指标来衡量区域物质资本水平。

2. 人力资本 (labor)

由劳动力投入比表示。在不同的经济增长理论中，人力资本也是促进经济增长的最基本的因素。并且众多研究证明如林应福[178] (2014) 等认为人力资本能够提高要素的生产效率，是影响绿色经济增长重要因素，因此，以该地区当年从业人员数量与该地区人口总数比值表示劳动力投入比指标来衡量地区人力资本情况。

3. 科技创新水平 (lnrjrd)

由人均研究与实验发展经费支出表示。科技创新可以提高资源利用效率、减轻环境污染、影响生产效率、降低生产成本，是绿色经济增长的重要驱动力。因此借鉴黄瑞芬[179] (2009)、郑娇艳[149] (2020) 等的指标选取，采用人均研究与实验发展经费支出作为衡量科技创新水平引入到模型进行验证。

4. 对外开放程度 (lnrjfdi)

由外商直接投资人均实际利用额表示。众多研究成果表明对外开放不仅可以增加产业需求和供给能力，还可以通过引入先进管理技术等提高产业综合竞争力。此外还能引入外部资金可以促进生产要素快速流动，推动区域绿色经济增长，因此借鉴王邹辉[180] (2018)、毛金祥[181] (2019) 等的指标选取，采用外商直接投资人均实际利用额作为衡量对外开放程度引入到模型进行验证。

5. 环境治理力度 (lncep)

由环境污染治理投资表示。环境污染治理力度越大，可以降低区域生态环境污染，促进经济的绿色发展。因此，借鉴郑雪晴等[182] (2020) 等采用环境污染治理投资作为衡量环境治理力度引入到模型进行验证。

为了缩小数据的绝对值影响，将人均固定资产投入、人均研究与实验发展经费支出、外商直接投资人均实际利用额以及环境污染治理投资四个控制变量数据取自然对数。

二、数据来源

基于数据可获得性以及连续性，本章选取 2007—2016 年中国 31 省份的面板数据进行实证研究，以海洋产业集聚度 IC 和区域人均绿色 GDP 作为重点研究变量，同时考虑影响绿色经济增长的五个控制变量，建立空间计量模型。相关数据来源于《中国统计年鉴》《中国环境统计年鉴》《中国海洋统计年鉴》《中国卫生健康统计年鉴》《中国价格统计年鉴》《中国国土资源统计年鉴》，以及各省份的相关统计年鉴、统计公报等。

第二节　空间权重矩阵

空间权重矩阵是进行空间计量的基础，是反映空间效应的工具。进行空间计量分析之前需要赋予经济变量数据空间标记，并描述出不同区域之间的影响关系。因此若 n 个区域的空间数据为 $\{x_i\}_{i=1}^n$（i 表示第 i 个区域），W_{ij} 表示区域 i 与区域 j 之间的权重关系，面板数据下的空间权重矩阵表现形式如公式 6-1 所示：

$$W_{ij} = \begin{pmatrix} w_{11} & w_{12} & \cdots & w_{1n} \\ w_{21} & w_{22} & \cdots & w_{2n} \\ \vdots & & \vdots & \vdots \\ w_{n1} & w_{n2} & \cdots & w_{nn} \end{pmatrix} \tag{6-1}$$

在分析空间聚集性之前，需要先设定空间权重矩阵。在构建权重矩阵的设置中，首先根据实际情况，矩阵的主对角线上的元素应该全部是 0，从上式可以看出，空间权重矩阵 W_{ij} 是对称矩阵。基于已有文献，常使用的权重矩阵有：（1）地理距离 W_1（W_{ij} 为第 i 个区域与第 j 个区域之间距离的倒数）；（2）边界因素 W_2（若有共同边界为 1，否则 0）；（3）区位因素（东、中、西、东北）W_3（若属于相同区位为 1，否则 0）；（4）经济距离 W_4，$w_{ij} = \dfrac{1}{1+2\mid rjgdp_i - rjgdp_j\mid}$（$rjgdp$ 表示人均 GDP 的平均值）；（5）经济距离 & 边界因素 W_5，即如果两省相邻，则 $w_{ij} = \dfrac{1}{1+2\mid rjgdp_i - rjgdp_j\mid}$，否则为 0；（6）经济距离 & 区位因素 W_6，即如果两省属于相同区位，则 $w_{ij} = \dfrac{1}{1+2\mid rjgdp_i - rjgdp_j\mid}$，否则为 0。然后再对各个空间权重矩阵行标准化。

第三节　空间相关性检验

经典计量模型默认变量是独立同分布的，不考虑变量数据的空间因素，而空间计量经济学需要考察变量数据的空间效应，为了保证构建的空间计量模型符合实际情况，需要先进行空间自相关性检验，通过检验后才能保证空间计量回归结果的合理有效性。

一、空间自相关检验方法

空间自相关的度量方法有很多，如 Geary（1954）提出的 Geary's C、Getis 和 Ord（1992）提出的 Getis-Ord G 指数和 Local Getis-Ord G 指数、Moran（1950）提出 Moran's I（莫兰指数）和 Local Moran's I。由于 Moran's I 相较于其他检验方法具有更强的稳定性，因此在研究空间自相关性时，Moran's I 是国内外学者最常用的检验指标，通过对数值型变量进行计算，指标结果可以反映出经济变量的空间相关性特征。所以，本书在进行海洋产业集聚对区域绿色经济增长影响的空间计量之前，采用 Moran's I 进行相应的空间相关性检验。Moran's I 指数可以分为两类，Global Moran's I（全局莫兰指数）和 Local Moran's I（局部莫兰指数）。Global Moran's I 用于验证在整个研究区域内某一要素是否存在空间自相关，Local Moran's I 主要用于分析局部小区域单元上与相邻区域局部小单元上某种现象或属性值的相关程度[183]。

（一）全局空间自相关检验

本书中，全局莫兰指数用来衡量 31 省份绿色经济的空间相关性和聚集性，全局 Moran's I 指数的具体计算公式 6-2 和公式 6-3：

$$I = \frac{\sum_{i=1}^{n} \sum_{j=1}^{n} W_{ij} \ (Y_i - \bar{Y}) \ (Y_j - \bar{Y})}{S^2 \sum_{i=1}^{n} \sum_{j=1}^{n} W_{ij}} \tag{6-2}$$

$$S^2 = \frac{\sum_{i=1}^{n} \ (Y_i - \bar{Y})^2}{n} \tag{6-3}$$

其中，$\bar{Y}=\dfrac{1}{n}\sum\limits_{i=1}^{n}Y_i$，$Y_i$ 表示第 i 个省份绿色经济观测值，n 为省份数，S^2 是绿色经济观测值方差，W_{ij} 为空间权重矩阵，$\sum\limits_{i=1}^{n}\sum\limits_{j=1}^{n}W_{ij}$ 是对所有空间权重求和，将 W_{ij} 进行标准化，即 $\sum\limits_{i=1}^{n}\sum\limits_{j=1}^{n}W_{ij}=n$，则全局莫兰指数可写为公式 6-4：

$$I=\dfrac{\sum\limits_{i=1}^{n}\sum\limits_{j=1}^{n}W_{ij}\left(Y_i-\bar{Y}\right)\left(Y_j-\bar{Y}\right)}{\sum\limits_{i=1}^{n}\left(Y_i-\bar{Y}\right)^2} \tag{6-4}$$

全局莫兰指数的取值范围为 $-1\leqslant I\leqslant 1$，如果 I 的值是显著为正的，表示区域间绿色经济存在正的空间相关性；如果 I 的值是显著为负的，则表示区域间绿色经济存在负的空间相关性；如果 I 的值等于零或者不显著，那么区域间绿色经济不存在空间相关性。

对于空间权重矩阵设定方法，考虑本章所研究的是海洋产业空间集聚对区域绿色经济增长的影响，将遵循空间上相互邻近区域存在广泛而密切联系的现实情况，所以从空间地理距离上分析两者之间的关系将更能体现本书的研究目的和空间差异内在含义。因此在构建空间权重矩阵时采用空间地理距离，即地理主体的空间相关性随地理距离缩小而更加紧密，随着地理距离扩大而逐渐疏远，地理距离空间权重通过空间主体间的地理距离体现空间联系性。其基本表达形式见 6-5 所示：

$$W_{ij}=\begin{cases}\dfrac{1}{d_{ij}},\ & i\neq j\\[2mm] 0,\ & i=j\end{cases} \tag{6-5}$$

公式 6-5 中，W_{ij} 是反映区域 i 和区域 j 之间空间依赖关系的权重矩阵，$1/d_{ij}$ 是区域 i 和区域 j 之间的地理距离的倒数，本书采用 GIS 分别获取省会城市间的地理距离倒数表示。通常将 W 进行行标准化，即每行中所有的元素 W_{ij} 之和等于 1。

（二）局部空间自相关检验

鉴于全局空间自相关检验只能够从整体层面上反映绿色经济的空间自相关特征，为了能够进一步研究局部特定区域绿色经济的空间自相关情况，可以通过局部莫兰指数分析，其计算公式见公式 6-6 所示：

$$I_i = \left(\frac{Y_i - \overline{Y}}{S}\right) \sum_{j=1}^{n} W_{ij}\left(\frac{Y_j - \overline{Y}}{S}\right) \qquad (6-6)$$

另外，还可以使用 Moran's I 散点图来观察局部特定区域绿色经济的空间自相关情况。由于 Moran's I 表示的是绿色经济观测值与其空间滞后项的相关系数，从而可以将全局 Moran's I 视为 Moran's I 散点图中拟合线的斜率。以人均绿色 GDP 的观测值作为横坐标，以其空间滞后项作为纵坐标，所绘制的 Moran's I 散点图简化形式如下：

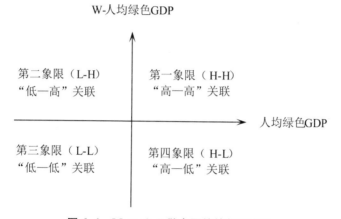

图 6-1　Moran's I 散点图的简化示意图

通过 Moran's I 散点图和局部 LISA 指标综合分析，从而判断各区域与周围区域之间的相关关系和显著程度。若某区域本身具有正的观察值，且相邻区域的观察值也是正的，则被称为 H-H 型集聚区域，该区域与周围区域的人均绿色 GDP 在高水平上呈正相关关系，表明该区域的人均绿色 GDP 能有效带动周边区域的人均绿色 GDP。若某区域本身为负的观察值，且相邻区域的观察值也是负的，则被称为 L-L 型集聚区域，该区域与周围区域的人均绿色 GDP 在低水平上呈正相关关系，表明该区域的人均绿色 GDP 水平比较低，且该区域的绿色经济水平能对周边区域产生负面影响，使得周边区域的人均绿色 GDP 水平也很低。若某区域本身具有负的观察值，且相邻区域的观察值是正的，则被称为 L-H 型集聚区域，那么该区域与周围区域的人均绿色 GDP 水平具有负相关关系，表明周边区域人均绿色 GDP 快速发展阻碍了该区域的人均绿色 DGP 发展水平。若某区域本身具有正的观察值，且相邻区域的观察值是负的，则被称为 H-L 型集聚区域，那么该区域与周围区域的人均绿色 GDP 水平也具有负相关关系，表明该区域的人均绿色 GDP 水平抑制了周边地区的人均绿色 GDP 发展。

二、空间自相关检验结果分析

根据第四章核算的中国 31 省份的人均绿色 GDP 数据，利用 Stata14.1 软件计算得到 2007—2016 年中国人均绿色 GDP 的全局莫兰指数值。由表 6-1 可以看出，在研究期内各年份全局莫兰指数均在 0.1 以上，显著性均在 1% 水平以下。这说明中国 31 个省份人均绿色 GDP 在各年份都表现出较强的正相关性，空间分布并未呈随机状态。也就是说，中国 31 省份的绿色经济发展并不是各自独立进行发展的，各省份的人均绿色 GDP 水平会受到邻近省份的人均绿色 GDP 水平的影响，人均绿色 GDP 水平的空间溢出效应十分明显。因此，在研究海洋产业集聚对区域绿色经济增长的影响时，要将区域间的空间相关性纳入分析，因此需要构建空间面板杜宾模型对中国 31 省份进行溢出效应测算。

表 6-1 中国 31 省份人均绿色 GDP 全局自相关莫兰指数

年份	Moran's I	Z 值	P 值
2007	0.123	5.031	0.000
2008	0.133	5.263	0.000
2009	0.142	5.518	0.000
2010	0.146	5.595	0.000
2011	0.146	5.614	0.000
2012	0.148	5.609	0.000
2013	0.140	5.330	0.000
2014	0.133	5.158	0.000
2015	0.139	5.310	0.000
2016	0.118	4.699	0.000

全局莫兰指数为总体自相关统计，并不能具体表明各省份的空间集聚特征，为判断中国 31 省份人均绿色 GDP 是否存在局部集聚效应，则需要使用安瑟伦局部莫兰指数和 Moran's I 散点图。根据公式 6-6 方法计算得出中国各省份人均绿色 GDP 局部自相关类型（见表 6-2 所示），并且分别绘制了 2007 年、2010 年、2013 年和 2016 年 31 省份人均绿色 GDP 局部 Moran 散点图（见图 6-2）。

表 6-2　中国 31 省份人均绿色 GDP 局部自相关类型

	2007	2008	2009	2010	2011	2012	2013	2014	2015	2016
北京	H–H***	H–H***	H–H***	H–H***	H–H***	H–H***	H–H***	H–H***	H–H***	H–H***
天津	H–H***	H–H***	H–H***	H–H***	H–H***	H–H***	H–H***	H–H***	H–H***	H–H***
河北	L–H	L–H	L–H	L–H	L–H	L–H	L–H	L–H	L–H	L–H
山西	L–H	L–H	L–H	L–H	L–H	L–H	L–H	L–H	L–H	L–H
内蒙古	H–H	H–H	H–H	H–H	H–H	H–H	H–H	H–H	H–H	H–H
辽宁	H–H	H–H	H–H*	H–H*	H–H*	H–H*	H–H*	H–H	H–H	H–H
吉林	L–H	L–H	L–H	L–H	L–H	L–H	L–H	L–H	L–H	L–H
黑龙江	L–H	L–H	L–H	L–H	L–H	L–H	L–H	L–H	L–H	L–H
上海	H–H***	H–H***	H–H***	H–H***	H–H***	H–H***	H–H***	H–H***	H–H***	H–H***
江苏	H–H**	H–H**	H–H***	H–H***	H–H***	H–H***	H–H***	H–H***	H–H***	H–H***
浙江	H–H**	H–H*	H–H**	H–H**	H–H*	H–H**	H–H*	H–H**	H–H**	H–H**
安徽	L–H*	L–H*	L–H*	L–H*	L–H	L–H	L–H*	L–H*	L–H*	L–H*
福建	H–H	H–H	H–H	H–H	H–H	H–H	H–H	H–H	H–H	H–H
江西	L–H	L–H	L–H	L–H	L–H	L–H	L–H	L–H	L–H	L–H
山东	H–H	H–H	H–H	H–H	H–H	H–H	H–H	H–H	H–H	H–H
河南	L–H	L–H	L–H	L–H	L–H	L–H	L–H	L–H	L–H	L–H
湖北	L–L	L–L	L–L	L–L	L–L	L–L	L–L	L–L	L–L	H–L
湖南	L–L	L–L	L–L	L–L	L–L	L–L	L–L	L–L	L–L	L–L
广东	H–L	H–L	H–L	H–L	H–L	H–L	H–L	H–L	H–L	H–L
广西	L–L	L–L	L–L	L–L	L–L	L–L	L–L	L–L	L–L	L–L
海南	L–L	L–L	L–L	L–L	L–L	L–L	L–L	L–L	L–L	L–L

续表

	2007	2008	2009	2010	2011	2012	2013	2014	2015	2016
重庆	L-L	L-L	L-L	L-L	L-L	L-L	L-L	H-L	L-L	H-L
四川	L-L	L-L	L-L	L-L	L-L	L-L	L-L	L-L	L-L	L-L
贵州	L-L	L-L	L-L	L-L	L-L	L-L	L-L	L-L	L-L	L-L
云南	L-L	L-L	L-L*	L-L**	L-L*	L-L*	L-L*	L-L*	L-L*	L-L
西藏	L-L	L-L	L-L*	L-L*	L-L*	L-L**	L-L**	L-L*	L-L**	
陕西	L-L	L-L	L-L	L-L	L-L	L-L	L-L	L-L	L-L	L-L
甘肃	L-L	L-L	L-L	L-L	L-L	L-L	L-L	L-L	L-L	L-L
青海	L-L	L-L	L-L	L-L*	L-L*	L-L*	L-L**	L-L*	L-L**	L-L*
宁夏	L-L	L-L	L-L	L-L	L-L	L-L	L-L	L-L	L-L	L-L
新疆	L-L	L-L	L-L	L-L	L-L	L-L	L-L*	L-L	L-L*	L-L

注：＊＊＊代表1%水平显著；＊＊代表5%水平显著；＊代表10%水平显著

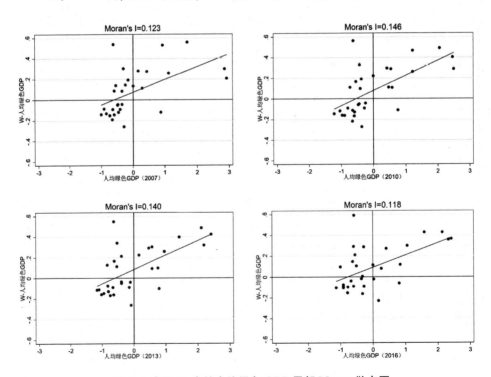

图6-2 中国31省份人均绿色GDP局部Moran散点图

由图 6-2 的局部 Moran 散点图可以看出，大多数省份分布在第一象限（H-H）、第二象限（L-H）和第三象限（L-L），也就是中国大多数省份的人均绿色 GDP 发展水平呈现"高—高"型、"低—高"型或"低—低"型集聚特征。通过表 6-2 的局部自相关类型可以具体看出，在研究期内，北京、天津、上海、江苏和浙江都属于 H-H 型集聚区，并且 P 值都在 5% 水平下显著，这说明这些省份与相邻省份的人均绿色 GDP 具有显著的空间正向相依机制，并且能够有效地带动周边区域的人均绿色 GDP 水平；云南、西藏、青海、新疆在某些年份出现过显著的 L-L 型集聚特征，说明这些省份绿色经济发展与邻近省份的绿色经济发展在低水平上相互影响，成正相关关系；河北、陕西、吉林、黑龙江、安徽等省份均表现为 L-H 型集聚特征，但只有安徽省这种"低—高"型集聚特征比较显著，其他省份集聚特征并不显著。也就是说只有安徽省与距离邻近的省份在人均绿色 GDP 水平上具有显著的负相关关系，安徽邻近区域的绿色经济发展会阻碍安徽绿色经济发展水平，同时安徽绿色经济增长也会妨碍邻近省份的绿色经济向更高水平发展；广东、重庆等省份在研究期内某些年份出现了 H-L 型集聚特征，但是并不显著。综上所述，中国大多数省份之间人均绿色 GDP 发展水平呈现显著的 H-H 型和 L-L 型集聚特征，这些省份之间表现为明显的正向空间自相关特征。个别省份表现为 L-H 型负向空间自相关的集聚特征。

第四节 空间计量模型构建

空间计量经济学的基本理论认为，一个地理单元的某一经济属性值在空间层面上与相邻地理单元的属性值是相关的，空间数据都存在着与时间序列相关相对应的空间相关性，所以空间数据具有空间依赖性和自相关性[184]。空间计量模型是研究空间效应必不可少的工具，主要用来探讨经济变量之间的空间特征和空间影响关系，相对于经典的面板计量模型来说，空间计量模型加入了空间依赖性，解决回归模型中的空间关联程度和空间相互作用问题。

空间计量模型作为较新的处理经济变量数据中空间相关性的方法，仍然还在不断发展和完善，其中，空间自回归模型、空间误差模型和空间杜宾模型是空间计量模型的主要基本类型。空间自回归模型（Spatial Autoregressiom Model，SARM）也可以称为空间滞后模型（Spatial Lag Model，SLM），主要是通过对经典计量模型中加入被解释变量的空间滞后项，该模型用于分析邻近区域的被解释变量会对本区域的被解释变量产生影响，其实质就是对邻近区域被解释变量的自回归；空间误差模型（Spatial Errors Model，SEM）假设空间依赖性在误差项中，其内涵是不可观测的随机扰动项存在着空间自相关的特性，也就是说对被解释变量存在影响关系的遗漏变量存在空间自相关的特性；空间杜（德）宾模型（Spatial Durbin Model，SDM），是空间计量模型最为常用的一种形式，其内涵是将解释变量的空间滞后项加入经典计量模型中，认为被解释变量除了依赖所在区域的解释变量以外，还依赖其他相邻区域的解释变量的信息影响。空间计量模型具体形式如下：

（1）空间自回归模型（SARM）的基本表达式为：

$$Y=\rho WY+X\beta+\varepsilon, \quad \varepsilon \sim N\left(0, \sigma^2 I_n\right) \tag{6-7}$$

（2）空间误差模型（SEM）的基本表达式为：

$$Y=X\beta+\mu$$

$$其中, \mu=\lambda Wu+\varepsilon, \quad \varepsilon \sim N\left(0, \sigma^2 I_n\right) \tag{6-8}$$

（3）空间杜宾模型（SDM）基本表达式为：

$$Y=\rho WY+X\beta+WX\theta+\varepsilon, \quad \varepsilon \sim N\left(0, \sigma^2 I_n\right) \tag{6-9}$$

式中，ρ 是空间自回归系数，λ 是空间误差系数，θ 是空间杜宾模型中解释变量空间滞后项系数；W 是空间权重矩阵；Y 为被解释变量；X 为解释变量矩阵，β 是反映 X 对 Y 的对应影响关系的参数向量，ε 为服从正态分布的误差项向量。

针对不同形式的空间计量模型取舍问题，首先从模型本身出发，与 SARM 和 SEM 相比，SDM 更具有普遍适用性。因为 SDM 既可以考察邻近区域解释变量对本区域被解释变量产生的影响，同时又可以考察邻近区域被解释变量对本区域被解释变量产生的影响，从而被学者们广泛应用于解决空间溢出效应的问题研究之中。其次从研究问题实际出发，通过理论层面上分析所研究问题中的被解释变量与其自身滞后项、解释变量滞后项以及误差项滞后项之间存在的影响关系。由于本章研究的是海洋产业集聚外部性效应不仅影响本区域的绿色经济增长，也会对周边邻近区域的绿色经济增长产生影响，同时周边区域的绿色经济也会对本区域的绿色经济有反馈效应。因此，本书最终确定构建空间面板杜宾模型（PSDM）进行实证研究。根据第五章的研究表明，海洋产业集聚对区域绿色经济增长的影响呈现"倒 U 型"曲线关系特征，海洋产业集聚的正向外部效应和负向外部效应共同对区域绿色经济增长发挥作用。因此，本章在构建空间面板杜宾模型时，将第五章海洋产业集聚度 IC（具体包括 CC、LQ 和 COM 三个衡量指标）变量的一次项和二次项均引入到空间计量模型中，从而 PSDM 的具体模型形式如公式 6-10 所示：

$$\ln RJGGDP_{it} = \rho w_i RJGGDP_t + \beta_1 IC_{it} + \beta_2 IC_{it}^2 + \theta_1 w_i IC_t + \theta_2 w_i IC_t^2 + \delta X_{it} + \varepsilon_{it} \quad (6\text{-}10)$$

式中，ρ 为空间自回归系数；θ 为海洋产业集聚水平空间滞后项系数；ε 为随机误差项；β_1、β_2 和 δ 均为待估参数；$\ln RJGGDP_{it}$ 表示 i 地区 t 时间的人均绿色 GDP；IC_{it} 表示海洋产业集聚水平；w_i 代表空间权重矩阵，仍根据 GIS 分别获取省会城市间的地理距离倒数表示；X_{it} 为控制变量，包括人均固定资产投入（$lnrjk$）和劳动力投入比（$labor$）作为物质资本和人力资本的衡量指标，人均研究与试验发展经费支出（$lnrjrd$），外商直接投资人均实际利用额（$lnrjfdi$），环境污染治理投资（$lncep$）分别作为科技创新水平、对外开放程度、环境治理力度的衡量指标。

在空间面板计量模型回归结果分析时，某单个区域给定的任意解释变量变化对本区域被解释变量产生的影响程度可称为直接效应（Direct Effect），其他区域的任何解释变量变化对本区域的被解释变量影响作用称为间接效应（Indirect Effect）或者溢出效应（Spillover Effect）。根据本章选用的空间面板杜宾模型的公式，可以得出直接效应和溢出效应，被解释变量 Y 对解释变量中第 K 个变量（x_{ik}，$i=1$，2，…，N，i 表示第 i 个省份）在 t 时刻的偏微分矩阵见公式 6-11 所示：

$$
\left[\frac{\partial Y}{\partial x_{1k}} \cdots \frac{\partial Y}{\partial x_{Nk}}\right] = \begin{pmatrix} \dfrac{\partial Y_1}{\partial x_{1k}} \cdots \dfrac{\partial Y_1}{\partial x_{Nk}} \\ \vdots \quad \ddots \quad \vdots \\ \dfrac{\partial Y_N}{\partial x_{1k}} \quad \cdots \quad \dfrac{\partial Y_N}{\partial x_{Nk}} \end{pmatrix} = (1-\rho W)^{-1} \begin{pmatrix} \beta_K & W_{12}\theta_K & \cdots & W_{1N}\theta_K \\ W_{21}\theta_K & \beta_K & \cdots & W_{2N}\theta_K \\ \vdots & \vdots & \ddots & \vdots \\ W_{N1}\theta_K & W_{N2}\theta_K & \cdots & \beta_K \end{pmatrix}
$$

$$(6\text{-}11)$$

平均直接效应为右边矩阵主对角线元素的平均值，平均溢出效应为右边矩阵非主对角线元素的平均值，平均总效应为右边矩阵所有元素的平均值。

第五节　空间计量模型实证研究

一、变量数据描述分析

根据本章第一节对变量数据说明及来源的解释，并且综合空间杜宾模型设定情况，对本章实证用到的数据进行描述性统计分析，使用的数据样本为平衡面板数据，所有变量包含 310 个样本。各变量描述性统计结果见表 6-3 所示：

表6-3　各变量描述性统计

变量		均值	标准误	最小值	最大值	样本量
lnRJGGDP	overall	10.203	0.610	8.538	11.596	N=310
	between		0.487	9.385	11.202	n=31
	within		0.377	9.231	11.037	T=10
CC	overall	0.453	0.848	0.000	4.639	N=310
	between		0.849	0.000	3.205	n=31
	within		0.140	−0.416	1.887	T=10
CC²	overall	0.923	2.677	0.000	21.520	N=310

续表

变量		均值	标准误	最小值	最大值	样本量
	between		2.546	0.000	10.736	$n=31$
	within		0.936	-3.812	11.707	$T=10$
LQ	overall	0.399	0.632	0.000	2.260	$N=310$
	between		0.638	0.000	1.885	$n=31$
	within		0.063	-0.106	0.799	$T=10$
LQ^2	overall	0.557	1.090	0.000	5.108	$N=310$
	between		1.086	0.000	3.587	$n=31$
	within		0.210	-1.125	2.160	$T=10$
COM	overall	0.426	0.725	0.000	3.449	$N=310$
	between		0.729	0.000	2.532	$n=31$
	within		0.097	-0.261	1.343	$T=10$
COM^2	overall	0.706	1.696	0.000	11.896	$N=310$
	between		1.648	0.000	6.610	$n=31$
	within		0.490	-2.310	5.992	$T=10$
$lnrjk$	overall	10.065	0.590	8.319	11.312	$N=310$
	between		0.291	9.489	10.811	$n=31$
	within		0.516	8.895	11.099	$T=10$
$labor$	overall	64.323	6.482	44.910	80.730	$N=310$
	between		6.214	50.990	75.994	$n=31$
	within		2.129	58.243	70.412	$T=10$
$lnrjrd$	overall	5.966	1.101	3.182	8.829	$N=310$
	between		1.009	3.977	8.447	$n=31$
	within		0.471	4.739	6.781	$T=10$
$lnrjfdi$	overall	5.977	1.247	0.000	8.047	$N=310$

续表

变量		均值	标准误	最小值	最大值	样本量
	between		1. 141	3. 059	7. 836	$n=31$
	within		0. 539	2. 062	9. 959	$T=10$
$lncep$	overall	4. 933	1. 164	−1. 609	7. 256	$N=310$
	between		1. 016	1. 318	6. 384	$n=31$
	within		0. 595	2. 006	6. 958	$T=10$

二、面板数据平稳性检验

在进行面板回归之前，首先需要对面板数据进行单位根检验，已验证模型中所有变量的平稳性。本章仍沿用第四章的五种较为常用的单位根检验方法，即 LLC 检验（Levin、Lin 和 Chu，2002）、HT 检验（Harris 和 Tzavlis，1999）、IPS 检验（Im、Pesaran 和 Shin，2003）和 Fisher 检验（包括 ADF 和 PP 检验），检验结果见表 6-4 所示。通过以上检验可知，除产业集聚综合指数在 HT 单位根检验接受原假设，其余所有变量采用这五种单位根检验方法均在显著性 1% 水平下拒绝存在单位根的原假设，总体而言，各变量数据属于平稳序列，模型公式 6-10 两边的变量存在长期稳定的均衡关系，不会出现"伪回归"现象。

表 6-4　面板数据单位根检验结果

变量	LLC 检验（t）	HT 检验（Z）	IPS 检验（$W-t-bar$）	ADF-Fisher 检验（Pm）	PP-Fisher 检验（Pm）
$LnRJGGDP$	−10. 022 (0. 000)	−3. 323 (0. 000)	−1. 887 (0. 030)	22. 200 (0. 000)	17. 562 (0. 000)
CC	−6. 333 (0. 000)	−1. 599 (0. 055)	−4. 038 (0. 000)	16. 890 (0. 000)	1. 482 (0. 069)
CC^2	−7. 749 (0. 000)	−4. 683 (0. 000)	−4. 910 (0. 000)	6. 886 (0. 000)	18. 349 (0. 000)

变量	LLC 检验（t）	HT 检验（Z）	IPS 检验（$W-t-bar$）	ADF-Fisher 检验（Pm）	PP-Fisher 检验（Pm）
LQ	−3.583 (0.000)	−2.935 (0.002)	−2.628 (0.004)	4.629 (0.000)	8.015 (0.000)
LQ^2	−4.145 (0.000)	−2.519 (0.006)	−4.125 (0.000)	5.348 (0.000)	10.471 (0.000)
COM	−7.459 (0.000)	−1.179 (0.119)	−1.976 (0.024)	8.673 (0.000)	33.459 (0.000)
COM^2	−7.845 (0.000)	−3.645 (0.000)	−6.799 (0.000)	8.315 (0.000)	8.289 (0.000)
$lnrjk$	−11.893 (0.000)	−3.334 (0.000)	11.302 (0.000)	5.885 (0.000)	29.898 (0.000)
$labor$	−.5.342 (0.000)	−3.165 (0.001)	−3.538 (0.000)	2.826 (0.002)	1.4004 (0.081)
$lnrjfdi$	−3.978 (0.000)	−13.573 (0.000)	−1.900 (0.029)	4.391 (0.000)	4.594 (0.000)
$lncep$	−8.243 (0.000)	−10.860 (0.000)	−2.031 (0.021)	3.241 (0.001)	2.506 (0.006)
$lnrjrd$	−18.389 (0.000)	−1.759 (0.039)	−2.278 (0.011)	25.1153 (0.000)	42.140 (0.000)

注：括号内为 P 值

三、空间计量模型实证结果分析

基于上文对变量空间相关性的检验、模型选择以及面板数据平稳性检验，接下来将使用空间面板杜宾模型对中国 31 省份 2007—2016 年海洋产业集聚对区域绿色经济增长影响进行空间溢出效应分析。选用的 31 省份的面板数据，其中 11 个省份是沿海地区，由第三章可得到海洋产业集聚度数据，通过空间杜宾模型研究 11 个沿海省份海洋产业集聚程度对其他 20 个非沿海省份绿色经济增长的影响，因此，对于其他 20 个非沿海省份，将海洋产业集聚度数据自动填补为 0，构成平衡面板数据。在回归分析之前，面板数据还需进行固定效应模型还是随机效应模型选择。固定或随机效应模型的选择在实证中最常用的方法就是 Hausman 检验。为此，采用 Stata14.1 软件进行 Hausman 检验。通过检验结果可知 Hausman 统计量为 -437.51，当 Hausman 统计量为负数时，可以接受随机效应的原假设。所以本书采用具有随机效应的空间面板杜宾模型进行实证分析。海洋产业集聚对区域绿色经济增长的空间杜宾模型具体计量结果见表 6-5、表 6-6 和表 6-7。

表 6-5　产业集中系数对区域绿色经济增长的空间杜宾模型计量结果

变量	PSDM 模型	直接效应	间接效应	总效应
CC	0.236 * * * (0.0726)	0.258 * * * (0.0639)	1.055 * (0.635)	1.313 * (0.695)
CC^2	-0.026 * * (0.0126)	-0.0274 * * (0.0121)	-0.0966 (0.1160)	-0.124 (0.119)
$lnrjk$	0.250 * * * (0.0300)	0.257 * * * (0.0319)	0.264 * * * (0.0450)	0.521 * * * (0.0585)
$lncep$	-0.011 (0.0110)	-0.0111 (0.0109)	-0.0117 (0.0121)	-0.0228 (0.0228)
$lnrjfdi$	0.00021 (0.00828)	0.0019 (0.0082)	0.00242 (0.00902)	-0.00434 (0.0171)
$lnrjrd$	0.134 * * * (0.0345)	0.142 * * * (0.0352)	0.145 * * * (0.0337)	0.287 * * * (0.0627)
$labor$	0.00146 (0.00206)	0.0015 (0.00229)	0.00160 (0.00248)	0.00306 (0.00475)
$cons$	1.247 * * * (0.338)			
$W-COM$	0.428 * (0.257)			
$W-COM^2$	-0.041 (0.060)			
ρ	0.522 * * * (0.0491)			

续表

变量	PSDM 模型	直接效应	间接效应	总效应
R^2	0.893			
$Log-Likelihood$	295.255			
N	310			

注：括号内为估计参数的标准误；*、**和***分别表示回归系数在10%、5%和1%的水平上显著

表6-6 改进区位熵对区域绿色经济增长的空间杜宾模型计量结果

变量	PSDM 模型	直接效应	间接效应	总效应
LQ	0.253** (0.1198)	0.307*** (0.1019)	2.724** (1.2273)	3.031** (1.246)
LQ^2	-0.0363* (0.0210)	-0.0471* (0.0284)	-0.633 (0.453)	-0.680 (0.469)
$lnrjk$	0.272*** (0.0293)	0.278*** (0.0312)	0.251*** (0.0436)	0.530*** (0.0567)
$lncep$	-0.0113 (0.0109)	-0.0117 (0.0108)	-0.0108 (0.0105)	-0.0226 (0.0211)
$lnrjfdi$	-0.000875 (0.00825)	0.000768 (0.00815)	0.00107 (0.00777)	0.00184 (0.0159)
$lnrjrd$	0.133*** (0.0356)	0.141*** (0.0361)	0.125*** (0.0301)	0.266*** (0.06082)
$labor$	0.00176 (0.00204)	0.00175 (0.00225)	0.00166 (0.00214)	0.00341 (0.00437)
$cons$	1.163*** (0.362)			
$W-COM$	1.387** (0.665)			

变量	PSDM 模型	直接效应	间接效应	总效应
$W-COM^2$	-0.349 (0.2395)			
ρ	0.489 * * * (0.0484)			
R^2	0.888			
$Log-Likelihood$	296.642			
N	310			

注：括号内为估计参数的标准误；*、* *和* * *分别表示回归系数在10%、5%和1%的水平上显著

表6-7　产业集聚综合指数对区域绿色经济增长的空间杜宾模型计量结果

变量	PSDM 模型	直接效应	间接效应	总效应
COM	0.271 * * * (0.0847)	0.315 * * * (0.0885)	1.899 * * (0.957)	2.213 * * (0.979)
COM^2	-0.0365 * (0.0211)	-0.0437 * * (0.0220)	-0.286 (0.211)	-0.330 (0.216)
$lnrjk$	0.260 * * * (0.0299)	0.269 * * * (0.0286)	0.265 * * * (0.0473)	0.535 * * * (0.0583)
$lncep$	-0.0110 (0.0109)	-0.0114 (0.0107)	-0.0116 (0.0111)	-0.0230 (0.0216)
$lnrjfdi$	-0.000514 (0.00826)	-0.000160 (0.00832)	-0.0000714 (0.00837)	-0.000231 (0.0166)
$lnrjrd$	0.134 * * * (0.0346)	0.135 * * * (0.0354)	0.130 * * * (0.0293)	0.266 * * * (0.0592)
$labor$	0.00158 (0.00204)	0.00156 (0.00202)	0.00160 (0.00210)	0.00316 (0.00409)

续表

变量	PSDM 模型	直接效应	间接效应	总效应
cons	1.195 * * * （0.351）			
W−COM	0.762 * （0.459）			
W−COM^2	−0.115 （0.105）			
ρ	0.508 * * * （0.0491）			
R^2	0.894			
Log−Likelihood	296.4917			
N	310			

注：括号内为估计参数的标准误；*、* * 和 * * * 分别表示回归系数在10%、5%和1%的水平上显著

  表6-5、表6-6、表6-7是用表征海洋产业集聚度（*IC*）的三种测算指标，即产业集中系数（*CC*）、改进区位熵（*LQ*）和产业集聚综合指数（*COM*），分别对区域绿色经济增长的空间杜宾模型计量结果，均是依据空间地理距离权重矩阵进行回归。从这三张表的回归结果中可以看出，虽然空间滞后项 ρ 和核心解释变量一次项和二次项的直接效应、间接效应以及总效应的回归系数不同，但是回归系数正负号以及显著性水平均相同，因此，本书将以产业集中系数和改进区位熵进行加权平均得到的产业集聚综合指数为例（表6-7为例）进行结果分析。

  从表6-7空间面板杜宾模型中（第2列）可以看出空间自相关性不可忽视。空间滞后项系数 ρ 为0.508，并且在1%水平下显著，这表明中国31个省份绿色经济增长确实存在空间上的相互依赖，也就意味着某一省份的绿色经济增长会受到周围邻近省份绿色经济增长的影响，即地理距离越近，越有利于省份间的绿色经济互动与增长及空间效应的外溢。这也再次验证了将空间

效应因素纳入分析中国海洋产业集聚对区域绿色经济增长的溢出效应关系是非常必要的。

通过表6-7空间面板杜宾模型的回归结果（第2列）不能准确表征解释变量对被解释变量影响，也不能反映相关变量在各省份间的溢出效应，故需要在空间面板杜宾模型回归结果基础上进行空间效应分解后分析海洋产业集聚以及其他控制变量对于区域绿色经济增长的影响和空间溢出效应。表6-7中第3-5列是直接效应、间接效应和总效应的具体结果，从本章研究的实际意义上看，总效应代表的是海洋产业集聚因素（或其他控制变量中的任一因素）在总体上对区域绿色经济产生的影响，直接效应表示的是海洋产业集聚（或其他控制变量中的任一因素）的变动对本区域绿色经济增长的影响，间接效应表示的是其他区域海洋产业集聚（或其他控制变量中的任一因素）的变动对本区域绿色经济增长的影响，又称为空间溢出效应。对于海洋产业集聚水平（核心解释变量）以及各控制变量的三种效应具体分析如下。

第一，核心解释变量对区域绿色经济增长具有十分显著作用。作为核心解释变量的产业集聚综合指数一次项对区域绿色经济增长的直接效应为0.315，并且在1%水平下通过了显著性检验，说明沿海区域海洋产业集聚对本区域绿色经济增长起到了明显促进作用。间接效应为1.899，在5%的水平下显著，表明相邻区域海洋产业集聚同样也会促进本区域绿色经济增长；作为核心解释变量的产业集聚综合指数二次项对区域绿色经济增长的直接效应为-0.0437，并且在5%的水平下显著，间接效应不显著。这说明当海洋产业集聚水平提高到一定程度，超过阈值之后，海洋产业集聚开始对本区域绿色经济的增长产生一定的阻碍作用，相邻区域海洋产业集聚对本区域绿色经济增长作用并不明显。由此可以得出海洋产业集聚和本区域绿色经济增长关系不是简单的线性关系，在一定范围内的海洋产业集聚水平可以促进本区域绿色经济的增长，过度的海洋产业集聚水平就可能会阻碍本区域绿色经济的增长。这也验证了第五章的实证分析结果。对于海洋产业集聚的直接效应方面，一方面由于地理位置、资源依赖、陆域经济支撑等因素，逐步形成了海洋产业集聚，从而使得海洋生产专业化和规模化，吸引更多高素质的劳动力、先进的技术和外商的投资，也会增加要素的匹配度和流动性，并进一步加快专业化分工，促进生产率的大幅度提高，由此带来减低生产成本、交易成本、高效利用资源、改善环境，直接促进本区域绿色经济的增长，而增长的绿色经济又会进而引发新一轮要素引入，使得海洋产业集聚度进一步提高。另一方面，随着海洋产业集聚度的不断提高，生产要素大量引入，超过了资源环境系统的可承受范围，从而造成了资源过度开采和环境污染恶化的拥挤负效应。并且海洋产业集聚会使该区域企业数量大幅度增加，大量企业造成生产要素需求增大和市场份额竞争加剧，从而导致生产要素价格上涨，生产成本提高，生产率下降，进而导致集聚区域出现恶意竞争现象，抑制新的企业进入，技术创新也会变得缺乏动力，最终破坏资源环境和阻碍经济的增长。对于海洋产业集聚的间接效应方面，海洋产业集聚对其他相邻区域绿色经济也存在显著的正向空间溢出效应，也就是说沿海区域的海洋产业集聚度提高会推动邻近区域的绿色经济增长，即在其他条件是既定的情况下，某个沿海省份的海洋产业集聚度每提高 1 个单位，将会促进地理距离邻近省份的人均绿色 GDP 平均增长 1.899%。这是因为通过海洋产业集聚加快技术创新和人才培养的速度，从而新技术可以应用到更广泛的区域内，专业人才的增加也会通过知识或者人员的流动对更广泛的区域形成辐射外溢。另外，海洋产业的集聚会对本区域产业的结构等产生促进升级的效果，这也会对其他区域相同或者相似产业的发展造成巨大的竞争压力，从而倒逼其他区域相关产业进行升级，从而促进绿色经济增长。同时相关产业升级又会带动相关服务业的进一步发展与之相适应，随着相关产业的进一步发展，服务型企业通过提供更加优质的服务使得更广泛的产业能够更好地发展。因此海洋产业集聚会通过空间上的溢出效应在更广泛的范围内提高生产效率，节约资源，保护生态环境，促进经济绿色增长。

第二，控制变量对绿色经济增长影响主要表现在以下几个方面：第一，人均固定资产投入对区域绿色经济增长影响的直接效应是 0.269，间接效应是 0.265，总效应是 0.535，并且都通过了 1% 的显著水平检验，说明物质资本的投入会带动绿色经济增长，加快知识、技术的创新，提高资源利用效率和改善生态环境。物质资本的溢出效应主要体现在经济发展过程中出现的人才、知识、技术等方面的溢出，从而促进邻近区域绿色经济的增长。第二，人均研究与试验发展经费支出对区域绿色经济增长影响的直接效应是 0.135，间接效应是 0.130，总效应是 0.266，并且也都通过了 1% 的显著水平检验，说明科研创新投入对本区域和邻近区域的绿色经济增长也有着非常重要的促进作用。这主要体现在科研创新会节约投入资本和其他生产要素，减低环境污染，提高资源利用效率，并且可以逐步推动本区域绿色经济增长由要素驱动转变为创新驱动，从而对于推动绿色经济发展有着更深远长久的意义。对于地理距离邻近的区域科研创新的溢出效应主要借助技术和知识的外溢，通过新技术、新知识的广泛应用逐步实现更大范围的经济带动效应，促进邻近区域的绿色经济增长。第三，劳动力投入、环境治理力度以及对外开放程度对区域绿色经济增长并没有显著影响。劳动力投入越多，虽然可以提高生产率，拉动消费，促进区域经济的增长，但是引入的劳动力越多导致人口密集度也会越大，资源消耗和环境污染也就会越严重，从而使生态环境遭到破坏，因此又阻碍了绿色经济增长；环境治理力度加大虽然可以减轻生产发展对生态环境的污染，但是以消耗一定比例的国内生产总值为代价，这也会降低区域绿色经济增长水平；从回归模型中可以看出对外开放程度对区域绿色经济增长的促进作用已经收缩，因此，通过增大对外开放程度对于推动区域绿色经济增长作用并不显著。

第六节　本章小结

为了探究中国海洋产业集聚对区域绿色经济增长的影响是否存在空间溢出效应，本章基于 2007—2016 年中国 31 省份的面板数据，选用空间面板杜宾模型进行实证分析。在构建空间杜宾模型之前，本章首先使用空间地理距离建立空间权重矩阵，通过引入空间权重矩阵将各省份的变量数据加上各省份的位置信息，得到空间数据；然后利用全局空间自相关检验和局部空间自相关检验，可知中国 31 省份人均绿色 GDP 存在显著正相关性，人均绿色 GDP 的空间溢出效应非常明显，因而进行空间面板杜宾模型构建是合理的。在对模型进行回归之前，还应对面板数据进行单位根检验，在所有变量平稳的基础上，根据 Hausman 检验结果最终确定使用随机效应的空间面板杜宾模型进行实证分析。结果表明，海洋产业集聚对沿海区域绿色经济增长之间存在着显著的"倒 U 型"非线性关系，这也验证了第五章的研究结论。同时，海洋产业集聚提高还会对邻近区域的绿色经济增长产生显著的正向溢出效应。另外，控制变量中的人均固定资产投入对区域绿色经济增长影响的直接效应、间接效应和总效应都在1%的水平下显著为正，说明物质资本的投入不仅能带动本区域绿色经济的增长，还能促进邻近区域绿色经济的增长。人均研究与试验发展经费支出对区域绿色经济增长影响的直接效应、间接效应和总效应也都在1%的水平下显著为正，说明本区域绿色经济的增长不仅受本区域科研创新投入的正向影响，同时也受到相邻区域科研创新投入正向溢出效应影响。劳动力投入、对外开放程度以及环境治理力度这三个控制变量对区域绿色经济增长没有显著影响。

第七章

影响中国海洋产业集聚的因素及对策建议

第五章通过构建面板基本计量模型和面板门限回归模型实证分析了中国海洋产业集聚对沿海区域绿色经济增长确实存在显著的影响作用，同时第六章通过构建空间面板杜宾模型实证分析了中国海洋产业集聚的空间溢出效应对邻近区域绿色经济增长也存在着显著的促进作用。由此可知，中国海洋产业集聚是促进沿海及邻近区域绿色经济增长的一个非常重要原因。因此，在第五章和第六章实证研究结果基础上，本章将进一步借鉴前人的研究成果，从理论上深入分析影响海洋产业集聚的一般因素，然后通过实证探究影响中国海洋产业集聚的主要因素，并根据实证结果提出中国海洋产业集聚优化对策建议。

第一节　影响海洋产业集聚的一般因素

产业集聚影响因素的分析一般会追溯到马歇尔提出的"外部规模经济"的观点，也就是说企业之所以能够在产业区内集聚的原因在于劳动力共享、中间产品投入的多样性和知识技术溢出作用[1]。除了上述因素以外，海洋产业还有自身的特点。第一，根据海洋产业的产业属性来说，海洋产业属于对海洋资源严重依赖的资源型产业，海洋资源禀赋是海洋产业集聚的基础，一个地区海洋资源是否丰富是形成海洋产业集聚的必要条件。第二，海洋资源的开发利用与海洋知识技术有着密切的关系，因此，海洋知识、技术以及创新就成为影响海洋产业集聚的重要影响因素。第三，海洋产业所在的沿海地区经济发展水平也会对海洋产业集聚产生影响。第四，沿海地区的政府制定的有关海洋企业政策也会对海洋产业集聚产生重要影响。第五，沿海地区有着对外开放优越的地理位置，沿海地区的对外开放水平也会影响海洋产业集聚水平。第六，作为资源依赖型的产业，沿海地区的资源环境状况也会对海洋产业集聚产生影响。综上所述，海洋产业集聚的影响因素分析框架图如图7-1所示。

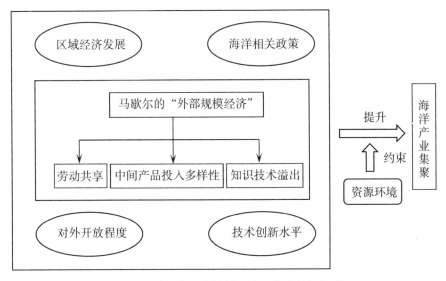

图 7-1　海洋产业集聚的影响因素分析框架图

一、马歇尔产业集聚的影响因素

马歇尔认为产业之所以能够集聚最根本的原因在于可以获得"外部规模经济"，外部规模经济主要包括劳动力共享、中间产品投入的多样性和知识技术溢出三个方面，它在很大程度上对产业集聚具有重要推动作用[1]。

第一，劳动力共享。劳动力可以分为异质劳动力和同质劳动力。海洋产业异质劳动力的匹配效应会形成海洋产业的集聚力，促进海洋产业集聚；海洋产业大量同质劳动力可以扩大海洋企业的生产规模从而形成海洋产业集聚。劳动力共享会促进特定区域内海洋产业的集聚，而海洋产业集聚水平的提高又会增大对劳动力的需求，从而进一步在集聚区域内有更多的劳动力集聚，形成循环往复的因果机制。

第二，中间产品投入的多样性。也就是产业间投入产出关系，其实质就是上下游海洋产业之间的协作关系。最初一些海洋产业由于自然资源禀赋等原因在沿海区域投资生产，之后就吸引了上下游的海洋产业以及海洋相关产业在沿海区域投资，通过相互协作建立起错综复杂的网络供需关系和专业化分工体系，使得沿海区域内海洋企业处于同一产业链上，具有前后、横纵的产业联系，从而推动海洋产业集聚形成和发展。

第三，知识技术创新。知识技术创新水平在很大程度上体现了海洋产业的竞争能力，同时也是集聚经济形成和发展的重要推动力。一方面，知识技术创新是实现传统海洋产业转型升级的重要手段，知识技术创新可以突破资源环境的约束，使得传统海洋产业生产率大幅度提高，从而给优先采用的海洋企业带来更多的超额利润。另一方面，知识技术创新具有溢出效应的特性，溢出效应与传播距离远近有着密切的关系，传播距离越近、成本越低，溢出效应效果越好，因此为了获得知识技术溢出带来的收益增加，就会吸引更多的海洋相关企业聚集，从而对海洋产业集聚具有强化作用。同时，知识技术创新是海洋高新技术产业发展的基础，通过这些海洋高新技术产业的不断兴起和发展，从而进一步促进海洋产业空间地理上的集聚。

二、海洋资源禀赋

从传统经济地理学的观点看，地理因素是形成产业集聚的重要影响因素，也是不同产业选择合适区位集聚的主要原因之一。海洋产业对于资源禀赋依赖程度较高，一个区域的海洋资源数量和质量是该区域能否形成海洋产业集聚的必要条件。从理论上说，如果一个区域海洋资源数量质量以及开发利用难度明显优于另一个区域，由于生产要素具有流动性特点，就会导致这些生产要素流向海洋资源禀赋更加丰裕，开发难度更小的区域集聚，从而海洋产业在该区域形成集聚。另外，如果某个区域海洋资源种类丰富，就会在该区域形成与海洋资源对应的多种海洋产业集聚。这种海洋产业集聚所形成的规模效应、溢出效应、分工效应、竞争效应等集聚效应，会进一步促进与海洋产业有关的更多生产要素向集聚区内流动集中，从而形成因果循环累积，使海洋产业集聚不断加强。对于那些海洋资源优势不明显或者没有海洋资源的区域，海洋产业就不会在该区域发生集聚。所以，海洋资源禀赋差异是影响海洋产业集聚的基本因素。

三、区域经济发展

海洋经济是陆域经济的延伸发展，陆域经济为海洋产业提供保障和依靠。海陆产业之间是相互依存、相关关联、互动发展的。由于陆域经济快速发展面临着巨大的能源、矿产等资源的压力，海洋经济通过海水淡化、海洋矿产开发、潮汐能、波浪能发电等方式满足陆域产业对资源能源要求。陆域经济对资源、能源、贸易需求越大，海洋经济发展动力越大，海洋产业发展规模和速度也就越大。同时，发达的陆域经济也为海洋经济发展提供经济支撑。为了能够降低技术研发成本，提高资源利用效率，海洋产业更倾向于选择基础设施完善、工业基础雄厚、产业配套健全的区域，从而能够更好地使海陆产业相互融合、互通有无，达到海陆产业协同发展，进而海陆联动有助于促进海洋产业集聚。

四、海洋相关政策

对于基于特定海洋产业的空间集聚来说，海洋相关政策对于集聚程度起到非常重要的作用。这是因为市场经济发展总体而言还不成熟，海洋产业发展需要政策制度的支持和规范，尤其是海洋资源的开发利用涉及的利益相关者众多，单纯依靠市场自发调节，企业领导者觉悟，不足以协调各方利益，不利于海洋产业发展。此时，需要政府出台海洋相关政策进行引导、协调，为海洋产业发展提供新的契机。所以，通过海洋相关政策的吸引力和灵活度就会诱使更多优质海洋企业、海洋高端人才以及雄厚资本流向该集聚区域内，从而提升这些区域海洋产业集聚水平。因此，海洋相关政策也是直接影响海洋产业集聚水平的又一重要因素。

五、资源环境约束

对海洋资源开发利用是海洋产业集聚形成的基础条件，海洋产业在有着丰富海洋资源区域内形成集聚，其集聚正向外部效应会进一步促进资本、劳动力、知识技术等生产要素在该区域内进一步聚集，使得海洋产业集聚水平不断提高。但是随着海洋产业集聚程度进一步加强，集聚的负向外部拥阻效应又会对该区域资源和环境产生破坏作用，导致生产成本、科研创新成本都大幅度增加，从而对生产要素吸引能力下降，一些资源依赖性不强的海洋相关产业就会搬离集聚区域至外围区域，集聚区内的海洋产业集聚水平将会由此削弱。

六、对外开放水平

沿海区域之所以对海洋企业有很强的吸引力，除了作为资源依赖型的海洋产业易受海洋资源约束较强，空间地理上分布均集中在沿海区域，还因为地理优势、交通条件、对外开放等均是影响海洋产业集聚的重要因素。其中，由于沿海区域拥有天然独特的地理位置优势，容易提高对外开放发展水平，对外开放对海洋产业集聚的影响主要表现在：首先，随着对外开放程度不断加强，交通便利、运输成本低等优势使得沿海地区的市场得到快速扩张，从而刺激海洋企业扩大生产规模。同时市场扩张还能进一步促进海洋产业结构转型升级和专业化分工，这将有助于促进海洋产业进一步集聚。其次，对外开放可以吸引更多的外商资本、先进的知识技术、增加创新能力，从而降低贸易成本，提高整个沿海区域的经济实力，吸引更多的海洋产业在沿海区域内集聚，促进海洋产业集聚向更高水平的方向发展。

第二节 影响中国海洋产业集聚的主要因素

一、灰色关联模型介绍

灰色系统理论是一种系统科学理论，是由邓聚龙在 1986 年首先提出来的，并在该理论基础上提出灰色关联分析法这一新的方法，该方法是通过对多个因素间发展变化态势的相似或相异程度的定量描述和关联程度的比较。

此方法能够对动态过程发展态势进行量化分析，弥补了回归方法不仅需要大量样本，还要求样本数据有较好的分布规律的不足，因而广泛应用于影响因素排序分析。其基本思路是通过确定参考数列和若干个比较数列的几何形状相似程度来判断其联系是否紧密，它反映了曲线间的关联程度[185]。鉴于本章为了探究影响海洋产业集聚特征的主要因素进行定量评价排序，灰色关联分析法具体步骤为：

第一，确定参考数列和比较数列。反映海洋产业集聚特征的数据序列构成参考数列，记为 X_0，海洋产业集聚特征的影响因素数据序列构成比较数列，记为 X_i，具体公式见 7-1 所示：

$$X_0 = \{X_0(1), X_0(2), \cdots, X_0(n)\}, \quad X_i = \{X_i(1), X_i(2), \cdots, X_i(n)\} \tag{7-1}$$

式中，i 为影响海洋产业集聚特征的因素，$i = 1, 2, \cdots, m$；共有 n 个时刻。

第二，数据的无量纲化处理。由于各因素的数列量纲不同，需要进行无量纲化的数据处理。无量纲化的常用的方法有初值化与均值化。本书使用初值化进行数据处理，得到数列为 X'_0 和 X'_i。具体公式见 7-2 所示：

$$X'_0 = \left\{1, \frac{X_0(2)}{X_0(1)}, \cdots, \frac{X_0(n)}{X_0(1)}\right\}, \quad X'_i = \left\{1, \frac{X_i(2)}{X_i(1)}, \cdots, \frac{X_i(n)}{X_i(1)}\right\} \tag{7-2}$$

第三，计算参考数列和比较数列在 k 时刻的灰色关联度 $\xi(k)$，见公式 7-3 所示：

$$\xi_i(k) = \frac{\min\limits_{i}\min\limits_{k} |X'_0(K) - X'_i(k)| + \alpha \max\limits_{i}\max\limits_{k} |X'_0(k) - X'_i(k)|}{|X'_0(k) - X'_i(k)| + \alpha \max\limits_{i}\max\limits_{k} |X'_0(k) - X'_i(k)|} \tag{7-3}$$

式中，$|X'_0(k) - X'_i(k)|$ 表示为第 k 个时刻比较曲线 X'_i 与参考曲线 X'_0 相对差值，α 为分辨系数，$\alpha \in [0, 1]$，一般取 $\alpha = 0.5$。

第四，计算绝对关联度 R_i，具体见公式 7-4 所示：

$$R_i = \frac{1}{n} \sum_{k=1}^{n} \xi_i(k) \tag{7-4}$$

第五，通过各因素间的关联度系数，可以看出各因素关联程度大小。关联度在 [0, 1] 之间，关联度取值越大，表明因素间关联程度越高，若关联度等于1，表明因素之间关系最为密切，二者发展变化态势完全一致，关联度具体划分标准如表7-1所示。

表 7-1　关联度的划分标准

关联度	关联程度
$0 < R_i(\xi_i) \leq 0.35$	弱关联
$0.35 < R_i(\xi_i) \leq 0.65$	中度关联
$0.65 < R_i(\xi_i) \leq 0.85$	较强关联
$0.85 < R_i(\xi_i) \leq 1$	极强关联

二、指标选取和数据来源

根据前文第一节理论框架分析，选取影响海洋产业集聚的指标时，需要全面对各个因素进行综合的考虑。具体指标选取说明如下：

1. *COM* 表示海洋产业集聚特征。本章采用产业集聚综合指数衡量海洋产业集聚特征。产业集聚综合指数利用第三章计算得出的产业集中系数和改进区位熵加权平均所得到。

2. *LAB* 表示劳动力共享。在马歇尔的外部规模经济理论中，劳动力市场共享是影响海洋产业集聚的主要因素之一，本书采用沿海地区的涉海就业人数来衡量劳动力市场共享水平。

3. *KS* 表示知识技术溢出。在马歇尔的外部规模经济理论中，知识技术溢出也是影响海洋产业集聚的主要因素之一。由于高等院校承担着对社会企业需求高素质人才的培养重任，因此，本书采用每万人拥有的海洋专业专任教师人数来衡量知识技术溢出因素。

4. *LINK* 表示中间产品投入多样性。在马歇尔的外部规模经济理论中，中间产品投入的多样性也是影响海洋产业集聚的主要因素之一。在上文已阐述中间产品投入多样性实质就是上下游海洋产业之间的协作关系。因此，本书采用海洋第三产业的产值和海洋一、二产业产值的比重来衡量海洋产业之间的协作关联度。

5. *RJGDP* 表示沿海地区经济发展水平。本书采用人均 GDP 衡量沿海地区经济发展水平。由于人均 GDP 指标不受沿海地区人口规模和地区差异的影响，对沿海地区经济发展水平有更好的解释力。

6. *GOV* 表示海洋相关政策。由于沿海地区政府相关政策的度量难度较大，因此本书采用间接度量方法，采用沿海地区企业所得税占该地区财政收入的比重来度量。

7. *OPEN* 表示对外开放程度。本书采用沿海地区进出口总额占沿海地区 GDP 比重来衡量对外开放程度。

8. *TECH* 表示技术创新水平。本书根据研究内容以及数据可获得性，采用沿海地区海洋科研机构专利申请受理件数数量来度量技术创新水平。

9. *POLL* 表示资源环境约束。本书采用该沿海地区废水排放虚拟治理成本、废气排放虚拟治理成本，以及固体废弃物排放虚拟治理成本之和来衡量资源环境约束情况。

以上评价指标中，海洋产业集聚水平（*COM*）和资源环境约束（*POLL*）分别已在第三章和第四章进行核算，其他评价指标的原始数据来源于《中国统计年鉴》（2007—2016）、《中国海洋统计年鉴》（2007—2016）、《中国环境统计年鉴》（2007—2016）等统计年鉴。

三、结果分析

将海洋产业集聚特征作为参考数列，海洋产业集聚特征各影响因素作为比较数列，根据上述灰色关联分析法具体步骤对评价指标数据进行处理，得到 2007—2016 年中国海洋产业集聚特征与其影响因素之间不同时点上的灰色关联度和绝对关联度，如表 7-2 所示。

表7-2   中国海洋产业集聚特征与其影响因素的关联度

	2007	2008	2009	2010	2011	2012	2013	2014	2015	2016	R
LAB	1.000	0.989	0.979	0.973	0.967	0.961	0.961	0.952	0.948	0.942	0.967
KS	1.000	0.972	0.866	0.852	0.838	0.818	0.797	0.790	0.777	0.754	0.846
LINK	1.000	0.990	0.986	0.992	0.990	0.981	0.969	0.949	0.931	0.902	0.969
RJGDP	1.000	0.958	0.933	0.892	0.848	0.823	0.799	0.775	0.758	0.736	0.852
GOV	1.000	0.985	0.986	0.997	0.993	0.997	0.980	0.991	0.993	0.998	0.992
OPEN	1.000	0.985	0.947	0.966	0.965	0.957	0.949	0.945	0.931	0.926	0.957
TECH	1.000	0.917	0.683	0.552	0.518	0.489	0.443	0.386	0.333	0.423	0.574
POLL	1.000	0.985	0.989	0.977	0.881	0.881	0.890	0.885	0.893	0.920	0.930

通过表7-2中可以看出，比较数列各个因素在研究期内总体上对海洋产业集聚表现出较强的关联程度。从绝对关联度分析结果可以得出，具有极强的关联程度的影响因素有：劳动力共享（0.967），中间产品投入多样性（0.969），沿海区域经济发展水平（0.852），海洋相关政策（0.992），对外开放程度（0.957）和资源环境约束（0.930），并且 *GOV>LINK>LAB>OPEN> POLL>RJGDP*。具有较强的关联程度的影响因素有知识技术溢出，绝对关联度为0.846。具有中强的关联程度的影响因素是技术创新水平，绝对关联度为0.574。通过实证结果表明了本章第一节对中国海洋产业集聚特征影响因素理论分析的正确性。同时，从实证结果中可以看出海洋相关政策，中间产品投入多样性，劳动力共享，对外开放程度是影响中国海洋产业集聚最为重要的因素，绝对关联度均超过了0.95以上，技术创新水平对中国海洋产业集聚影响程度最低，但也表现出较为明显的协调关联度。

第三节   中国海洋产业集聚优化对策建议

产业集聚作为一种区域组织形式，对促进区域经济发展和提高区域竞争力有着重要推进作用。海洋产业集聚的产生和发展在很大程度上依赖于海洋资源禀赋在特定区域的丰裕程度以及市场自发作用对各种生产要素资源吸引整合的结果。但是，海洋产业集聚发展经过初期形成规模之后，完全依靠自然资源禀赋和市场自发调节不能使得海洋产业集聚一直朝向良性持续发展，需要借助政府参与，引导海洋产业集聚发展与提升，避免海洋产业集聚走向负面恶性发展。因此，充分发挥市场和政府调控机制，针对不同沿海区域海洋产业发展情况，通过完善海洋产业相关政策，优化海洋产业结构，促进海陆联动，推进科技人才支撑，加强环境资源保护，提高对外开放等途径积极推进海洋产业在最佳集聚范围内发展。

一、完善海洋产业集聚顶层设计

中国已经明确了开发、利用和保护蓝色国土，实现海洋强国的国家战略，从而可以从顶层设计上对中国海洋经济和海洋产业集聚发展进行制度制定。在进行顶层设计与政策制定方面，要针对不同沿海区域海洋产业发展实际情况的基础上，遵循产业集聚形成的内在规律，探究海洋产业集聚不同发展阶段的主要影响因素，对海洋产业集聚制定有针对性的政策制度，保证海洋产业集聚发挥最佳集聚效应。

第一，海洋产业集聚区域内的市场秩序维护。政府作为社会中最大的非市场组织，具有最高法律意义的强制力和拥有强大的再分配能力。因此，政府对于海洋产业集聚区域内的市场监管有着义不容辞的责任。政府可以利用监管执法权力、政策制定引导、市场秩序维护等措施，维护市场良性竞争，保护海洋企业资金安全，督促海洋企业履行责任和义务，建立并维护与市场秩序有关的海洋产业市场法律体系，海洋产业产权制度体系以及提供相应的司法服务。政府这种法律约束力和权威性是任何企业、组织所不能比拟的。因此，政府对市场监管地位是不可取代的，利用其所拥有的独特优势，成为市场秩序维护监管的主体。

第二，海洋产业集聚合理布局。不同的沿海区域，其自然资源禀赋、生态环境承载力、海洋产业发展水平以及发展潜力各不相同。海洋产业空间布局应该以各沿海区域实际情况为基础，逐步形成层次清晰、特色鲜明的海洋产业集聚空间发展格局。完全依靠市场机制作用虽然能够形成海洋产业集聚化发展，但是，中国市场经济尚不发达，区域经济发展不均衡，海洋产业布局会随着区域资源环境、海洋技术水平的变化而发生动态变化。在这种情况下，仅依靠市场机制是不能对海洋产业集聚进行有效合理布局的，需要政府参与、引导，适时地调整海洋产业政策，不断使海洋产业集聚水平向最优方向发展，以保证对海洋产业布局方向指引的正确性。因地制宜合理布局海洋产业集聚会发挥集聚的正向外部效应，促进区域绿色经济增长，进而吸引更多的海洋产业在该区域集聚。但是，需要注意的是，政府不能一味制定倾斜政策来提高海洋产业集聚水平，否则会导致过犹不及的效果。

第三，政府角色正确定位。一方面，政府要加大对海洋生物医药产业、海水综合利用业、海洋新能源开发等战略新兴海洋产业的财政支持力度，通过战略新兴海洋产业发展，提高海洋资源使用效率，获得高额经济收益，促进海洋经济快速发展。同时，构建良好的基础设施和投资环境，为海洋产业集聚发展提供优越条件。另一方面，地方政府也应该认识到干预的局限性，政府角色定位要精准，避免"缺位"和"越位"。地方政府应积极关注海洋产业集聚形成和发展，为海洋产业提供全方面的公共服务，妥善解决海洋产业发展过程中普遍存在的资金短缺、融资渠道单一等问题，制定优惠的投资政策，吸引外商资本、技术、管理到沿海区域落户，促进海洋产业集聚健康发展。总之，地方政府要依据海洋产业集聚发展实际采取不同策略，对于海洋产业集聚发展初期，政府要制定鼓励政策，积极支持、引导、提升集聚水平；对于海洋产业集聚发展成熟阶段，政府要把重点放在产业集聚创新、升级、优化产业结构上。

二、优化海洋产业结构

优化海洋产业的结构，就需要根据沿海各区域海洋产业发展的实际情况，优先发展海洋主导产业，海洋主导产业是指海洋产业体系中能够代表海洋产业结构的演变方向或发展趋势，能带动整个海洋产业结构向更高层次发展。每个区域的主导产业并不相同，例如舟山的主导产业是海洋第一产业渔业，所以该区域就应加大力度发展渔业产业，打造中国著名的海洋渔业产业集聚。通过主导海洋产业带动其他海洋产业综合发展，加强海洋产业之间的联动效应，最终形成各具特色、优势明显的海洋产业带，推动海洋产业集聚良性发展，加快海洋产业结构优化升级步伐，提升海洋经济整体竞争力。具体实施如下：

第一，稳定发展海洋第一产业。在努力保护天然渔业资源基础上，大力发展渔业养殖业和远海捕捞业，在传统海洋渔业发展基础上，加快向现代海洋渔业转型发展。现代海洋渔业是以高端产业发展为基础，以人才、知识、技术和资本为核心生产要素的密集海洋产业，体现了资源节约、环境保护的一种渔业产业形态。同时，还可以通过加强海洋第一产业与二、三产业间相互协作、产业融合等方式促进海洋第一产业的发展。例如，通过对海洋水产品进行深加工、海洋生物技术的研发等方式，增加海产品科技含量和附加值，加快渔业结构调整步伐，进一步稳固海洋第一产业的基础地位，提高海洋第一产业的经济、社会、生态效益有机统一。此外，在电子商务快速发展的今天，积极打造"互联网+渔业"发展模式，借助物联网、大数据、云计算等技术，促进海洋渔业在生产、管理、服务等环节的效率，缓解传统海洋渔业普遍存在的资金短缺、流通渠道不畅等问题，从而促进渔业转型升级，发展休闲渔业新业态，这是稳定发展海洋第一产业新的发展契机。

第二，积极调整海洋第二产业。以海洋产业转型升级为重点，积极发展海洋船舶业、海洋工程建筑业、海洋电力业等主导产业，通过海洋主导产业带动其他产业综合发展；以海洋高新技术为支撑，大力推动海洋高新技术产业发展。海洋高新技术产业是具备知识技术密集、资源消耗低、环境污染性小、经济效益回报率高的新兴产业，已成为区域产业结构优化升级、经济发展方式转变的突破口。因此，努力提高海洋科研教育水平，通过府际合作、资金保障、技术支持、优惠政策制定、体制机制建设等方面措施入手，大力发展海洋探测技术、海岸与海洋工程技术、海洋通信技术、海洋开发保护技术等，重点推动有市场发展前景的海洋生物医药业、海水利用业、海洋可再生能源业、海洋化工业等海洋高技术产业的培育和发展；同时，以"一带一路"建设为重要契机，深化国际间交流合作，加快海洋高新技术产业基地建设，吸引外商投资入驻，形成国际间海洋高新技术产业优势互补、良性互动、协同发展的新格局，从而整体上推动海洋第二产业结构调整和结构升级。

第三，大力发展海洋第三产业。临海区位优势和海上交通便利条件使得海洋运输业成为沿海区域海洋经济发展主要组成部分，通过加强海洋港口建设和海洋运输业发展，将带动和促进造船、钢铁、机械、电子等相关产业发展。滨海旅游业也是中国沿海区域国民经济重要组成部分，业已步入快速发展阶段，通过优化旅游产业集聚发展政策，围绕核心旅游资源出台相应产业支持政策，促进滨海旅游产业集聚发展；通过优化旅游要素投入模式，提升旅游要素使用效率，促进滨海旅游经济快速高质量发展；通过优化沿海区域旅游产业协调发展机制，支持旅游产业的区域联动协调发展，加快区域旅游经济合作。海洋第三产业中的海洋科研教育服务业的发展，能够更好为第一、二产业提供先进技术，提高海洋企业管理水平，提供优质、便捷的服务，从而加强产业关联，形成临海产业、浅海产业、深海产业大产业联合体。通过海洋产业之间的相互协作，发挥海洋产业集聚正向外部效应，一定程度上避免单个产业内可能出现的集聚过度或集聚不足的现象。此外，通过互联网、物联网等现代信息技术，加快信息服务、涉海金融保险、文化与创意产业等现代海洋服务业发展，促进海洋产业向高端化发展，实现海洋产业结构由传统的资源开发为主向现代海洋服务型转变，是海洋经济发展的新引擎。

三、提高对外开放水平

在封闭经济中，依靠自身资源禀赋和资本积累发展海洋产业集聚势必会导致经济增长效率低、集聚状态只能在低水平下发展。而在开放条件下，可以得到外部力量帮助，通过外商投资、技术创新引入等方式突破集聚发展过程中的瓶颈。中国海洋产业集聚的区域一般都是经济比较发达的沿海地区，无论硬件实力还是软件实力都相对其他区域更加完善，所以应该利用自身优势进一步提高对外开放水平，吸引外商青睐，这对于海洋产业集聚在沿海区域内向更高水平发展有着非常重要的影响。

第一，优化投资环境，吸引外商投资。良好的经济机制、社会文化、资源禀赋、生态环境是吸引外商投资的关键。首先，政府应提出明确的海洋产业集聚发展规划、海洋产业布局、重点建设项目等，确立完善的海洋产业政策体系，并结合本区域具体实际情况，营造宽松的外商投资环境，从而有利于吸引外商投资，促进海洋产业发展；其次，深化涉外经济体制改革，加强对外开放制度保障，创造良好的法治环境，规范市场运行秩序，完善公平竞争贸易政策，健全市场运行机制，改进市场监管体系，形成稳定、透明的涉外经济管理体制。

第二，提高利用外资的质量和水平。根据中国实际发展需要，进一步完善利用外资的法律法规，提高外资利用水平，优化引进外资的结构，更好地把引进外资同中国海洋产业结构、海洋技术创新水平结合起来，要以提高中国自主研发为根本点，通过资本、科技、创新等方式促进沿海区域经济发展质量。

第三，转变对外贸易增长方式。随着经济全球化的发展，中国的海洋生产企业与国外海洋企业的合作越来越密切，这将有助于中国海洋生产企业进入到全球生产价值链的某部分环节，所以政府应该鼓励本土海洋企业和国外海洋企业合作发展，优化对外贸易结构，提高出口竞争和对外贸易效益。要充分发挥中国具有比较优势的海洋产业，扩大具有优势海洋产品的出口，扩大附加值高的海洋产品出口，以及扩大高新技术海洋产品出口，转变对外贸易增长方式。

四、促进海陆联动

海洋经济发展离不开陆域经济的支撑，陆域经济的发展也需要海洋经济作为补充，拓展国民经济发展空间。随着海洋经济发展，海陆关系越来越密切，海陆之间资源互补、产业互动、经济关联，从而致使海陆二元经济结构一体化，使得海陆产业之间存在复杂的联系。这就要求我们在发展海洋经济的过程中，必须正确处理海洋与陆域产业发展之间的关系，加强海陆产业之间的互动、协调发展，实现区域统筹和一体化发展的最终目标。

从总体上看，中国当前海陆产业发展一体化政策主要围绕海洋产业结构调整和海陆产业空间布局方面，这对中国区域经济整体发展起到了积极的推动作用。但是，从政策执行角度来看，首先，缺乏海洋产业结构调整政策实施的有力保障措施。中国海洋经济发展目前仍然处于对海洋资源依赖的阶段，海洋传统产业增加值占海洋产业增加值的比重约为70%。要改变资源依赖型的发展模式，就需要政府强有力的介入和推动，从而保证海洋产业结构调整能够顺利落实。其次，中国海陆产业空间布局的政策安排尚存在不足，如中国在海岸带综合管理和立法方面落后，使得海陆产业主要载体海岸带管理出现多头执法、重复管理、矛盾冲突不断。而且，海陆产业空间布局政策未能打破区域行政壁垒，使得资源要素流动、基础设施建设分割等受阻，这也是阻碍海陆产业集聚发展的重要因素。要促进海陆产业联动，推进海陆产业一体化发展，从产业结构调整和产业空间布局角度上说，要实现四个方面转变。

第一，从依托沿海省市到跨区域经济区建设转变。由于跨区域进行海陆布局，必须要由中央政府出面，妥善处理各行政区域之间的利益关系，调动各方积极性，尤其对重大海洋产业在跨区域布局方面进行决策和指导，调整区域产业结构，形成各具特色的产业集聚。第二，沿海省市发挥比较优势，实现错位发展。对于部分沿海省市综合优势比较明显，在海洋经济发展上要突出"高、新、精、细"等方面，重点选择一些高新技术产业、战略新兴产业，构建层次高、外向型、带动型的产业结构体系。第三，打破地方行政壁垒，搭建跨区域合作平台。加强人才、技术、劳动力等交流，完善跨区域市场运行机制，努力营造公平竞争的市场环境。还要鼓励各类陆域企业积极参与海洋经济的开发活动，形成投资主体多元化、资金来源多渠道、经营组织多形式的海洋开发融资机制。第四，海岸带由多部门管理到综合管理的政策转变。中国的海洋部门、旅游部门、渔政、港航部门等都有管理海岸带的执法权力，多部门管理容易造成矛盾和冲突，从而亟须海岸带统一综合管理。因此，要进一步明确海洋执法部门的职能范围，出台海岸带保护利用规划，将规划与海洋执法部门职责进行有效联系，从而解决多头管理、效率低下、协作困难等问题。

五、推进科技人才支撑

海洋产业与其他产业相比，对现代科学技术有较强的依赖性，因此，发展海洋科研技术，培养科研人才，用先进的海洋技术支撑海洋产业集聚是必经之路，也是优化海洋产业结构、实现转变发展方式的重要推动力量。因此，要积极探究科技兴海的长效机制，大力发挥科技创新在海洋经济发展的支撑作用，提高海洋资源利用效率，促进经济绿色发展。科技人才支撑海洋产业集聚发展路径如图7-2所示。

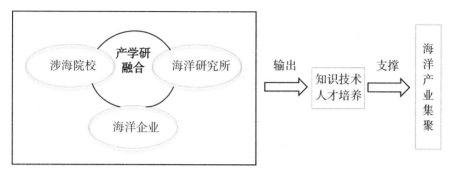

图7-2　科技人才支撑海洋产业集聚发展的路径图

第一，加快海洋高科技人才培养，实施人才强海战略。拥有众多海洋高科技人才是实现人才强海战略关键，因此，加大对与海洋专业有关的涉海院校、海洋科技研究所、海洋科技研发中心的资金投入，积极推进涉海院校学科结构调整和重点学科建设，打造海洋高科技人才培养平台，形成一支高素质的海洋科研队伍，培育一批高素质海洋高科技人才。同时，海洋生产企业充分利用各种线上线下教育资源，对海洋产业工人进行培训，提高海洋产业工人技术水平。此外，要制定唯才是用、人才引进和留住人才的激励机制，营造海洋专业人才发展的良好的环境，大力引进国内外高层次海洋技术专家，创造公平竞争体制，充分调动人才的积极性和创造性，为实现海洋产业集聚和海洋经济发展提供人才保证和智力支持。

第二，完善产学研融合机制，促进海洋科技成果转化。高等院校不仅担负着培养人才的重任，也是进行科学研究重要基地。企业不仅是生产产品的场所，也是技术创新重要研发基地。因此，在科技兴海战略的驱动下，为提升海洋科技支撑能力，通过金融扶持、政策引导等方式，鼓励、引导、支持海洋科技研究所、涉海高等院校以及海洋生产企业进行技术合作、信息共享、联合研发等方式进行合作创新，有助于促进科技成果转换落地，解决科技成果与生产相脱节的问题。另外，通过校企合作，海洋企业可以在涉海院校选取优秀的学生进行重点培养，待学生毕业后直接为企业所用。或者与高校建立实践基地，让海洋学科的学生在理论课程结束后到企业实践基地去实习，更好地使学生学以致用，培养优秀海洋高科技人才。

六、加强环境资源保护

沿海区域先天的区位优势、良好的资源禀赋等条件，为海洋产业集聚提供了重要的基础优势。适度的海洋产业集聚可以发挥集聚正向外部效应，但是随着海洋产业集聚度的进一步提高，当超过阈值后，集聚负向外部效应将起到主导作用，从而会影响区域经济发展，破坏资源污染环境，也必将导致海洋产业发展不可持续。只有综合考虑海洋产业集聚程度与资源环境承载力，才能实现海洋产业和绿色经济持续健康发展。因此加强环境资源保护，促进经济文明和生态文明协调互动，是实现海洋产业集聚良性发展的基础。

第一，加强政府监管作用。加大政府部门执法力度，对于污染排放超标的生产企业严厉实施关停并转，严肃处罚企业责任人，必要时追究法律责任，以提高环境污染违法成本；加大企业污染排放监管，做好企业废水、废气、固体废弃物的集中治理和达标排放，对重点污染生产企业实施严格监控和监督；制定一系列有关环境资源保护、生态文明建设的制度和法规，为推动环境资源保护提供强有力的法规和制度保障。

第二，转变传统政绩考核观，建立统一的新型考核体系。传统的政绩考核使得执政者只关注经济的增长，忽视经济生产所带来对资源环境影响的后果，长此以往，其后果不堪设想。以习近平总书记为代表的党中央多次提出坚持经济绿色发展观，经济发展不应是对资源和生态环境的竭泽而渔，生态环境保护也不应是舍弃经济发展的缘木求鱼，而要正确处理好经济发展同资源环境保护之间的关系，加快建设资源节约型、环境友好型社会，推动形成绿色发展方式和生活方式。有了新的发展观，就有了明确的组织路线，就需要新的政绩观以及对党政官员新的考核标准和考核机制。通过建立新型政府官员考核体系，建立负责人环保政绩奖惩考核制度，将经济指标与环境保护协调统一，改变过去只注重经济指标而忽视资源环境效益的评价方法，既要看到"显绩"，又要看到"潜绩"，既要看到经济增长指标，又要看到资源环境指标，使政府对党政官员的考核更为科学化、全面化。

第三，推动公众参与，提高公众环保意识。加强资源环境保护，不仅是政府、企业的事情，而且是需要全体公众参与的社会活动。所以国家要出台相应的法律法规，并且通过大众媒体和各种社会团体活动进行宣传，利用政治建设、文化建设、意识建设增强全社会节约意识、环保意识、生态意识，培养公民良好习惯使公民自觉遵守保护环境责任，并且开通多种监督举报渠道，做到奖罚分明。

第四节　本章小结

　　本章在借鉴产业集聚形成内在规律基础上，针对中国海洋产业集聚发展现状，从理论上深入探析影响中国海洋产业集聚的一般影响因素，认为马歇尔的"外部规模经济"、海洋资源禀赋、区域经济发展、海洋相关政策、对外开放水平、资源环境约束均对海洋产业集聚产生重要的影响。进而利用灰色关联模型实证分析这些影响因素对中国海洋产业集聚发展的影响，得出海洋相关政策、中间产品投入多样性、劳动力共享、对外开放程度是影响中国海洋产业集聚最为重要的因素，其他因素也表现出较为明显的协调关联度。最后根据实证结果从完善海洋产业相关政策、优化海洋产业结构、促进海陆联动、推进科技人才支撑、加强环境资源保护、提高对外开放等方面为中国海洋产业集聚优化提出对策建议。

结　论

当今的经济环境下，一方面，全球人口快速上涨，需求不断增加，经济快速增长，另一方面，陆域资源不加节制的开发，能源和资源压力日益增大，陆域环境的承载能力也越来越弱，已经无法为经济持续发展提供不竭动力。在这一严峻形势下，海洋经济成为新的发展增长点。拥有海洋资源优势的国家占据先机，开始将目光投向海洋资源开发，逐步将生产重心由大陆转向海洋，努力将海洋经济打造成为经济增长的新引擎。中国是海洋大国，海域辽阔，有丰富的海洋资源，开发潜力巨大。自改革开放以来，中国海洋开发建设工作突飞猛进，尤其进入 21 世纪以后，中国已经进入全面开发海洋的时代，国家出台了一系列积极有效的方针政策，都显示出中国将海洋经济的发展提升到攸关国民经济发展的重要战略地位。

随着海洋产业的快速发展，产业规模重大突破，海洋产业集聚作为一种高效空间组织形式，是海洋经济发展必然结果，对区域经济和资源环境有着重要的影响。为此，本书以中国海洋产业集聚与区域绿色经济为研究对象，剖析海洋产业集聚对沿海区域绿色经济增长的影响，以及探究海洋产业集聚的空间溢出效应对邻近区域绿色经济增长的作用。

本书得出的主要结论如下：

第一，通过两种测度方法定量分析中国海洋产业集聚水平的时空特征。结果表明，中国海洋三次产业从全国范围来看呈明显集聚现象。从集聚水平的时序特征角度分析，中国海洋三次产业随着时间演变呈不同的变化趋势。从集聚水平的空间特征角度分析，中国沿海 11 省份区域可以大致分为四种类型空间格局。

第二，通过构建符合中国特色的绿色 GDP 核算模型框架，采用合适的计量方法，对中国绿色 GDP 进行核算。结果表明，在动态演变上，中国经济快速发展仍然是以牺牲资源环境为代价尤其是能源耗减巨大。在空间格局上，人均绿色 GDP 在全国范围内看呈现东部地区>中部地区>西部地区。

第三，基本计量模型和面板门限模型回归结果显示，中国海洋产业集聚与沿海区域绿色经济增长之间并非简单线性关系，而是呈现"倒 U 型"曲线关系。

第四，全局莫兰指数结果显示，中国 31 省份的绿色经济增长存在显著的空间正相关。空间杜宾模型的回归结果显示，中国海洋产业集聚不仅促进沿海区域绿色经济增长，同时中国海洋产业集聚的空间溢出效应也能显著的促进邻近区域绿色经济增长。

第五，在借鉴产业集聚形成内在规律基础上，从理论上深入分析影响海洋产业集聚的一般因素，进而利用灰色关联模型实证探究影响中国海洋产业集聚的主要因素，最后根据实证研究结果给出对策建议。

本书的创新之处主要体现在研究体系的构建和模型的构建，具体表现在以下四个方面。

首先，构建了海洋产业集聚影响区域绿色经济增长的研究体系。国内外学者对海洋产业集聚、绿色经济相关方面研究较多，鲜有学者将二者结合起来进行综合考虑，尤其是定量分析海洋产业集聚对区域绿色经济增长的影响作用以及是否存在空间溢出效应。基于此，本书围绕海洋产业集聚对区域绿色经济增长的影响关系，构建了一个新的研究体系。

其次，改进了海洋产业集聚水平的测度方法。运用产业集中系数测算中国海洋产业集聚水平的时序特征；运用改进的区位熵测度中国海洋产业集聚水平的空间特征，通过运用不同的集聚测度方法要比单一使用一种方法能够更好、更全面地反映中国海洋产业集聚水平的特征。

再次，构建了区域绿色经济增长核算模型。本书在以 SEEA-2012 和《中国绿色国民经济核算体系框架》等核算模型基础上，结合中国 31 省份绿色经济发展实际情况，构建了符合中国特色的区域绿色经济增长核算模型。

最后，构建了海洋集聚对区域绿色经济增长影响的计量模型。首先构建了面板基本计量模型进行实证分析，然后，进一步考察在各沿海省份经济发展水平不均衡的情况下，中国海洋产业集聚对沿海区域绿色经济增长的影响程度是否有所不同，因此以人均 GDP 作为门限变量构建了面板门限回归模型，从而使得实证结果更具有说服力。最后，根据每个区域经济发展都会受到邻近区域经济发展水平的影响，又构建了空间面板杜宾模型将研究结论扩展到空间上，使之更符合经济社会发展的实际情况。

本书的研究虽然取得了一定的成果，但对有些问题的研究仍存在一定的局限性，需要进一步的深入研究，具体包括以下几方面：

一是，由于海洋经济发展年限相对较短，缺乏城市层面的数据，本书主要基于省域层面的研究。

二是，由于海洋经济数据统计不完善，在测度海洋产业集聚程度时，由于相关指标的限制，采用了产业集中系数和改进区位熵综合反映海洋产业的集聚程度，虽然在一定程度上比单一使用一种测度方法反映效果要好，但仍然可能存在片面化和粗糙化。

参考文献

［1］ Marshall A. Principles of Economics ［M］. 8th ed. London：Macmillan，1920：402-435.

［2］ 阿尔弗雷德.韦伯. 工业区位论 ［M］. 陈志人，张英保译. 北京：商务印书馆，1997：121-130.

［3］ Losch A. The Economics of Location ［M］. New Haven：Yale University Press，1940：41-57.

［4］ 埃德加.M. 胡佛. 区域经济学导论 ［M］. 王翼龙译. 北京：商务印书馆中译本，1990：172.

［5］ Perroux F. The Pole of Development's New Place in a General Theory of Economic activity. Regional Economic Development ［M］. Boston：Unwin Hyman，1988：48-76.

［6］ Krugman P. Increasing Returns and Economic Geography ［J］. Journal of Political Economy，1991，99（3）：483-499.

［7］ Porter M E. The Competitive Advantage of Nations ［J］. Harvard Business Review，1990，68（1）：73-93.

［8］ Andersson M. Industrial agglomeration and New Technologies：A Global Perspective ［J］. Papers in Regional Science，2008，87（1）：147-149.

［9］ Iammarino S. Industrial Agglomeration and New Technologies：A Global Perspective ［J］. Economic Geography，2008，84（3）：367-368.

［10］ Kuncoro M，Wahyuni S. FDI Impacts on Industrial Agglomeration：The

Case of Java, Indonesia [J] . Journal of Asia Business Studies, 2009, 3 (2): 65-77.

[11] Commendatore P, Kubin I, Petraglia C, Sushko I. Regional Integration, International Liberalisation and The Dynamics of Industrial Agglomeration [J] . Journal of Economic Dynamics and Control [J], 2014, 48 (1): 265-287.

[12] Akkemik K A, Göksal K. Do Exports Explain Industrial Agglomeration and Regional Disparities in Turkey? [J] . Journal of International Development, 2014, 26 (4): 471-491.

[13] Imaizumi A, Ito K, Okazaki T. Impact of Natural Disasters on Industrial Agglomeration: The Case of The Great Kanto Earthquake in 1923 [J] . Explorations in Economic History, 2016, 60 (1): 52-68.

[14] de Almeida E T, de Moraes Rocha R. Labor Pooling as An Agglomeration Factor: Evidence from The Brazilian Northeast in The 2002-2014 Period [J] . EconomiA, 2018, 19 (2): 236-250.

[15] Ramachandran R, Sasidharan S, Doytch N. Foreign Direct Investment and Industrial Agglomeration: Evidence from India [J] . Economic Systems, 2020, 44 (4): 1-12.

[16] Tavares M S D A, Gohr C F, Morioka S, da Cunha T R. Systematic Literature Review on Innovation Capabilities in Clusters [J] . Innovation & Management Review, 2021, 18 (2): 192-220.

[17] Shakib M D. Representing a Dynamic Model of Employees Education in The Path of Industrial Clusters Development [J] . International Journal of Industrial and Systems Engineering, 2021, 38 (1): 133-142.

[18] Feser E J. Enterprises External Econmomies, and Economic Development [J] . Journal of Planning Literature, 1998, 12 (3): 283-302.

[19] Rosenthal S S, Strange W C. The Determinants of Agglomeration [J] . Journal of Urban Economics, 2001, 50 (2): 191-229.

[20] Braunerhjelm P, Johansson D. The Determinants of Spatial Concentration:

The Manufacturing and Service Sectors in an International Perspective ［J］. Industry and Innovation, 2003, 10 (1): 41-63.

［21］Gornostaeva G, Cheshire P. Media Cluster in London ［J］. Les Cahiers De Linstitut Damenagement et Durbanisme De La Region Dile De France, 2003, 135 (4): 151-160.

［22］Aiginger K, Pfaffermayr M. The Single Market and Geography Concentration in Europe ［J］. Review of Internatioal Economics, 2004, 12 (1): 1-15.

［23］Crawley A J, Hill H. Is Industrial Agglomeration Increasing? New Evidence from a Small Open Economy ［J］. Journal of Economic Studies, 2011, 38 (6): 725-740.

［24］Lazzeretti L, Capone F, Boix R. Reasons for Clustering of Creative Industries in Italy And Spain ［J］. European Planning Studies, 2012, 20 (8): 1263-1280.

［25］Barmett H J. Scarcity and Growth Revisited ［M］. Lonond: Johns Hopkins University Press, 1979: 163-196.

［26］大卫.皮尔斯.绿色经济的蓝图:获得全球环境价值［M］.徐少辉,冉圣宏,田润浓译.北京:北京师范大学出版社,1997:15-19.

［27］Jacobs M, Stott M. Sustainable Development and The Local Economy ［J］. Local Economy, 1992, 7 (3): 261-272.

［28］戴维.皮尔斯,杰瑞米.沃福德.世界无末日:经济学、环境与可持续发展［M］.张世秋等译.北京:中国财政经济出版社,2001:156-279.

［29］莱斯特.R.布朗.生态经济:有利于地球的经济构想［M］.林自新等译.北京:东方出版社,2003:3-59.

［30］Green Jobs: Towards Decent Work in a Sustainable, Low - Carbon World ［R］. The United Nations Environment Programme, 2008: 4.

［31］Green Economy: Developing Countries Success Stories ［R］. The United Nations Environment Programme, 2010: 2-3.

[32] Danaher K, Biggs S, Mark J. Building the Green Economy: Success Stories from The Grassroots [M] . London: Routledge, 2010: 6-43.

[33] Green Economy: Developing Countries Success Stories [R] . The United Nations Development Programme, 2010: 5.

[34] Towards a Green Economy: Pathways to Sustainable Development and Poverty Eradication [R] . The United Nations Development Programme, 2011: 504-506.

[35] Kenis A, Lievens M. The Limits of the Green Economy: From Re-inventing Capitalism to Repoliticising The Present [M] . London: Routledge, 2015: 3-51.

[36] Adams B. Green Development: Environment and Sustainability in A Developing World [M] . 3rd ed. London: Routledge, 2018: 1-480.

[37] Adloff F, Neckel S. Futures of Sustainability as Modernization, Transformation, And Control: A Conceptual Framework [J] . Sustainability Science, 2019, 14 (4): 1015-1025.

[38] Lavrinenko O, Ignatjeva S, Ohotina A, et al. The Role of Green Economy in Sustainable Development (Case Study: The EU states) [J] . Entrepreneurship and Sustainability Issues, 2019, 6 (3): 1113-1126.

[39] Guo M, Nowakowska-Grunt J, Gorbanyov V, et al. Green Technology and Sustainable Development: Assessment and Green Growth Frameworks [J] . Sustainability, 2020, 12 (16): 6571.

[40] Merino-Saum A, Clement J, Wyss R, et al. Unpacking The Green Economy Concept: A Quantitative Analysis of 140 Definitions [J] . Journal of cleaner production, 2020, 242: 118339.

[41] Sulich A. The Green Economy Development Factors [J] . Vision 2020 Sustainable Economic Development and Application of Innovation Management: 6861-6869.

[42] Yıldırım S, Yıldırım D Ç. Achieving Sustainable Development Through

A Green Economy Approach, in Advanced Integrated Approaches To Environmental Economics And Policy: Emerging Research And Opportunities [M] . IGI Global, 2020: 1-22.

[43] D'amato D, Korhonen J. Integrating The Green Economy, Circular Economy and Bioeconomy in A Strategic Sustainability Framework [J] . Ecological Economics, 2021, 188: 107143.

[44] Mikhno I, Koval V, Shvets G, et al. Green Economy in Sustainable Development and Improvement of Resource Efficiency [J] . Central European Business Review, 2021, 10 (1): 99-113.

[45] Brülhart M, Sbergami F. Agglomeration and Growth: Cross - country Evidence [J] . Journal of Urban Economics, 2009, 65 (1): 48-63.

[46] Andersson M, Loof H. Agglomeration and Productivity: Evidence from Firm-Level Data [J] . Annals of Regional Science, 2011, 46 (3): 601-620.

[47] Chabukdhara M, Nema A K. Heavy Metals Assessment in Urban Soil around Industrial Clusters in Ghaziabad, India: Probabilistic Health Risk Approach [J] . Ecotoxicology and Environmental Safety, 2013 (87): 57-64.

[48] Mitra A. Agglomeration Economies and Well - being: Evidence from India [J] . Athens Journal of Health, 2014, 1 (1): 23-36.

[49] Arin K, Omay T, Timurcin D. A Note on The Efficiency Effects of Agglomeration Economies: Turkish Evidence [J] . Journal of Reviews on Global Economics, 2014, (3): 186-189.

[50] Bowen W M, Atlas M, Lee S. Industrial Agglomeration and The Regional Scientific Explanation of Perceived Environmental Injustice [J] . Annals of Regional Science, 2009, 43 (4): 1013-1031.

[51] Karkalakos S. Capital Heterogeneity, Industrial Clusters and Environmental Consciousness [J] . Journal of Economic Integration, 2010, 25 (2): 353-375.

[52] Fagbohunka A. The Impacts of Agglomeration on The Immediate Environment, Using The Lagos Region as a Study Case [J] . International Business

Research, 2012, 5 (12): 25-32.

[53] Fagbohunka A. Industrial Agglomeration and Environmental Problems Severity Perception, in The Lagos Region, Nigeria [J]. Journal of Natural Sciences Research, 2015, 5 (15): 28-35.

[54] Ahmad M, Khan Z, Anser M K, et al. Do Rural-Urban Migration and Industrial Agglomeration Mitigate The Environmental Degradation across China's Regional Development Levels? [J]. Sustainable Production and Consumption, 2021, 27: 679-697.

[55] Otsuka A, Goto M, Sueyoshi T. Industrial Agglomeration Effects in Japan: Productive Efficiency, Market Access, and Public Fiscal Transfer [J]. Papers in Regional Science, 2010, 89 (4): 819-840.

[56] Najkar N, Kohansal M R, Ghorbani M. Impact of Industrial Agglomeration on Productivity: Evidence from Iran's Food Industry [J]. Chinese Geographical Science, 2019, 30: 309-323.

[57] Ramachandran R, Reddy K, Sasidharan S. Agglomeration and Productivity: Evidence from Indian Manufactuaring [J]. Studies in Microeconomics, 2020, 8 (1): 75-94.

[58] Combes P-P, Gobilllon L. The Empirics of Agglomeration Economies [J]. Handbook of Regional and Urban Economics, 2014, 5: 247-348.

[59] Hanlon W, Miscio A. Agglomeration: A Dynamic Approach [R]. NBER Working Paper, 2014: 20728.

[60] Wang G, Yang D, Xia F, et al. Study on Industrial Integration Development of The Energy Chemical Industry in Urumqi-Changji-Shihezi Urban Agglomeration, Xinjiang, NW China [J]. Sustainability, 2016, 8 (7): 683.

[61] 刘军, 段会娟. 我国产业集聚新趋势及影响因素研究 [J]. 经济问题探索, 2015 (01): 36-43.

[62] 李立. 中国物流产业集聚的影响因素及发展对策研究 [J]. 改革与战略, 2016, 32 (08): 97-100.

［63］范晓莉，黄凌翔，卢静，王丽艳．战略性新兴产业集聚发展及影响因素分析［J］．统计与决策，2017（14）：139-143.

［64］陈柯，尹良富，汪俊英，韩博闻．中国制造业产业集聚影响因素的实证研究［J］．上海经济研究，2020（10）：97-108.

［65］白福臣，刘辉军，张苇锟．海洋生物医药产业集聚"新"模式：一个理论模型及应用［J］．海洋开发与管理，2021，38（03）：70-77.

［66］高敏，刘敬严．高铁对京津冀城市群物流产业集聚的影响［J］．物流科技，2021，44（08）：82-85.

［67］阳长征．信息扩散、产业集聚与区域技术创新绩效—基于2005-2018年区域面板数据动态分析［J］．科技进步与对策，2021（08）：1-10.

［68］张跃，李婷婷．中国市域工业集聚的空间效应及影响因素［J］．经济经纬，2021，38（05）：3-11.

［69］雷宏振，潘龙梅，雷蕾．中国文化产业空间集聚水平测度及影响因素研究—基于省际面板数据的分析［J］．经济问题探索，2012（02）：35-41.

［70］关爱萍，张宇．中国制造业产业集聚度的演进态势：1993-2012—基于修正的E-G指数［J］．产经评论，2015，6（04）：15-27.

［71］朱海艳．旅游产业集聚度时空演变研究［J］．统计与决策，2016（13）：121-124.

［72］王岩．产业集聚对区域经济增长的影响研究—以京津冀地区为例［D］．北京：首都经济贸易大学，2017：45-63.

［73］刘彦军．中国沿海省区海洋产业集聚水平比较研究［J］．广东海洋大学学报，2015，35（02）：22-29.

［74］赵珍．沿海省市海洋产业集聚水平比较与影响因素研究［J］．浙江海洋大学学报（人文科学版），2018，35（05）：58-63.

［75］叶莉，范高乐．区域金融产业集聚水平的测度与效率评价［J］．统计与决策，2019，35（10）：161-164.

［76］封伟毅，杨硕．高技术产业集聚度测度与比较研究—基于中国

2007-2017 年数据的实证分析 [J]. 工业技术经济, 2020, 39 (06): 154-160.

[77] 周鹏飞, 沈洋, 朱晓龙. 制造业产业集聚对城市绿色经济效率的影响: 机理、测度与路径 [J]. 城市发展研究, 2021, 28 (03): 92-99.

[78] 魏和清, 李颖. 中国省域文化产业集聚的空间特征及影响因素分析 [J]. 统计与决策, 2021, 37 (16): 66-70.

[79] 剧小贤. 河南省生猪产业集聚水平测度分析 [J]. 黑龙江畜牧兽医, 2021 (16): 22-25.

[80] 吴敬茹, 杨在军. 京津冀城市群先进制造产业发展水平测度与影响因素分析 [J]. 统计与决策, 2021, 37 (14): 97-100.

[81] 刘思华. 绿色经济导论 [M]. 北京: 同心出版社, 2004: 38-42.

[82] 陈伟平. 基于博弈视角的中国绿色经济发展研究 [D]. 武汉: 武汉大学, 2015: 11-13.

[83] 魏媛, 李儒童. 绿色发展视角下贵州经济发展与生态环境关系研究 [J]. 资源节约与环保, 2016 (12): 155-156.

[84] 黄兰钦. 四川省绿色经济发展评价研究 [D]. 重庆: 重庆大学, 2016: 9-11.

[85] 温晓明. 发展绿色经济、建设生态文明的实践与思考—以福建省龙岩市为例 [J]. 经济研究导刊, 2017 (05): 79-82.

[86] 邹博清. 绿色发展、生态经济、低碳经济、循环经济关系探究 [J]. 当代经济, 2018 (23): 88-91.

[87] 孙文涛. 生态文明建设和经济高质量发展分析 [J]. 财经界, 2021 (19): 26-27.

[88] 余春祥. 绿色经济与云南绿色产业战略选择研究 [D]. 武汉: 华中科技大学, 2003: 123-125.

[89] 夏光. "绿色经济" 新解 [J]. 环境保护, 2010 (7): 9-10.

[90] 高玉枝. 浅谈中国绿色经济发展的对策 [J]. 网友世界, 2012 (13): 26-27.

[91] 王凤. 发展绿色经济与绿色产业战略探析 [J]. 全国商情 (经济理论研究), 2016 (03): 56-58.

[92] 裴庆冰, 谷立静, 白泉. 绿色发展背景下绿色产业内涵探析 [J]. 环境保护, 2018, 46 (Z1): 86-89.

[93] 孙晓燕, 杨中兵, 孙婉璐. 中国绿色经济发展研究 [J]. 现代管理科学, 2018 (09): 22-24.

[94] 梁一灿, 孙钰. 提升天津绿色经济发展水平的对策研究 [J]. 天津经济, 2020 (03): 20-27.

[95] 裴培. 新经济形态下绿色产业经济发展路径探讨 [J]. 中国产经, 2020 (02): 9-10.

[96] 李向前, 曾莺. 绿色经济 [M]. 成都: 西南财经大学出版社, 2001: 55-76.

[97] 赵斌. 关于绿色经济理论的新思维 [J]. 生产力研究, 2006 (5): 5-6.

[98] 周珂, 徐岭. 中国绿色经济面临的挑战与发展契机 [J]. 人民论坛, 2011 (08): 110-113.

[99] 王丽英, 傅健, 占利华, 李达. 科技对绿色经济发展支撑作用研究 [J]. 现代工业经济和信息化, 2016, 6 (03): 25-27.

[100] 孟望生, 张扬. 自然资源禀赋、技术进步方式与绿色经济增长—基于中国省级面板数据的经验研究 [J]. 资源科学, 2020, 42 (12): 2314-2327.

[101] 张梦霞. 科技创新对绿色经济发展的影响研究—以中部六省为例 [D]. 南昌: 江西财经大学, 2021: 1-11.

[102] 张兵生. 绿色经济学探索 [M]. 北京: 中国环境科学出版社, 2005: 46-76.

[103] 诸大建. 绿色经济新理念及中国开展绿色经济研究的思考 [J]. 中国人口资源与环境, 2012, 22 (5): 41-42.

[104] 赵领娣, 张磊, 李荣杰, 杨明晔. 能源禀赋、人力资本与中国绿

色经济绩效［J］．当代经济科学，2013，35（04）：74-84，126，127.

［105］李小芬．经济绿色转型视域下的生态资本效率研究［J］．现代经济信息，2015（12）：3，6.

［106］鲍军．中国绿色经济下人力资本发展分析［J］．时代经贸，2016（27）：77-79.

［107］杨磊玉．经济绿色转型视域下的生态资本效率探究［J］．中国市场，2017（20）：266，270.

［108］万建香，廖云福．社会资本对中国绿色发展的影响研究—基于省际面板数据的实证分析［J］．调研世界，2018（07）：35-40.

［109］王晓燊．外商直接投资对河南省绿色全要素生产率的影响研究［D］．郑州：郑州大学，2020：18-24.

［110］沙依甫加玛丽·肉孜，邓峰．人力资本集聚对城市绿色经济效率的影响分析［J］．生态经济，2021，37（03）：53-60，73.

［111］段会娟．中国产业集聚特征及其对区域经济增长影响的 SGMM 分析［J］．经济经纬，2012（04）：16-21.

［112］李剑，姜宝．物流产业集聚对区域经济增长影响研究—基于省际数据的空间计量分析［J］．中南大学学报（社会科学版），2016，22（04）：103-110，115.

［113］夏涛，陈尚，夏飞，王翠翠．海洋产业集聚的生态环境效应研究述评［J］．海洋开发与管理，2017，34（10）：40-44.

［114］严珊珊．福建省海洋产业集聚与区域资源环境耦合评价研究［D］．厦门：集美大学，2017：1-10.

［115］王磊，王琰琰，李慧明．再生资源产业集聚与区域环境污染—来自中国省域面板数据的实证分析［J］．科技进步与对策，2018，35（13）：72-77.

［116］唐建荣，房俞晓，张鑫和，唐雨辰．产业集聚与区域经济增长的空间溢出效应研究—基于中国省级制造业空间杜宾模型［J］．统计与信息论坛，2018，33（10）：56-65.

[117] 季书涵, 朱英明. 产业集聚、环境污染与资源错配研究 [J]. 经济学家, 2019 (06): 33-43.

[118] 刘媛媛, 孙慧. 资源型产业集聚环境外部性效应研究—基于区域面板数据的实证检验 [J]. 生态经济, 2021, 37 (04): 37-43.

[119] 寇冬雪. 产业集聚模式与环境污染关系研究 [J]. 经济经纬, 2021, 38 (04): 73-82.

[120] 杨羽霏. 长三角地区产业集聚与经济收敛的实证研究 [D]. 北京: 北京外国语大学, 2021: 24-32.

[121] 张耀光. 试论海洋经济地理学 [J]. 云南地理环境研究, 1991 (01): 38-45.

[122] 孙斌, 徐质斌. 海洋经济学 [M]. 青岛: 青岛出版社, 2000: 5-29.

[123] 都晓岩. 泛黄海地区海洋产业布局研究 [D], 青岛: 中国海洋大学, 2008: 16-20.

[124] HY/T052-1999. 中华人民共和国海洋行业标准: 海洋经济统计分类与代码 [S]. 国家海洋局, 1999: 1-13.

[125] 白福臣, 贾宝林. 广东海洋产业发展分析及结构优化对策 [J]. 农业现代化研究, 2009 (7): 419-422.

[126] 杨坚. 山东海洋产业转型升级研究 [D]. 兰州: 兰州大学, 2013: 20-27.

[127] 丁刚, 陈奇玲. 绿色经济的涵义及评价指标体系的构建 [J]. 太原理工大学学报 (社会科学版), 2014, 32 (01): 1-4.

[128] 刘国光. 为科学发展提供理论支撑 [N]. 人民日报, 2006-06-02 (009).

[129] 史玲玲, 杨湘浩. 基于供应链视角下绿色产业的发展研究 [J]. 物流科技, 2021, 44 (03): 126-128, 140.

[130] 刘伊曼. 技术创新支撑绿色发展研究 [D]. 长沙: 长沙理工大学, 2019: 18-27.

[131] 严立冬，屈志光，黄鹂. 经济绿色转型视域下的生态资本效率研究 [J]. 中国人口·资源与环境，2013，23（04）：18-23.

[132] 卡尔·马克思. 资本论 [M]. 北京：人民出版社，2004：38.

[133] 常卉颉. 基于马克思经济理论的宏观调控理论与实践 [D]. 厦门：厦门大学，2017：33-40.

[134] 匡祥琳. 基于绿色 GDP 投入产出模型架构研究 [D]. 北京：首都经济贸易大学，2011：23-34.

[135] 赵轩. 伊春国有林区森林生态系统效益核算及效益提升研究 [D]. 哈尔滨：东北林业大学，2021：19-25.

[136] 华正伟. 中国创意产业的就业效应探析 [J]. 生产力研究，2015（04）：62-64，85，161.

[137] 蔺冰. 文化产业集聚对中国区域经济增长的影响研究 [D]. 北京：北京交通大学，2020：14-28.

[138] 佚名. 八大海洋产业集聚中心形成 [J]. 宁波经济（财经视点），2014（01）：27.

[139] 国家海洋局海洋发展战略研究所. 国家海洋经济发展报告（2013）[M]. 北京：经济科学出版社，2013：127-128.

[140] 粟坤. 海洋产业集聚的形成机制与实现路径研究 [D]. 杭州：浙江工业大学，2013：22-32.

[141] 高源. 我国海洋产业集聚时空特征、驱动机理及其与区域要素协调发展研究—基于省际尺度 [D]. 大连：辽宁师范大学，2012：30-53.

[142] Krugman P. Increasing Returns and Economic Geography [J]. Journal of Political Economy，1991，99（3）：483-499.

[143] Ellision G，Glaeser E L. Geographic Concentration in US Manufacturing Industries：A Dart Board Approach [J]. Journal of Political Economy，1997，105（5）：889 -927.

[144] 周觅，王铮. 中国三大区域增长的技术进步方向选择 [J]. 科研管理，2003（06）：132-137.

［145］Marfels C. The Consistency of Concentration Measures：A Mathematical Evaluation ［C］. America：Proceedings American Statistical Association，Business and Economic Statistics Section，1971：143-150.

［146］任博英. 山东半岛海洋产业集聚与区域经济增长问题研究 ［D］. 青岛：中国海洋大学，2010：24-36.

［147］Haggett P. Locational Analysis in Human Geography ［M］. London：Edward Arnold，1965：25-63.

［148］高源，韩增林，杨俊，管超. 中国海洋产业空间集聚及其协调发展研究 ［J］. 地理科学，2015，35（08）：946-951.

［149］郑娇艳. 海洋产业集聚对区域经济增长的影响研究 ［D］. 青岛：青岛大学，2020：18-28.

［150］褚海燕. 绿色 GDP 核算方法探讨及浙江省的实际估算 ［D］. 杭州：浙江工商大学，2006：25-40.

［151］黄家宝. 水资源价值及资源水价测算的探讨 ［J］. 广东水利水电，2004，33（5）：13-14.

［152］姚利辉. 基于 SEEA-2012 的综合绿色 GDP 核算体系构建研究——以湖南省为例 ［D］. 长沙：中南林业科技大学，2017：77-84.

［153］徐衡，李红继. 绿色 GDP 统计中几个问题的再探讨 ［J］. 现代财经，2002，22（10）：3-7.

［154］过孝民，於方，赵越. 环境污染成本评估理论与方法 ［M］. 北京：中国环境科学出版社，2009：112-178.

［155］世界卫生组织关于颗粒物、臭氧、二氧化氮和二氧化硫的空气质量准则风险评估概要 ［M/OL］. 世界卫生组织，2006：7-19.（http：//whqlibdoc. who. int/hq/2006/ WHO/SDE/PHE/OEH）

［156］王佳. 京津冀环境污染物成本计量及控制研究 ［D］. 秦皇岛：燕山大学，2016：24-28.

［157］Ostro B. A Methodology for Estimating Air Pollution Health Effects ［R］. World Health Organisation Report，2004：1-36.

［158］可持续发展指标体系课题组.中国城市环境可持续发展指标体系研究手册［M］.北京：中国环境科学出版社，2009：44-46.

［159］李晋.大气污染造成的健康损失评价研究［D］.西安：西北大学，2012：8-20.

［160］沈晓艳，王广洪，黄贤金.1997-2013年中国绿色GDP核算及时空格局研究［J］.自然资源学报，2017，32（10）：1639-1650.

［161］雷明.中国环境经济综合核算体系框架设计［J］.系统工程理论与实践，2000（10）：17-26.

［162］刘德智，左桂鄂，秦华.河北省绿色GDP核算实证研究［J］.石家庄经济学院学报，2006（05）：620-623.

［163］张玲.绿色GDP的森林资源核算研究［D］.哈尔滨：哈尔滨工业大学，2006：48-62.

［164］姜恩来，张颖，曹克瑜.海南省森林资源的价值评价［J］.绿色中国.2004（2）：44-47.

［165］於方，王金南.中国环境经济核算技术指南［M］.北京：中国环境科学出版社，2009：51-82.

［166］王磊.中国绿色GDP的核算方法与应用［J］.现代经济探讨，2007（05）：63-66.

［167］Williamson，J G. Regional Inequality and The Process of National Development：A Description of The Patterns［J］.Economic Development and Cultural Change，1965，13（4）：3-45.

［168］Rizov M，Oskam A，Walsh P. Is There A Limit to Agglomeration？Evidence from Productivity of Dutch Firms［J］.Regional Scienceand Urban Economics，2012，42（4）：595-606.

［169］纪玉俊，宋金泽.中国海洋产业集聚的区域生产率效应［J］.中国渔业经济，2018，36（03）：70-78.

［170］纠手才，张效莉.东海经济区海洋产业集聚与区域经济增长关系研究［J］.海洋经济，2016，6（03）：40-47.

［171］于谨凯，刘星华，单春红．海洋产业集聚对经济增长的影响研究：基于动态面板据的 GMM 方法［J］．东岳论丛，2014，35（12）：140-143.

［172］Hansen B E. Threshold Effects in Non-dynamic Panels：Estimation，Testing and Inference［J］．Journal of Economics，1999，93（2）：345-368.

［173］孙浦阳，张靖佳，姜小雨．电子商务、搜寻成本与消费价格变化［J］．经济研究，2017，52（07）：139-154.

［174］吕冰洋，毛捷．高投资、低消费的财政基础［J］．经济研究，2014，49（05）：4-18.

［175］汪伟．经济增长、人口结构变化与中国高储蓄［J］．经济学（季刊），2010，9（01）：29-52.

［176］Tobler W R. A Computer Movie Simulating Urban Growth in The Detroit Region［J］．Economic Geography，1970，46（2）：234-240.

［177］朱辉．金融集聚对区域经济增长的影响效应研究—基于传统金融和互联网金融的双重视角［D］．上海：上海社会科学院，2019：106-111.

［178］林应福．福建省海洋产业集聚影响经济增长的实证研究［D］．福州：福建师范大学，2014：43-58.

［179］黄瑞芬．环渤海经济圈海洋产业集聚与区域环境资源耦合研究［D］．青岛：中国海洋大学，2009：72-84.

［180］王邹辉．集聚效应与区域经济增长的关系—以长江中游城市群为例［D］．南昌：江西财经大学，2018：34-48.

［181］毛金祥．经济集聚对区域创新的影响研究—基于长三角地区的实证分析［D］．上海：上海社会科学院，2019：53-75.

［182］郑雪晴，胡求光．海洋产业集聚对海洋环境污染的影响及空间溢出效应分析—基于中国沿海 11 省市数据的检验［J］．科技与管理，2020，22（01）：17-22.

［183］张晓旭，冯宗宪．中国人均 GDP 的空间相关与地区收敛：1978-2003［J］．经济学（季刊），2008（02）：399-414.

［184］Anselin L. Spatial Econometrics：Methods and Models［M］．

Dordrecht：Kluwer Academic Publishers，1988：284.

　　［185］邓聚龙. 灰色系统基本方法［M］. 武汉：华中理工大学出版社，1987：31-33.

　　［186］习近平. 在海南考察工作结束时的讲话［EB/OL］. https：// news. 12371. cn/2013/04/10/VIDE1365595807433664. shtml，2013-4-10.

　　［187］习近平. 坚持绿色发展是发展观的一场深刻革命［EB/OL］. http：//cpc. people. com. cn/xuexi/n1/2018/0224/c385476-29831795. html，2018-02-24.

后　记

　　海洋经济不仅仅是国内生产总值的重要组成部分，更在于它对沿海地区经济发展具有重要支撑和带动作用，因而发展海洋产业，通过产业集聚的集聚效应、规模效应、辐射效应等，极大缓解经济高速增长对资源环境带来的压力，为区域经济长期、绿色可持续发展提供了新的供给要素。所以本书以中国海洋产业和区域绿色经济为研究对象，剖析海洋产业集聚对沿海区域绿色经济增长的影响，以及探讨海洋产业集聚空间溢出效应对邻近区域绿色经济增长的作用。本书为2022年河北省社会科学基金项目《高质量发展视域下河北省海洋产业集聚对区域经济发展影响及空间溢出效应研究》（项目编号：HB22GL010）的研究成果，书稿的出版还得到河北科技师范学院学术著作出版基金资助。

　　本书稿源于河北省社科基金项目的研究，更得益于集体团结合作，王燕对书稿的架构章节进行了通篇设计，完成了16余万字；邹德文、高静、张春梅、郭立宏等同志分别就模型设计、数据分析、理论阐释和比较研究等方面进行了研究与撰写，每人完成书稿近万字。在此，对参与书稿工作的全体成员一并表示最诚挚的谢意。

　　书稿的撰写正是我在燕山大学博士学习和河北科技师范学院工作交叉期间，得到了燕山大学于维洋教授和河北科技师范学院同事的大力帮助，得到了亲朋好友的大力支持，以及河北省高等学校人文社会科学重点研究基地——海洋经济与沿海经济带研究中心的支持与帮助。特别是出版社编辑同志的精心编辑，在此一并深表谢意！

　　限于我们的时间、财力、能力等多方面因素的局限，该书稿只是一个尝试性的研究，内容有不丰富、不深入的地方，敬请读者批评指正。